Förderung Hochbegabter in der Schule

W0011436

Hochbegabung

Förderung Hochbegabter in der Schule
von Dr. Miriam Vock, Prof. Dr. Franzis Preckel
und Prof. Dr. Heinz Holling

Herausgeber der Reihe:
Prof. Dr. Heinz Holling und Prof. Dr. Franzis Preckel

Förderung Hochbegabter in der Schule

Evaluationsbefunde und Wirksamkeit von Maßnahmen

von

Miriam Vock, Franzis Preckel
und Heinz Holling

HOGREFE

GÖTTINGEN · BERN · WIEN · PARIS · OXFORD · PRAG
TORONTO · CAMBRIDGE, MA · AMSTERDAM · KOPENHAGEN

Dr. Miriam Vock, geb. 1974. 1994-2000 Studium der Psychologie in Münster. 2000-2005 Wissenschaftliche Mitarbeiterin am Psychologischen Institut der Universität Münster. 2004 Promotion. Seit 2005 Wissenschaftliche Mitarbeiterin am Institut zur Qualitätsentwicklung im Bildungswesen (IQB) an der Humboldt-Universität zu Berlin.

Prof. Dr. Franzis Preckel, geb. 1971. 1991-1998 Studium der Psychologie in Münster und Green Bay, Wisconsin. 2002 Promotion. 2002-2004 Wissenschaftliche Mitarbeiterin am Psychologischen Institut der Universität Münster. 2004-2006 Akademische Rätin und Leiterin der Begabungspsychologischen Beratungsstelle am Department Psychologie der LMU München. Seit 2006 Professorin für Hochbegabtenforschung und -förderung an der Universität Trier.

Prof. Dr. Heinz Holling, geb. 1950. 1969-1976 Studium der Psychologie, Soziologie und Mathematik in Würzburg und Berlin. 1980 Promotion. 1987 Habilitation. Seit 1993 Professor für Statistik und Methoden an der Westfälischen Wilhelms-Universität Münster.

Bibliografische Information der Deutschen Nationalbibliothek

Die Deutsche Nationalbibliothek verzeichnet diese Publikation in der Deutschen Nationalbibliografie; detaillierte bibliografische Daten sind im Internet über http://dnb.d-nb.de abrufbar.

© 2007 Hogrefe Verlag GmbH & Co. KG
Göttingen · Bern · Wien · Paris · Oxford · Prag
Toronto · Cambridge, MA · Amsterdam · Kopenhagen
Rohnsweg 25, 37085 Göttingen

http://www.hogrefe.de
Aktuelle Informationen · Weitere Titel zum Thema · Ergänzende Materialien

Das Werk einschließlich aller seiner Teile ist urheberrechtlich geschützt. Jede Verwertung außerhalb der engen Grenzen des Urheberrechtsgesetzes ist ohne Zustimmung des Verlags unzulässig und strafbar. Das gilt insbesondere für Vervielfältigungen, Übersetzungen, Mikroverfilmungen und die Einspeicherung und Verarbeitung in elektronischen Systemen.

Druck: Kaestner GmbH & Co. KG, Rosdorf
Printed in Germany
Auf säurefreiem Papier gedruckt

ISBN 978-3-8017-2093-3

Vorwort

Den Ausgangspunkt für dieses Buch bildet eine von dem Autor und den Autorinnen im Jahre 2001 verfasste Expertise zur schulischen Begabtenförderung in den Ländern der Bundesrepublik Deutschland. In dieser Expertise wurde erstmals eine Bestandsaufnahme der verschiedenen Maßnahmen und Programme der schulischen Begabtenförderung in allen 16 Bundesländern vorgenommen und über den aktuellen Forschungsstand zur Wirksamkeit solcher Programme eingehend berichtet. Die Expertise wurde im Auftrag der Bund-Länder-Kommission für Bildungsplanung und Forschungsförderung (BLK) erstellt und durch das Bundesministerium für Bildung und Forschung (BMBF) finanziert. Die Zusammenfassung des Forschungsstands zur Wirksamkeit von Maßnahmen und Programmen der schulischen Begabtenförderung stellt die Basis für dieses Buch dar. Sie wurde aktualisiert und deutlich erweitert, so dass mit diesem Buch ein aktueller und umfassender Überblick über die Befundlage im deutschen Schulsystem und im internationalen Rahmen vorgelegt werden kann.

Unser Dank gilt insbesondere Herrn Dr. Michael Breland vom BMBF, der dieses Projekt initiiert und unsere Arbeiten kompetent unterstützt hat. Weiterhin möchten wir uns an dieser Stelle bei Frau Corinna Brünting bedanken, die als seine Nachfolgerin im Amt eine Aktualisierung des Gutachtens im Jahre 2004 ermöglichte und uns bei der Weiterverfolgung des Projekts stets unterstützend zur Seite stand.

Bedanken möchten wir uns auch bei Frau Dipl.-Psych. Birgit Schulze-Willbrenning, die an der Aktualisierung des Gutachtens 2004 entscheidend mitgewirkt hat, sowie bei Frau Dipl.-Psych. Katrin Lintorf, die uns bei der Aufbereitung der wissenschaftlichen Literatur unterstützt hat. Darüber hinaus möchten wir uns herzlich bei Frau Heike Beewen bedanken, die die mühsame Aufgabe der Manuskriptgestaltung übernommen hat. Schließlich bedanken wir uns bei den angehenden Psychologinnen Hanna Dumont und Katja Bertsch für ihre wertvolle Mitarbeit an der Ausgestaltung der Kapitel 1 und 3 dieses Buches.

Berlin, Trier und Münster, im Frühjahr 2007

Miriam Vock, Franzis Preckel und Heinz Holling

Inhaltsverzeichnis

Teil I – Evaluation von Begabtenfördermaßnahmen

Seit einigen Jahren rückt das Thema „Hochbegabung" in Deutschland zunehmend in das Blickfeld einer breiteren Öffentlichkeit. Während man in anderen Ländern wie etwa den USA oder Großbritannien schon seit Jahrzehnten Schülerinnen und Schüler mit besonderen Begabungen durch spezielle Programme in der Entfaltung ihrer Fähigkeiten unterstützt, konzentrierte man sich in Deutschland lange Zeit auf die Förderung leistungsschwächerer Kinder. Hochbegabte galten als ohnehin privilegiert, somit erschien eine besondere Förderung nicht erforderlich. Jedoch setzt sich nun der Gedanke zunehmend durch, dass auch hoch begabte Kinder einer besonderen Unterstützung bedürfen.

Hochbegabung führt nicht automatisch zu Spitzenleistungen. Heute begreifen wir Hochbegabung als ein *Potential, das sich nur unter günstigen Rahmenbedingungen optimal entfalten kann.* In der Regel gilt, Hochbegabte können ihre Potentiale für sich und die Gesellschaft nur dann tatsächlich nutzen, wenn zum einen ihre außergewöhnliche intellektuelle Begabung erkannt wird und wenn zum anderen möglichst günstige Lernbedingungen für die Entfaltung ihrer Potentiale geschaffen werden.

Ein Großteil der Hochbegabten gehört in der Schule zu den guten oder sehr guten Schülerinnen oder Schülern. Kaum einer von ihnen entspricht dem Klischee vom verhaltensauffälligen Genie. Soziale Anpassungsschwierigkeiten oder gar schwerwiegende psychische Probleme sind, nach allem, was wir aus der empirischen Forschung heute wissen, unter Hochbegabten nicht weiter verbreitet als in der durchschnittlich begabten Bevölkerung.

Hochbegabtenförderung in der Schule ist dennoch erforderlich, da es nicht ausreichen kann, dass eine hoch begabte Schülerin oder ein hoch begabter Schüler die Schule zwar im Hinblick auf den Notenspiegel erfolgreich durchläuft, aber dennoch oft hinter ihren oder seinen Möglichkeiten zurückbleibt. Auch diese Schülergruppe hat ein Recht auf eine ihren Möglichkeiten entsprechende Förderung. Schulische Herausforderung ist zudem eine wichtige Bedingung für die Entwicklung effizienter Lern- und Arbeitsstrategien und selbstregulativer Kompetenzen. Es ist nicht überraschend, dass Motivationsprobleme aufgrund mangelnder schulischer Herausforderung ein häufiges Thema in begabungspsychologischen Beratungsstellen sind.

Zudem treten nicht alle hoch begabten Schülerinnen und Schüler in der Schule als Leistungsträger in Erscheinung. Manche von ihnen haben bereits in der Grundschule oder erst am Gymnasium nur durchschnittliche oder sogar unterdurchschnittliche Noten. Hochbegabte sind auch an Haupt- und Realschulen und nicht nur am Gymnasium zu finden. Diese hoch begabten Underachiever, welche zwar nur einen relativ kleinen, aber durchaus relevanten Anteil bei den Hochbegabten ausmachen, zeigen neben den erwartungswidrigen Minderleistungen zudem psychosoziale Probleme, die sehr eindringlich auf einen erhöhten Beratungs- und Förderbedarf hinweisen.

Umso erfreulicher ist es, dass die Förderung von Schülerinnen und Schülern mit besonderen Begabungen in den letzten Jahren auch in Deutschland zunehmend an Aufmerksamkeit gewonnen hat. Dieses gilt vor allem seit internationale Schulleistungsstudien wie TIMMS und PISA gezeigt haben, dass selbst die Spitzenleistungen deutscher Schülerinnen und Schüler im internationalen Vergleich eher im Mittelfeld liegen. Ein Vergleich der schulischen Förderaktivitäten in den Ländern der Bundesrepublik Deutschland von 2001 und 2003 zeigt, dass mittlerweile in allen Ländern ein Bewusstsein für die Notwendigkeit einer spezifischen Begabtenförderung besteht. In allen Bundesländern hat darüber hinaus die Anzahl der Fördermaßnahmen deutlich zugenommen. Das verstärkte öffentliche Interesse ist allerdings mit einer Vielzahl kontroverser Diskussionen verbunden. So wird oftmals an der Effektivität bestehender Fördermaßnahmen gezweifelt und es werden Belege dafür gefordert, dass Hochbegabte auch tatsächlich von entsprechenden Maßnahmen profitieren. Viele Kritikerinnen und Kritiker stehen einer separierenden Förderung von Schülerinnen und Schülern mit unterschiedlich ausgeprägten intellektuellen Fähigkeiten skeptisch gegenüber, da sie zum Beispiel befürchten, sie könne „auf Kosten" der Schwächeren gehen. Um all diesen Fragen und Bedenken zu begegnen, bedarf es einer umfassenden Wirksamkeitsüberprüfung von Förderaktivitäten, die bis heute jedoch leider noch zu selten erfolgt.

Der Schwerpunkt dieses Buches besteht darin, empirische Befunde zu Auswirkungen verschiedener Förderungsmaßnahmen für Schülerinnen und Schüler mit besonderen intellektuellen Begabungen darzustellen. Das Buch gliedert sich in folgende Teile:

Zunächst wird im Teil I die Notwendigkeit fundierter Evaluationsstudien im Bereich der Hochbegabtenförderung aufgezeigt. Es wird beschrieben, was genau sich hinter dem Begriff Evaluation verbirgt, welche Ziele und Zwecke eine Evaluation verfolgt und welche Modelle häufig zur Orientierung herangezogen werden. Anschließend wird darauf eingegangen, welche Rolle Evaluationsstudien bisher in der Hochbegabtenförderung eingenommen haben, und es werden Gründe für eine verstärkte Durchführung systematischer Wirksamkeitsüberprüfungen dargelegt. Es schließt sich die Vorstellung von Orientierungsmodellen an, in welchen die verschiedenen erforderlichen Schritte einer Evaluation konkret beschrieben werden.

Teil II dieses Buches stellt überblicksartig die bereits vorhandenen Ergebnisse der empirischen Evaluationsforschung zu verschiedenen Maßnahmen und damit verbundene Aspekte der Begabtenförderung vor. Zu Beginn wird die Diskussion aufgegriffen, ob einer integrierten oder einer separierten Förderung von Schülerinnen und Schülern mit unterschiedlich hoher intellektueller Begabung der Vorzug zu geben ist. Daher werden in Kapitel 2 zunächst wissenschaftliche Erkenntnisse zu diesem Thema dargestellt. In Kapitel 3 schließen sich Ergebnisse zu den Effekten akzelerierender Maßnahmen an. Dabei handelt es sich um Angebote, die es Schülerinnen und Schülern ermöglichen, den Lehrplan ganz oder teilweise schneller zu absolvieren als regulär vorgesehen. Es werden dabei Antworten auf folgende Fragen gegeben: Welches sind die allgemeinen Auswirkungen von Akzeleration? Wie sinnvoll sind die vorzeitige Einschulung oder das Überspringen von Klassenstufen? Werden begabte

Schülerinnen und Schüler in akzelerierten Sonderklassen effektiv gefördert? Im darauf folgenden Kapitel 4 werden Forschungsergebnisse zu den Auswirkungen schulergänzender Enrichmentmaßnahmen, wie Schülerakademien, Arbeitgemeinschaften und Schülerwettbewerben beschrieben.

Teil III dieses Buches beschäftigt sich mit den Voraussetzungen erfolgreicher Begabtenförderung. Kapitel 5 widmet sich der zentralen Frage der Auswahl von Kandidatinnen und Kandidaten für Förderaktivitäten. Eine sorgfältige Auswahl hat sich in vielen Evaluationsstudien als zentraler Erfolgsfaktor erwiesen. Gleichzeitig zeigen die Befunde, dass hier großer Optimierungsbedarf besteht. Kapitel 6 beschäftigt sich mit einer ebenso wichtigen Voraussetzung erfolgreicher Begabtenförderung, nämlich der Qualifizierung derjenigen, die die Begabtenfördermaßnahmen durchführen, also z. B. der Lehrkräfte oder der Kursleiterinnen und Kursleiter.

Jedes Kapitel schließt mit einem Fazit und Empfehlungen für die zukünftige Optimierung von schulischen Begabtenfördermaßnahmen. Das letzte Kapitel gibt einen Ausblick auf zukünftige Aufgaben und Arbeitsfelder in der schulischen Begabtenförderung.

1 Evaluation – Warum ist das so wichtig?

Im deutschen Bildungssystem gibt es zahlreiche Bemühungen zur Optimierung von Bildungs- und Förderprogrammen für begabte Schülerinnen und Schüler. Ein guter Wille und eine gewissenhafte Planung reichen allein jedoch oft noch nicht aus, um effektive Maßnahmen und wirksame Programme zu entwickeln. Den Erfolg von Angeboten zu bewerten, ist Aufgabe einer Evaluation. Das vorliegende Kapitel schafft zum einen ein grundlegendes Verständnis über Arten und Funktionen von Evaluation und verdeutlicht zum anderen die Notwendigkeit der Evaluation von Hochbegabtenfördermaßnahmen.

1.1 Begriffsbestimmung

Es gibt etliche Definitionen von Evaluation, generell geht es bei einer Evaluation jedoch immer um die Bewertung von Maßnahmen oder Interventionen. In Bezug auf pädagogische Maßnahmen definieren Heller und Neber (2004, S. 1) den Begriff wie folgt: „Evaluation (...) meint die nach wissenschaftlichen Standards vorgenommene Bewertung bestimmter Bildungs- bzw. Fördermaßnahmen zum Zwecke der Qualitätssicherung."

Bezieht sich die Evaluation nicht auf einzelne Maßnahmen, sondern auf umfassende pädagogische Konzepte, die über einen längeren Zeitraum stattfinden, so wie das bei Hochbegabtenfördermaßnahmen oft der Fall ist, spricht man im Allgemeinen von „Programmevaluation" (Rossi, Freeman & Hofmann, 1988). Eine ausführliche und recht anschauliche Definition stammt von Attkinson und Broskowski (1978, zit. nach Hany, 1988, S. 241 f.). Ihnen zufolge ist Programmevaluation

a) „als Prozess vernünftiger Entscheidungsfindung bezüglich Aufwand, Leistung, Angemessenheit, Effizienz und Verlauf des Programms definiert, sie basiert
b) auf systematischer Datensammlung und -analyse, ist
c) ausgerichtet auf die Gewinnung nützlicher Ergebnisse für die Programmgestaltung, die Darstellung (Rechtfertigung) nach außen sowie die zukünftige Programmplanung und
d) bezogen auf spezielle Fragestellungen, derentwegen die Evaluation durchgeführt wird (z. B. Zugänglichkeit, Akzeptanz, Dauerhaftigkeit, Kosten des Programms)."

Synonym zum Begriff Evaluation werden eine Reihe weiterer Begriffe verwendet. So spricht man je nach sozialem Kontext von Qualitätskontrolle, Erfolgskontrolle, Effizienzforschung usw. (Wottawa & Thierau, 2003). Teilweise trifft man auch auf Begriffe, die eine spezielle Form von Evaluation bezeichnen. Im schulischen Bereich wird beispielsweise häufig von Schulbegleitforschung gesprochen.

Evaluation dient in den meisten Fällen dazu, Fragestellungen wie die folgenden zu beantworten:

- Ist eine Maßnahme erfolgreich?
- Ist eine Maßnahme wirksamer als eine andere?
- Soll ein Programm zukünftig fortgeführt werden?
- Ist eine Intervention für alle Teilnehmerinnen und Teilnehmer sinnvoll oder vielleicht nur für eine bestimmte Zielgruppe?
- Von welchen Bestandteilen einer Maßnahme profitieren die Teilnehmerinnen und Teilnehmer am meisten? Kann die Maßnahme eventuell darauf beschränkt werden?
- In welche Aspekten kann das Programm noch verbessert werden?
- Hat das Programm unerwünschte oder schädliche Nebenwirkungen?

Evaluation ist immer auf die Beantwortung solcher oder ähnlicher Fragen ausgerichtet. Damit ist Evaluation ziel- und zweckorientiert (Wottawa & Thierau, 2003). Sie hat die Funktion, die Effektivität einer Maßnahme zu kontrollieren und wird weiterhin zur Steuerung von Entwicklungsprozessen und inhaltlichen Entscheidungen über die Gestaltung eines Arbeitsprozesses durchgeführt (Kontroll- und Steuerungsfunktion; vgl. Posch & Altrichter, 1997). Neben der Kontroll- und Steuerungsfunktion dient Evaluation auch der Legitimierung und Rechtfertigung einer Maßnahme (z. B. vor Eltern oder Geldgebern) und kann folglich auch für die Öffentlichkeitsarbeit eingesetzt werden.

Trotz dieser vielfältigen Funktionen kann Evaluation immer nur eine Planungs- und Entscheidungs*hilfe* darstellen. Absolut sichere Aussagen machen zu können, ist in der Regel eine unrealistische Zielsetzung (Wottawa & Thierau, 2003). Denn aufgrund der Vielzahl an Aspekten, die während einer Evaluation Berücksichtigung finden müssen, ist eine ideale Vorgehensweise selten zu realisieren.

In einem Bereich hat Evaluation bereits seit längerem einen festen Platz: als Controlling in der Wirtschaft. Prozesse und Projekte werden geplant und während der Umsetzung kontrolliert, um sie bei auftretenden Schwierigkeiten sofort in die gewünschte Richtung steuern zu können. Auf diese Weise wird Transparenz geschaffen und die Effektivität der Maßnahmen sichergestellt. Man kann sich den Controller als einen Navigator vorstellen, der den Steuermann – im Unternehmen den Manager – dabei unterstützt, das gewünschte Ziel zu erreichen. Allerdings ist das Ziel eines Unternehmens recht klar: Im Vordergrund steht zumeist seine Wirtschaftlichkeit, eindeutig erfassbar über Zahlen. In anderen Bereichen ist die Zielbestimmung schwieriger, wozu auch der Bildungsbereich gehört. Dennoch ist eine Kontrolle der Maßnahmenwirkung und eine darauf basierende Steuerung vergleichbar wichtig und es sollte nicht darauf verzichtet werden.

1.2 Evaluation von Hochbegabtenfördermaßnahmen

Im pädagogischen Bereich allgemein und im schulischen Bereich im Besonderen hat in den letzten zehn Jahren die Evaluationsforschung stark zugenommen. Trotzdem gibt es auch hier Bereiche, in denen bisher kaum Evaluation betrieben wird. Dazu gehört auch der Bereich der Hochbegabtenförderung. Hany schrieb hierzu bereits 1988: „Evaluation ist vielfach ein Stiefkind der Hochbegabtenförderung" (S. 250). An dieser Situation hat sich in den letzten Jahren leider nicht allzu viel geändert, wie in den Ausführungen in den nächsten Kapiteln deutlich wird. Dies trifft sowohl deutschlandweit als auch europaweit zu, wie entsprechende Expertisen zeigen (Holling, Vock & Preckel, 2001; Holling, Preckel, Vock & Schulze Willbrenning, 2004; Mönks, Peters & Pflüger, 2003a, 2003b). Die meisten der durchgeführten Evaluationsstudien über Hochbegabtenfördermaßnahmen stammen heute aus den USA. Im deutschen Sprachraum begnügen sich viele Anbieterinnen und Anbieter von Maßnahmen mit dem Hinweis drauf, dass bestimmte Maßnahmen offenkundig zu großen Lernfortschritten bei den teilnehmenden Schülerinnen und Schülern geführt hätten. Dabei wird allerdings kaum berücksichtigt, dass allein die exzellenten Eingangsvoraussetzungen der Teilnehmerinnen und Teilnehmer wie eine hohe Begabung, Lernfreude oder eine hohe Leistungsmotivation schon derartige Erfolge begünstigen (Hany, 2000). Bis heute liegen daher nur sehr wenige systematische Evaluationsstudien vor, die eindeutig die Wirksamkeit bestimmter Maßnahmen aufzeigen. Häufiger trifft man auf Erfahrungsberichte über die Arbeit mit einzelnen Kindern. Doch diese sind kaum generalisierbar und können wissenschaftliche Studien nicht ersetzen. Evaluationen von Hochbegabtenfördermaßnahmen bringen Sicherheit, das richtige Angebot für die richtige Zielgruppe zu machen und ermöglichen einen verantwortlichen Umgang mit finanziellen, materiellen und personellen Ressourcen (Holling, Vock & Preckel, 2001).

Ein weiterer Umstand, der die Notwendigkeit der Evaluation von Hochbegabtenprogrammen unterstreicht, besteht darin, dass diese Programme in verschiedener Hinsicht kritisiert werden. Zum einen wird kritisiert, dass die Programme nicht auf die speziellen Bedürfnisse der hochbegabten Kinder zugeschnitten seien. Zum anderen werden Programmgestalter häufig mit der Frage konfrontiert, ob denn wirklich nur hoch und nicht auch durchschnittlich begabte Schülerinnen und Schüler von einer bestimmten Maßnahme profitieren könnten. Die Notwendigkeit und Effektivität spezieller Förderprogramme für Hochbegabte wird also häufig angezweifelt. Die Ergebnisse wissenschaftlicher Evaluationsstudien können dazu beitragen, diese Zweifel aufzulösen. Möchte eine Programmanbieterin oder ein Programmanbieter eine Maßnahme fortführen oder gar erweitern, so muss sie bzw. er dazu in der Lage sein, den bisherigen Erfolg des Programms zu belegen. Nur so kann die Unterstützung der Eltern, Lehrkräfte und Geldgeber abgesichert werden.

All dies sind wichtige Gründe für die Durchführung systematischer Evaluationsstudien. Warum sind Evaluationsstudien dennoch so selten? Das mag zum einen daran liegen, dass sich die Verantwortlichen des Nutzens und der Notwendigkeit von Evaluation noch nicht bewusst sind, da sie davon ausgehen, dass eine gute Planung allein bereits eine effektive Maßnahme hervorbringt. Zum anderen könnten Lehrkräfte und Schulleitungen eine derartige Erfolgskontrolle als zu aufwändig ansehen und die Zeit lieber für die Planung weiterer Maßnahmen oder für den Unterricht nutzen (vgl. Davis & Rimm, 1985). Ausschlaggebend sind aber meist vor allem eher psychologische Gründe. Häufig fühlen sich Verantwortliche (Programmentwickler, Schulleiterinnen und Schulleiter, Lehrkräfte) durch eine Evaluation in ihrer Arbeit kontrolliert und lehnen sie daher ab. Die großen Vorteile, die eine Programmevaluation mit sich bringt – beispielsweise dass sie als Hilfestellung zur Verbesserung eines Programms dienen kann – werden hingegen oft noch zu wenig gesehen. Sehr treffend beschreibt Callahan (1993) dieses Problem: „Die Evaluation pädagogischer Programme ist nie eine einfache Aufgabe gewesen – nicht für die Evaluatoren und auch nicht für die Personen, die evaluiert wurden. Auch wurde die Evaluation von den meisten nicht als willkommener Teil von Programmaktivitäten angesehen. Tatsächlich wurde Evaluation innerhalb eines pädagogischen Programms zumeist bestenfalls als belästigendes Ärgernis und schlimmstenfalls als Bedrohung betrachtet" (Callahan, 1993, S. 607, Übersetzung durch die Autorinnen und den Autor).

In jüngerer Zeit setzt sich aber zunehmend die Erkenntnis durch, dass Evaluationsstudien wertvolle und nützliche Ergebnisse für Bildungs- und Förderprogramme erbringen (Heller & Neber, 2004). Diese erfreuliche Entwicklung überträgt sich langsam auch auf den Bereich der Hochbegabtenförderung. Das vorliegende Buch möchte einen Beitrag dazu leisten, den Nutzen der Evaluationsforschung im Bereich der Hochbegabtenförderung weiter zu unterstreichen und dazu anregen, Evaluationen – zukünftig in stärkerem Maße – routinemäßig zusammen mit Hochbegabtenfördermaßnahmen durchzuführen.

1.3   Evaluationsmodelle

Inzwischen gibt es eine Vielzahl unterschiedlicher Evaluationsmodelle. In diesem Abschnitt geht es nicht um eine erschöpfende Auflistung aller Modelle. Vielmehr sollen die wichtigsten Zugänge vorgestellt werden. Damit werden Grundlagen für das Verständnis der später berichteten Evaluationsbefunde von Hochbegabtenfördermaßnahmen geschaffen. Zudem wird ein für den pädagogischen Bereich prototypisches Beispiel eines Evaluationsmodells beschrieben.

1.3.1   Selbst- und Fremdevaluation

Evaluationen lassen sich nach verschiedenen Aspekten ordnen, so unterscheidet man zwischen Selbst- und Fremdevaluation. Die Selbstevaluation wird von Personen, die selbst an der Durchführung des Projektes beteiligt sind, durchgeführt. „Selbstevaluation meint die Beschreibung und Bewertung von Ausschnitten des eigenen alltäglichen beruflichen Handelns und seiner Auswirkungen nach selbst bestimmten Kriterien" (König, 2000). Bei der Fremdevaluation hingegen wird ein Evaluationsauftrag an außen stehende Personen oder Institutionen vergeben. Man spricht darum auch von externer (im Gegensatz zu interner) Evaluation. Nach König (2000) lassen sich fünf zentrale Merkmale von Selbstevaluation hervorheben:

- Arbeitsfeldorientierung,
- Lebensweltorientierung,
- Subjektorientierung,
- Prozessorientierung und
- Selbstorganisation.

Mit *Arbeitsorientierung* soll die Nähe und damit die Relevanz der Ergebnisse von Selbstevaluation für die Praxis hervorgehoben werden. Ein weiteres Merkmal von Selbstevaluation ist die Tatsache, dass sie nur in der alltäglichen Arbeits- und Lebenswelt durchgeführt werden kann und nicht in einer experimentellen Umgebung (*Lebensweltorientierung*). Dass Resultate einer Selbstevaluation in einem bestimmten Arbeitsfeld nicht automatisch auf andere übertragbar sind, wird durch den Begriff der *Subjektorientierung* ausgedrückt. Unter *Prozessorientierung* versteht man die langfristige Ausrichtung von Selbstevaluation anstelle einer punktuellen Überprüfungsmaßnahme. Und schließlich ist Selbstevaluation durch die Eigenbeteiligung der betroffenen Personen charakterisiert (*Selbstorganisation*).

Ein Vorteil der Selbstevaluation ist, dass dem Evaluierenden die Ausgangssituation und die inneren Strukturen vertraut sind. Auch wird die Evaluation von den Beteiligten besser akzeptiert und die Umsetzung der Ergebnisse ist dadurch eher gewährleistet (Dugan, 1996). Außerdem ist bei Selbstevaluation eine kontinuierliche, das heißt langfristige Durchführung leichter umzusetzen (König, 2000). Als Nachteil der Selbstevaluation lässt sich zum einen die fehlende Unabhängigkeit des Evaluierenden anführen. Diese kann dazu führen, dass Befunde nicht mehr objektiv betrachtet werden oder mehr oder weniger bewusst bestimmte Aspekte selektiv hervorgehoben und andere Aspekte ignoriert werden. Häufig haben die Durchführenden von Fördermaßnahmen keine oder nur begrenzte methodische Kenntnisse, die für eine solide Evaluationsstudie erforderlich sind. Somit kann die Korrektheit der Evaluationsergebnisse verringert sein. Selbstevaluation ist außerdem nur dann praktikabel, wenn sie in die Alltagsroutine des Berufslebens integriert werden kann und eine ausreichend hohe Motivation bei den Evaluierenden vorhanden ist.

Aus den genannten Vor- und Nachteilen der Selbstevaluation ergeben sich direkt die Vor- und Nachteile der Fremdevaluation. Die neutrale Position der Evaluierenden erhöht die Vertrauenswürdigkeit der Aussagen. Evaluationsspezialisten verfügen zudem über eine umfassende methodische Kompetenz, so dass komplexere Evaluationsfragen untersucht und Analysen entsprechend wissenschaftlichen Standards durchgeführt werden können. Allerdings ist bei externer Evaluation die Gefahr höher, bei den Beteiligten Angst und eine Abwehrhaltung auszulösen. Die Kosten sind in der Regel höher und die spezifischen Umstände und Besonderheiten der Situation sind den Evaluierenden in der Regel weniger bekannt.

Selbst- und Fremdevaluation lassen sich auch kombinieren. So können sich Personen, die eine Selbstevaluation durchführen, von externen Expertinnen und Experten beraten lassen (unterstützte Selbstevaluation). Auch bei Fremdevaluationen können die an der Maßnahme Beteiligten in bestimmte Aufgaben eingebunden werden (unterstützte Fremdevaluation).

1.3.2   Summative und formative Evaluation

Des Weiteren kann man Evaluationen in *summative* und *formative Evaluationen* unterteilen (Scriven, 1967). Diese beiden Formen unterscheiden sich in Bezug auf Zeitpunkt und Zielsetzung der Evaluation. Bei der *summativen* Evaluation werden Maßnahmen oder Programme abschließend am Ende des Projektes bewertet. Es können sowohl Projektprozesse als auch Ergebnisse Gegenstand der Evaluation sein. Meist wird bei der summativen Evaluation jedoch das Ergebnis bzw. die Effektivität einer abgeschlossenen Maßnahme bewertet (z. B. der Lernerfolg, die Anzahl von Wettbewerbsteilnahmen, Verbesserung der Lernmotivation). Auf dieser Grundlage werden dann Entscheidungen über die Absetzung, Fortführung oder Erweiterung der Maßnahme getroffen. Damit kommt die summative Evaluation hauptsächlich den Interessen der Programmverwalterinnen und Programmverwalter nach. *Formative* Evaluation erfolgt nicht am Ende eines Projektes, sondern stellt eine Begleitung des Projektverlaufs dar. Sie dient vor allem der Optimierung, indem die Evaluationsresultate zu Abläufen und ersten Zwischenergebnissen laufend als Feedback in die Durchführung der Maßnahme zurückfließen. Schon in der Implementierungsphase werden regelmäßig Zwischenergebnisse ermittelt, die genutzt werden können, um das laufende Programm kontinuierlich zu modifizieren. Folglich dient die formative Evaluation vor allem den Programmgestaltenden.

1.3.3   Beispiele für Evaluationsmodelle in pädagogischen Förderkontexten

Ein Förderprogramm oder eine Maßnahme besteht zumeist aus sehr vielen Komponenten. Es gibt etliche Evaluationsmodelle, die dieser Komplexität gerecht werden, indem zum einen formative und summative Evaluationselemente kombiniert werden und zum anderen der Durchführungsrahmen beachtet wird. In den meisten Evaluationsmodellen werden daher drei Phasen beschrieben: Zunächst müssen Strukturen und Voraussetzungen der Ausgangssituation und -bedingungen, unter denen die Maßnahme stattfinden soll, untersucht werden. Danach wird der Prozess und Ablauf einer Maßnahme formativ betrachtet und schließlich summativ das Ergebnis, dessen Effekte und Folgen.

Das CIPP-Modell

Ein prototypisches Evaluationsmodell, das vor allem im pädagogischen Bereich schnell Verbreitung fand, ist das *CIPP-Modell* (Context, Input, Process, Product) von Stufflebeam (2003). Das CIPP-Modell dient sowohl der Überprüfung, aber vor allem auch der Verbesserung von Maßnahmen. Dieses Modell umfasst – wie das Akronym CIPP bereits impliziert – vier Arten von Evaluationen: Die *Kontextevaluation* betrachtet den institutionellen Kontext. Wo liegen die Stärken und Schwächen der Institution? Was muss verändert werden? Wer genau soll Zielgruppe einer Maßnahme werden und wie sehen die Bedürfnisse dieses Personenkreises aus? Um Antworten auf diese Fragen zu erhalten, werden im Rahmen der Kontextevaluation häufig zunächst Interviews mit potentiell Betroffenen durchgeführt. Aus den Ergebnissen werden Hypothesen abgeleitet, wo genau Veränderungen ansetzen sollten. Diese

werden wiederum beispielsweise mit Hilfe eines gezielt entwickelten Befragungsin-
strumentes, das einer definierten Gruppe von Interessenvertreterinnen und -vertretern
und weiteren Betroffenen vorgelegt wird, überprüft. Als Ergebnis dieser Art von
Evaluation werden Ansatzpunkte zur Veränderung bzw. Verbesserung bereitgestellt.
Auf diese Weise wird beispielsweise bestimmt, welche Schulen die Einführung eines
bestimmten Programms (z. B. einer akzelerierten Begabtenklasse) am dringendsten
benötigen.

Ziel der *Inputevaluation* ist es, eine Maßnahme auszuwählen bzw. zu entwickeln,
die effektiv ist, die angestrebten Ziele zu erreichen. Zunächst ist es sinnvoll, nach
bereits vorhandenen Lösungsstrategien zu suchen (z. B. mittels Literaturrecherche)
und diese zu bewerten. Etliche schulische Maßnahmen der Begabtenförderung sind
z. B. in den bundesweiten Gutachten zur schulischen Begabtenförderung in den Ländern aufgeführt (Holling, Vock & Preckel, 2001; Holling, Preckel, Vock & Schulze
Willbrenning, 2004). Sind darunter im Hinblick auf die eigenen Zielsetzungen Erfolg
versprechende und umsetzbare Maßnahmen? Oder ist es notwendig, eine neuartige
Maßnahme zu entwickeln? Gleichzeitig sollten mögliche Hindernisse und Einschränkungen, aber auch potentiell verfügbare Ressourcen analysiert werden, die für
die Programmdurchführung relevant sind. Mit Hilfe der Inputevaluation soll also vor
allem vermieden werden, Zeit mit Innovationen zu verschwenden, die unwirksam
sind oder Ressourcen vergeuden.

Die *Prozessevaluation* entspricht im Wesentlichen einer formativen Evaluation.
Die Implementierung eines Programms wird fortlaufend überprüft und die Ergebnisse werden umgehend an die Akteure zurückgemeldet. Läuft die Implementierung
gemäß dem Zeitplan? Werden die zur Verfügung stehenden Ressourcen auf eine effektive Art und Weise genutzt? Ist es notwendig, aufgrund unvorhergesehener Ereignisse den angestrebten Plan zu ändern? Wird die Maßnahme von allen betroffenen
Gruppen in ausreichendem Maße akzeptiert? Mit Hilfe der Prozessevaluation kann
auf Probleme und Schwierigkeiten direkt reagiert werden. Dabei steht und fällt der
Erfolg mit der oder dem Evaluierenden, der während der Prozessevaluation eine
Vielzahl an Aufgaben zu bewältigen hat. So muss sie oder er kontinuierlich alle lau-
fenden Prozesse überwachen und dokumentieren, dabei alle Interessengruppen berücksichtigen und letztlich entscheiden, ob die Implementierung nach Plan verläuft.
Schließlich beinhaltet die *Produktevaluation* – vergleichbar der summativen Evaluation – eine Messung und Interpretation der Erträge eines Programms und somit eine
abschließende Beurteilung der Maßnahme. Dabei sollen folgende Fragen geklärt
werden: Sind die angestrebten Ziele erreicht worden? Hat das Programm darüber
hinaus unbeabsichtigte, eventuell auch negative Effekte hervorgebracht? Wie wirksam ist es im Vergleich zu anderen? Wie beurteilen unterschiedliche Interessengruppen den Erfolg der Maßnahme? Und schließlich: Soll das Programm weitergeführt,
wiederholt und/oder erweitert werden? An welcher Stelle sind Veränderungen notwendig? Die Erfolgskontrolle kann anhand unterschiedlicher Methoden erfolgen,
z. B. durch den Einsatz von Tests oder Ratingskalen, durch Expertenurteile oder
durch Umfragen und Interviews.

Kontext-, Input-, Prozess- und Produktevaluation erfüllen also unterschiedliche
Funktionen innerhalb des Evaluationsprozesses. Insgesamt bietet das CIPP-Modell
einen Orientierungsrahmen bei der Durchführung einer Evaluation und liefert

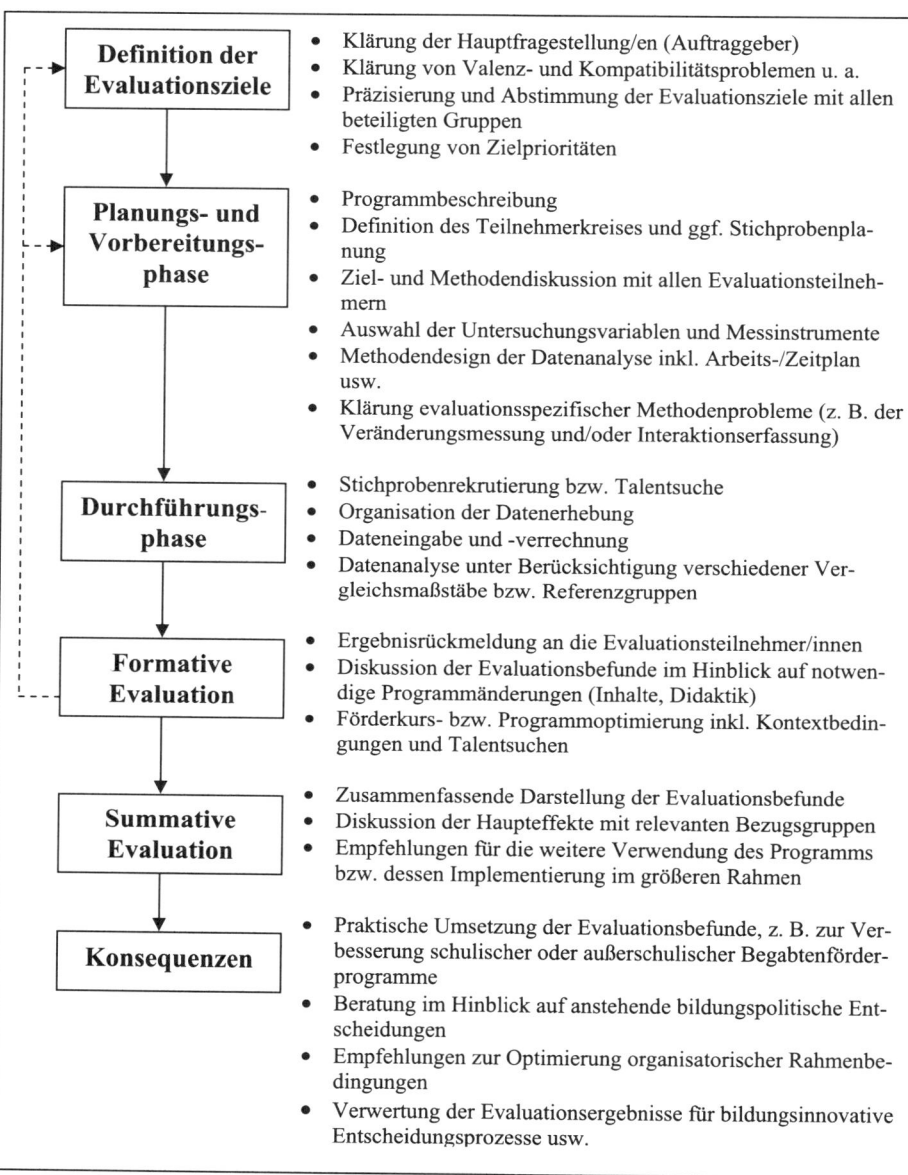

Definition der Evaluationsziele
- Klärung der Hauptfragestellung/en (Auftraggeber)
- Klärung von Valenz- und Kompatibilitätsproblemen u. a.
- Präzisierung und Abstimmung der Evaluationsziele mit allen beteiligten Gruppen
- Festlegung von Zielprioritäten

Planungs- und Vorbereitungsphase
- Programmbeschreibung
- Definition des Teilnehmerkreises und ggf. Stichprobenplanung
- Ziel- und Methodendiskussion mit allen Evaluationsteilnehmern
- Auswahl der Untersuchungsvariablen und Messinstrumente
- Methodendesign der Datenanalyse inkl. Arbeits-/Zeitplan usw.
- Klärung evaluationsspezifischer Methodenprobleme (z. B. der Veränderungsmessung und/oder Interaktionserfassung)

Durchführungsphase
- Stichprobenrekrutierung bzw. Talentsuche
- Organisation der Datenerhebung
- Dateneingabe und -verrechnung
- Datenanalyse unter Berücksichtigung verschiedener Vergleichsmaßstäbe bzw. Referenzgruppen

Formative Evaluation
- Ergebnisrückmeldung an die Evaluationsteilnehmer/innen
- Diskussion der Evaluationsbefunde im Hinblick auf notwendige Programmänderungen (Inhalte, Didaktik)
- Förderkurs- bzw. Programmoptimierung inkl. Kontextbedingungen und Talentsuchen

Summative Evaluation
- Zusammenfassende Darstellung der Evaluationsbefunde
- Diskussion der Haupteffekte mit relevanten Bezugsgruppen
- Empfehlungen für die weitere Verwendung des Programms bzw. dessen Implementierung im größeren Rahmen

Konsequenzen
- Praktische Umsetzung der Evaluationsbefunde, z. B. zur Verbesserung schulischer oder außerschulischer Begabtenförderprogramme
- Beratung im Hinblick auf anstehende bildungspolitische Entscheidungen
- Empfehlungen zur Optimierung organisatorischer Rahmenbedingungen
- Verwertung der Evaluationsergebnisse für bildungsinnovative Entscheidungsprozesse usw.

Abbildung 1: Planungs- und Entscheidungsschritte bei der Programmevaluation im Bereich der (Hoch-)Begabtenförderung (nach Heller & Neber, 2004, S. 4)

zugleich Anhaltspunkte für eine systematische Herangehensweise. Darüber hinaus kann es aber auch als Klassifikationsmodell herangezogen werden, dem Evaluationsstudien zugeordnet werden können, je nachdem, welchen Aspekt sie hauptsächlich evaluieren. Idealerweise sollte eine Evaluationsstudie alle genannten Aspekte erfassen. Aufgrund der Komplexität von Programmen stellt diese Forderung allerdings eher ein Ideal dar. Einzelne Evaluationsstudien werden meist nur Teilkomponenten untersuchen können (Heller & Neber, 2004).

Modell zur Planungs- und Entscheidungshilfe für die Programmevaluation

Heller und Neber (2004) stellen ein Modell notwendiger Planungs- und Entscheidungsschritte bei der Evaluation von Programmen für Hochbegabte vor (vgl. Abbildung 1). Es basiert auf den Ideen von Scriven und Stufflebeam und stellt einen vereinfachten Orientierungsrahmen für die Durchführung einer Evaluation dar. Das Modell unterscheidet folgende Phasen des Evaluationsprozesses: Definition der Evaluationsziele, Planungs- und Vorbereitungsphase, Durchführungsphase und formative Evaluation, summative Evaluation sowie die Konsequenzen der Evaluation. Die Ergebnisse der formativen Evaluation werden dazu verwendet, die vorhergehenden Phasen zu bewerten und ggf. zu modifizieren. Jedem dieser Schritte wird in dem Modell eine Checkliste zugeordnet, welche bedeutende Teilfragen definiert, die auf jeder Stufe zu berücksichtigen sind.

1.4   Standards für die Evaluation pädagogischer Programme und Projekte

Auch Evaluationen sind evaluierbar. Was macht eine gute Evaluation aus? Da Qualitätsstandards für Evaluationen lange Zeit nicht genau definiert waren, hat das amerikanische *Joint Committee on Standards for Educational Evaluation* 1981 erstmalig Leitprinzipien für die Evaluation pädagogischer Programme verfasst. Eine Neuformulierung dieser *Program Evaluation Standards* erfolgte 1994. Eine deutsche Version liegt als *Handbuch der Evaluationsstandards* vor (Sanders, 2006).

Diese Standards haben folgende Funktionen: Sie tragen dazu bei, dass nützliche, durchdachte, ethisch vertretbare und kosteneffektive Evaluationen zu einer Verbesserung von pädagogischen Programmen führen. Die Standards sollen dabei unterstützen, eigene Evaluationsstudien zu planen und durchzuführen. Darüber hinaus sollen sie externen Personen wie Geldgebern oder politischen Entscheidungsträgern als Hilfestellung dienen, wenn es darum geht, verschiedene Evaluationsentwürfe zu beurteilen und zwischen ihnen auszuwählen. Auch können sie als Beurteilungshilfe dienen, wenn darüber zu entscheiden ist, inwieweit Ergebnisse und Empfehlungen aus Evaluationsberichten angenommen werden sollen oder nicht. Nicht zuletzt sollen die Standards auch als Orientierungsrahmen bei der universitären Ausbildung im Bereich der Evaluationsforschung dienen.

Das Komitee verfasste insgesamt 30 Standards, die sich den Kategorien Nützlichkeit (*utility*), Durchführbarkeit (*feasibility*), Korrektheit im Umgang mit den beteiligten Personen (*propriety*) und Genauigkeit (*accuracy*) zuordnen lassen. Die Standards sind im Einzelnen im Anhang zu diesem Kapitel zu finden. Hier sollen nur die vier zuvor genannten, übergeordneten Kategorien vorgestellt werden:

Zusammenfassend verlangen die *Nützlichkeitsstandards*, dass die Evaluation informativ und bedeutsam sein und rechtzeitig erfolgen soll. Dazu gehört, dass sich die bzw. der Evaluierende mit den Informationsbedürfnissen der Adressantinnen und Adressaten vertraut macht und eine darauf zugeschnittene Evaluation plant. Die *Durchführbarkeitsstandards* sorgen dafür, dass die Evaluation realisierbar ist und wirtschaftlich durchgeführt wird. Untersuchungen im Rahmen einer Evaluationsstudie in einem natürlichen Umfeld verbrauchen wertvolle Ressourcen (Zeit, Material, Personal), die dem Nutzen der Evaluation angemessen sein müssen. Die *Korrektheitsstandards* sollen dazu verpflichten, die Rechte anderer zu respektieren. Von einer Evaluation sind in der Regel viele Personen in unterschiedlichster Weise betroffen. Die Art des Umgangs mit ihnen muss stets ethisch vertretbar sein und ihre Persönlichkeit muss in jedem Fall geschützt werden. Dazu gehört beispielsweise die Einhaltung der gesetzlichen Regelungen zum Schutz der Privatsphäre. Darüber hinaus sollen die *Genauigkeitsstandards* dafür Sorge tragen, dass eine Evaluation präzise Aussagen über die Qualität und/oder Verwendbarkeit eines Programms macht. Dazu gehört, dass eine Evaluation umfangreich ist und wichtige Aspekte besonders genau betrachtet, dass verlässliche Informationsquellen gewählt werden, um gültige und exakte Informationen zu erhalten und dass die abschließende Beurteilung in einem logischen Zusammenhang zu den Daten steht.

1.5   Fazit und Empfehlungen zur Evaluation von Begabtenfördermaßnahmen

In diesem Kapitel wurde deutlich, wie notwendig und nützlich Evaluation von Begabtenförderprogrammen ist. Nicht zuletzt nutzt eine Evaluation der Anbieterin bzw. dem Anbieter der Maßnahme selbst. Auf der Grundlage einer Evaluation ist eine kontinuierliche Optimierung und somit eine fundierte Qualitätssicherung des Angebots möglich. Neben der Verbesserung dient eine Evaluation aber auch der Legitimierung einer Maßnahme. Die Notwendigkeit und Wirksamkeit spezieller Begabtenfördermaßnahmen werden häufig von verschiedener Seite angezweifelt. Diesen Zweifeln sollte man mit wissenschaftlichen Ergebnissen begegnen können.

Es wäre wünschenswert, wenn mit der Planung eines Förderprogramms ganz selbstverständlich sogleich an die Überprüfung der Wirksamkeit gedacht würde und Implementierung und Evaluation von vornherein miteinander verbunden wären. Dies erfordert aber Impulse aus zwei Richtungen. So stellt Hany (1988, S. 252) fest: „Die effektive Förderung Hochbegabter bedarf der wissenschaftlichen Evaluation. Ebenso bedarf aber auch die wissenschaftliche Evaluationsforschung der Einladung zur Partizipation an Förderprogrammen, um theoretisch entwickelte Empfehlungen anhand empirischer Daten prüfen zu können. Wie eigene Studien zeigen, ergeben sich durch die Zusammenarbeit zwischen Wissenschaftlern und Praktikern der Hochbegabtenförderung erfreuliche Fortschritte für beide Seiten. Die Evaluationsforschung darf dabei jedoch nicht passiv die Entwicklung von Förderaktivitäten abwarten und erst anschließend versuchen, korrigierend einzugreifen." Auf der anderen Seite müssen sich Praktikerinnen und Praktiker aber genauso von vornherein um wissenschaftliche Begleitung bemühen. In einigen Fällen ist dieses Bewusstsein bereits vorhanden und aufgrund dessen sind schon vielfältige Kooperationen entstanden. Doch leider sind wir nach wie vor noch weit davon entfernt, von einer regen Evaluationstätigkeit im Bereich der Hochbegabtenförderung sprechen zu können. Daher schließen wir dieses Kapitel mit einigen Empfehlungen zur Evaluation von Maßnahmen zur Begabtenförderung ab.

Empfehlungen zur Evaluation von Begabtenfördermaßnahmen

- Förderprogramme sollten verstärkt dokumentiert werden, wobei dieses sowohl die Konzeption und Durchführung als auch die Erfahrungen mit der Maßnahme und ggf. vorliegende Evaluationsergebnisse betrifft. Diese Dokumentationen sollten anschließend veröffentlicht werden, um anderen Personen, die in der Begabtenförderung tätig sind, als Ausgangsmaterial bei der Entwicklung neuer Programme zur Verfügung zu stehen.

- Neben der reinen Dokumentation wird empfohlen, Fördermaßnahmen wissenschaftlich zu evaluieren. Bei der Evaluation sollte man sich nicht auf Befragungen der beteiligten Personen beschränken, sondern es sollte eine Überprüfung der Zielerreichung anhand objektiver Kriterien (z. B. Notenentwicklung bei Akzelerationsmaßnahmen, nachprüfbarer Erwerb von Wissen oder bestimmten Fähigkeiten) erfolgen. Es ist sinnvoll, sich an gängigen Evaluationsmodellen (z. B. dem CIPP-Modell oder den Evaluationsschritten nach Heller und Neber, 2004) zu orientieren, um ein systematisches Vorgehen zu gewährleisten.

- Bei der Entwicklung und Implementierung neuer Programme sollte zunächst die formative Evaluation im Vordergrund stehen, das heißt es sollte eine fortlaufende Überprüfung der jeweiligen Programmziele und eventuell eine entsprechende Anpassung des Programms stattfinden.

- Zur Überprüfung der Effizienz bereits bestehender Programme oder im Falle einer Entscheidung zwischen mehreren vergleichbaren Angeboten empfiehlt sich hingegen eine summative Evaluation. Das heißt, es sollten nach Abschluss des Programms zu einem oder zu mehreren Zeitpunkten ausschließlich die Effekte und Folgen des Programms betrachtet werden.

- Eine Evaluation sollte bestimmte Standards erfüllen (siehe Anhang zu diesem Kapitel), um sicherzustellen, dass sie wirklich nützliche, präzise und verlässliche Informationen hervorbringt und dass sie korrekt und wirtschaftlich durchgeführt wird.

- Zur wissenschaftlichen Absicherung von Effekten und Folgen von Maßnahmen und Interventionen ist die Einbeziehung einer möglichst äquivalenten Vergleichs- bzw. Kontrollgruppe zwingend notwendig. In vielen Studien fehlen die Kontrollbedingungen „vergleichbar Begabter unter normalen Bedingungen" und „durchschnittlich Begabter in der Fördermaßnahme". Wann immer möglich und vertretbar, sollte versucht werden, diese Kontrollbedingungen zu realisieren, denn ohne eine solche Kontrolle sind keine gesicherten Aussagen über die Effekte des untersuchten Programms möglich.

- Für zukünftige Forschung wird empfohlen, dass Wirksamkeitsstudien über Begabtenfördermaßnahmen in Form von Überblicksarbeiten wie Metaanalysen oder Literaturübersichten zusammengefasst und veröffentlicht werden. Bisher sind entsprechende Metaanalysen nur in den USA durchgeführt worden. Da die Ergebnisse nicht ohne weiteres auf das deutsche Schulsystem übertragbar sind, sind vergleichbare Analysen in Deutschland notwendig.

Anhang: Standards und Literaturempfehlungen

Zusammenfassung der *Standards for Evaluation of Educational Programs, Projects and Materials* (nach Sanders, 2006, S. 51 f.):

N.　Nützlichkeitsstandards

„Die Nützlichkeitsstandards sollen sicherstellen, dass sich eine Evaluation an den Informationsbedürfnissen der vorgesehenen Evaluationsnutzer ausrichtet. Es handelt sich um folgende Standards:

N1　Ermittlung der Beteiligten & Betroffenen

Die an einer Evaluation beteiligten oder von ihr betroffenen Personen sollten identifiziert werden, damit deren Interessen und Bedürfnisse berücksichtigt werden können.

N2　Glaubwürdigkeit der Evaluatorin

Wer Evaluationen durchführt, sollte sowohl vertrauenswürdig als auch kompetent sein, damit bei den Evaluationsergebnissen ein Höchstmaß an Glaubwürdigkeit und Akzeptanz erreicht wird.

N3　Umfang und Auswahl der Informationen

Die gewonnenen Informationen sollten von einem Umfang und einer Auswahl sein, welche die Behandlung sachdienlicher Fragen zum Programm ermöglichen und gleichzeitig auf die Interessen und Bedürfnisse des Auftraggebers und anderer Beteiligter & Betroffener eingehen.

N4　Feststellung von Werten

Die Perspektiven, Verfahren und Gedankengänge, auf denen die Interpretationen der Ergebnisse beruhen, sollten sorgfältig beschrieben werden, damit die Grundlagen der Werturteile klar ersichtlich sind.

N5　Klarheit des Berichts

Evaluationsberichte sollten das evaluierte Programm einschließlich seines Kontextes ebenso beschreiben wie die Ziele, die Verfahren und Befunde der Evaluation, damit die wesentlichen Informationen zur Verfügung stehen und leicht verstanden werden können.

N6　Rechtzeitigkeit und Verbreitung des Berichts

Wichtige Zwischenergebnisse und Schlussberichte sollten den vorgesehenen Nutzern so zur Kenntnis gebracht werden, dass diese sie rechtzeitig verwenden können.

N7   Wirkung der Evaluation

Evaluationen sollten so geplant, durchgeführt und dargestellt werden, dass die Beteiligten & Betroffenen dazu ermuntert werden, dem Evaluationsprozess zu folgen, damit die Wahrscheinlichkeit steigt, dass die Evaluation genutzt wird."

D.   Durchführbarkeitsstandards (Sanders, 2006, S. 91)

„Die Durchführbarkeitsstandards sollen sicherstellen, dass eine Evaluation realistisch, gut durchdacht, diplomatisch und kostenbewusst ausgeführt wird. Es handelt sich um folgende Standards:

D1   Praktische Verfahren

Die Evaluationsverfahren sollten praktisch sein, so dass Störungen minimiert und die benötigten Informationen beschafft werden können.

D2   Politische Tragfähigkeit

Evaluationen sollten mit Voraussicht auf die unterschiedlichen Positionen der verschiedenen Interessengruppen geplant und durchgeführt werden, um deren Kooperation zu erreichen und um mögliche Versuche irgendeiner dieser Gruppen zu vermeiden, die Evaluationsaktivitäten einzuschränken oder die Ergebnisse zu verzerren respektive zu missbrauchen.

D3   Kostenwirksamkeit

Die Evaluation sollte effizient sein und Informationen mit einem Wert hervorbringen, der die eingesetzten Mittel rechtfertigt."

K.   Korrektheitsstandards (Sanders, 2006, S. 111f.)

„Die Korrektheitsstandards sollen sicherstellen, dass eine Evaluation rechtlich und ethisch korrekt durchgeführt wird und dem Wohlergehen der in die Evaluation einbezogenen und auch der durch die Ergebnisse betroffenen Personen gebührende Aufmerksamkeit widmet. Es handelt sich um folgende Standards:

K1   Unterstützung der Dienstleistungsorientierung

Die Evaluation sollte so geplant werden, dass Organisationen dabei unterstützt werden, die Interessen und Bedürfnisse des ganzen Zielgruppenspektrums zu berücksichtigen und ihre Tätigkeit danach auszurichten.

K2   Formale Vereinbarungen

Die Pflichten der Vertragsparteien einer Evaluation (was, wie, von wem, wann getan werden soll) sollten schriftlich festgehalten werden, damit die Parteien verpflichtet sind, alle Bedingungen dieser Vereinbarung zu erfüllen oder aber diese erneut zum Gegenstand von formalen Verhandlungen zu machen.

K3   Schutz individueller Menschenrechte

Evaluationen sollten so geplant und durchgeführt werden, dass die Rechte und das Wohlergehen der Menschen respektiert und geschützt sind.

K4   Human gestaltete Interaktionen

Evaluatorinnen sollten in ihren Kontakten mit anderen die Würde und den Wert der Menschen respektieren, damit diese nicht gefährdet oder geschädigt werden.

K5   Vollständige und faire Einschätzung

Evaluationen sollten in der Überprüfung und in der Präsentation der Stärken und Schwächen des evaluierten Programms vollständig und fair sein, so dass die Stärken weiter ausgebaut und die Problemfelder angesprochen werden können.

K6   Offenlegung der Ergebnisse

Die Vertragsparteien einer Evaluation sollten sicherstellen, dass die Evaluationsergebnisse – einschließlich ihrer relevanten Beschränkungen – den durch die Evaluation betroffenen Personen ebenso wie all jenen, die einen ausgewiesenen Anspruch auf die Evaluationsergebnisse haben, zugänglich gemacht werden.

K7   Deklaration von Interessenkonflikten

Interessenkonflikte sollten offen und aufrichtig behandelt werden, damit sie die Evaluationsverfahren und -ergebnisse nicht beeinträchtigen.

K8   Finanzielle Verantwortlichkeit

Die Zuweisung und Ausgaben von Ressourcen durch die Evaluatorin sollte durch eine sorgfältige Rechnungsführung nachgewiesen werden und auch anderweitig klug sowie ethisch verantwortlich erfolgen, damit die Ausgaben verantwortungsbewusst und angemessen sind."

G.   Genauigkeitsstandards (Sanders, 2006, S. 159f.)

„Die Genauigkeitsstandards sollen sicherstellen, dass eine Evaluation über die Güte und/oder die Verwendbarkeit des evaluierten Programms fachlich angemessene Informationen hervorbringt und vermittelt. Es handelt sich um folgende Standards:

G1   Programmdokumentation

Das zu evaluierende Programm sollte klar und genau beschrieben und dokumentiert werden, so dass es eindeutig identifiziert werden kann.

G2   Kontextanalyse

Der Kontext, in dem das Programm angesiedelt ist, sollte ausreichend detailliert untersucht werden, damit mögliche Beeinflussungen des Programms identifiziert werden können.

G3   Beschreibung von Zielen und Vorgehen

Die Zwecksetzung und das Vorgehen der Evaluation sollten ausreichend genau dokumentiert und beschrieben werden, so dass sie identifiziert und eingeschätzt werden können.

G4   Verlässliche Informationsquellen

Die in einer Programmevaluation genutzten Informationsquellen sollten hinreichend genau beschrieben sein, damit die Angemessenheit der Informationen eingeschätzt werden kann.

G5   Valide Informationen

Die Verfahren zur Informationsgewinnung sollten so gewählt oder entwickelt und dann umgesetzt werden, dass die Gültigkeit der gewonnenen Interpretationen für den gegebenen Zweck sichergestellt ist.

G6   Reliable Informationen

Die Verfahren zur Informationsgewinnung sollten so gewählt oder entwickelt und dann umgesetzt werden, dass die Zuverlässigkeit der gewonnenen Interpretationen für den gegebenen Zweck sichergestellt ist.

G7   Systematische Informationsüberprüfung

Die in einer Evaluation gesammelten, aufbereiteten und präsentierten Informationen sollten systematisch überprüft und alle gefundenen Fehler sollten korrigiert werden.

G8   Analyse quantitativer Informationen

Quantitative Informationen einer Evaluation sollten angemessen und systematisch analysiert werden, damit die Fragestellungen der Evaluation effektiv beantwortet werden.

G9   Analyse qualitativer Informationen

Auch qualitative Informationen einer Evaluation sollten angemessen und systematisch analysiert werden, damit die Fragestellungen der Evaluation effektiv beantwortet werden.

G10 Begründete Schlussfolgerungen

Die in einer Evaluation gezogenen Folgerungen sollten ausdrücklich begründet werden, damit die Beteiligten und Betroffenen diese einschätzen können.

G11 Unparteiische Berichterstattung

Die Verfahren der Berichterstattung sollten über Vorkehrungen gegen Verzerrungen durch persönliche Gefühle und Vorlieben irgendeiner Evaluationspartei geschützt werden, so dass Evaluationsberichte die Ergebnisse fair wiedergeben.

G12 Meta-Evaluation

Die Evaluation selbst sollte formativ und summativ in Bezug auf die vorliegenden oder andere wichtige Standards evaluiert werden, so dass die Durchführung entsprechend angeleitet werden kann und damit die Beteiligten und Betroffenen bei Abschluss einer Evaluation deren Stärken und Schwächen gründlich überprüfen können."

Einführende Literatur

Westermann, R. (2002). Merkmale und Varianten von Evaluation: Überblick und Klassifikation. *Zeitschrift für Psychologie, 210*, 4-26.
Wittmann, W. (1985). *Evaluationsforschung. Aufgaben, Probleme und Anwendungen.* Berlin: Springer.
Wottawa, H. & Thierau, H. (2003). *Lehrbuch Evaluation.* Bern: Hans Huber.

Weiterführende Literatur

Bortz, J. & Döring, N. (2003). *Forschungsmethoden und Evaluation.* Berlin: Springer.
Chen, H.-T. (2005). *Practical program evaluation. Assessing and improving planning, implementation, and effectiveness.* Thousand Oaks, CA: Sage.
Hager, W., Patry, J.-L. & Brezing, H. (Hrsg.). (2000). *Evaluation psychologischer Interventionsmaßnahmen. Standards und Kriterien: Ein Handbuch.* Bern: Hans Huber.
Holling, H. & Gediga, G. (Hrsg.). (1998). *Evaluationsforschung.* Göttingen: Hogrefe.

Teil II – Ergebnisse der Evaluationsforschung

Es gibt eine Vielzahl von Möglichkeiten, Schülerinnen und Schüler mit besonderen Begabungen zu fördern. Diese Maßnahmen lassen sich grob zwei Gruppen zuordnen: der Gruppe akzelerierender Angebote (*Akzeleration*) oder der Gruppe anreichernder Angebote (*Enrichment*). Über die Effektivität der unterschiedlichen Maßnahmen wird in der Literatur vielfach diskutiert, aber auch weitere Aspekte der Begabtenförderung sind häufig Thema kontroverser Debatten, so z. B. die Frage, ob eine integrative oder eine separierende Förderung die sinnvollere Variante darstellt.

Um eine annähernde Klärung dieser Fragen herbeizuführen, werden im Folgenden Ergebnisse der empirischen Evaluationsforschung zu verschiedenen Maßnahmen der Begabtenförderung und damit verknüpften Aspekten zusammenfassend dargestellt. Wir beginnen mit einer Darstellung wissenschaftlicher Erkenntnisse zu Vor- und Nachteilen einer nach Fähigkeit gruppierten Förderung begabter Schülerinnen und Schüler, bevor anschließend auf die Effekte und den Nutzen akzelerierender und anreichender Maßnahmen eingegangen wird. Als zentral für den Erfolg von schulischen Fördermaßnahmen haben sich allerdings auch zwei weitere Aspekte herausgestellt: die Auswahl der Kandidatinnen und Kandidaten sowie die Qualifizierung der Lehrkräfte bzw. Kursleiterinnen und Kursleiter. Daher werden in Teil III dieses Buches auch zu diesen Punkten Ergebnisse empirischer Studien dargestellt.

Zum größten Teil stammen die Untersuchungen aus Deutschland und den USA, wobei die Ergebnisse amerikanischer Studien aufgrund des unterschiedlichen Schulsystems und des anderen kulturellen Hintergrundes nur eingeschränkt auf Deutschland übertragbar sind. Insgesamt erweist sich die Befundlage als recht heterogen. Während einige Maßnahmen (z. B. die Schulzeitverkürzung durch Überspringen von Klassenstufen) relativ umfassend dokumentiert und geprüft wurden, liegen zu anderen Maßnahmen (vor allem zu Enrichmentmaßnahmen) kaum systematische Untersuchungen vor. Folglich fällt die Anzahl der berichteten Studien sehr unterschiedlich aus, so dass die Darstellung der Befundlage zu einigen Maßnahmen einen breiteren Raum einnimmt als zu anderen, ohne dass dies als inhaltliche Gewichtung zu verstehen ist. Darüber hinaus sei darauf hingewiesen, dass viele der Studien methodischen Einschränkungen unterliegen, ihre Ergebnisse also nur mit Vorsicht zu interpretieren sind. Dennoch können aus den folgenden Darstellungen wertvolle Erkenntnisse für eine effektive Begabtenförderung gewonnen werden.

2 Fähigkeitsgruppierung: Separierte oder integrierte Begabtenförderung?

Die Frage, ob eine integrierte oder eine separierte schulische Ausbildung unterschiedlich begabter Schülerinnen und Schüler zu bevorzugen sei, wird nach wie vor kontrovers diskutiert. Im Kontext der Hochbegabtenförderung bezieht sich Integration auf die schulische Ausbildung besonders begabter Schülerinnen und Schüler innerhalb des regulären, fähigkeitsheterogenen Klassenverbands. Separation umfasst unterschiedliche Maßnahmen, bei denen besonders befähigte Schülerinnen und Schüler in fähigkeitshomogeneren Gruppen innerhalb oder außerhalb des Klassenverbands oder in neu gebildeten, speziellen Klassen unterrichtet werden.

Befürworter einer separierten Förderung besonders Begabter fordern, aus Gründen der Gerechtigkeit und da eine Gesellschaft auf Spitzenleistungen ihrer Mitglieder angewiesen ist, nicht nur die leistungsschwächeren, sondern auch die leistungsstärkeren Mitglieder der Gesellschaft gesondert zu fördern. Kritiker argumentieren dagegen, dass eine Heraushebung und Bevorzugung einer Gruppe auf Kosten anderer gehe (weitere Pro- und Kontra-Argumente siehe Ende Abschnitt 2.1). Die Diskussion um Integration versus Separation wird also nicht zuletzt durch politische oder ideologische Einstellungen und bestimmte Befürchtungen mit geprägt (Kulik & Kulik, 1997).

In der schulischen Realität finden sich häufig Mischformen aus separierender und integrierender Begabtenförderung. Wissenschaftlich und methodisch fundierte Evaluationsstudien zu Spezialschulen, die *ausschließlich* für besonders Begabte konzipiert sind, fehlen bislang gänzlich. Empirisch begründete Empfehlungen zu reinen Hochbegabtenspezialschulen können für das deutsche Bildungssystem daher nicht ausgesprochen werden. Doch lässt sich vor dem Hintergrund der vorgestellten Ergebnisse eine erste grobe Einschätzung des Nutzens von Bildungsangeboten in speziellen Kursen oder Klassen(-zügen) für besonders Begabte vornehmen.

2.1 Fähigkeitsgruppierung: Eine Begriffsbestimmung

Separation bzw. Fähigkeitsgruppierung kann definiert werden als Vorgehensweise, bei der „Kinder mit ähnlichem schulischen Entwicklungsniveau anhand von Testergebnissen und Schulleistungsdaten durch Lehrkräfte Klassen oder Gruppen zugewiesen werden, die sich deutlich in den für das schulische Lernen entscheidenden Charakteristika unterscheiden." (Kulik & Kulik, 1997, S. 230, Übersetzung durch die

Autorinnen und den Autor). Bei der Fähigkeitsgruppierung können die verschiedenen Gruppen ein unterschiedliches Curriculum erhalten und/oder es können andere Lehrmethoden eingesetzt werden. Die Begriffe stellen also ein breites Konzept dar, das von Formen der integrierten Förderung durch Maßnahmen der inneren Differenzierung innerhalb einer Klasse bis zum Angebot spezieller Schulen für besonders Begabte verschiedene Maßnahmen umfasst.

Die Variation von Curriculum und/oder der Lehrmethoden kann in Form von Enrichment, Akzeleration oder in einer Kombination beider Förderansätze erfolgen. Formal lassen sich grob folgende Formen der Fähigkeitsgruppierung unterscheiden:

- Fähigkeitsgruppierung als äußere Differenzierung:

- *Spezialschulen,* in denen *ausschließlich* besonders begabte Schülerinnen und Schüler zusammengefasst werden (z. B. Landesgymnasium St. Afra in Meißen).
- *Fachübergreifende Sonderförderzweige,* in denen besonders begabte Schülerinnen und Schüler ein spezielles Unterrichtsangebot in *allen oder den meisten* Fächern erhalten. Diese Sonderzweige können parallel zu regulären Klassen innerhalb einer Schule organisiert sein (z. B. Jugenddorf-Christophorus-Schulen).
- *Fachbezogene Sonderförderzweige,* in denen besonders begabte Schülerinnen und Schüler in nur einem bestimmten Fachgebiet wie Mathematik und Naturwissenschaften vertieft unterrichtet werden. In allen übrigen Schulfächern nehmen die Schülerinnen und Schüler am Unterricht im regulären Klassenverband teil (z. B. einige Gymnasien mit besonderem Profil bzw. vertiefter Ausbildung).
- *Spezielle fachbezogene Kurse,* an denen besonders begabte Schülerinnen und Schüler teilnehmen können. Diese können auch jahrgangsstufenübergreifend konzipiert sein. Die Zusammenfassung erfolgt hierbei nur in einem Fach und kann z. B. in Form eines Wahlfachs oder in Form von Arbeitsgemeinschaften durchgeführt werden (z. B. die *Arbeitsgemeinschaften für besonders befähigte Schülerinnen und Schüler* in Baden-Württemberg).

- Fähigkeitsgruppierung als innere Differenzierung:

- Im Rahmen der inneren Differenzierung oder Binnendifferenzierung findet eine *Förderung innerhalb des bestehenden Klassenverbands* statt. Es wird zwischen verschiedenen Fähigkeitsgruppen der Schülerinnen und Schüler differenziert, indem beispielsweise den einzelnen Gruppen ein ihren Fähigkeiten angepasstes Aufgabenmaterial mit unterschiedlichen Aufgabenstellungen vorgelegt wird. Diese Art von Gruppierung ist temporär und sehr flexibel.
- Um innerhalb einer Klasse eine größere Gruppe von Hochbegabten bilden zu können, kann auf die Möglichkeit zurück gegriffen werden, alle Hochbegabten eines Jahrgangs in einer Klasse dieses Jahrgangs zusammenzufassen (*cluster grouping*). So werden zum Beispiel alle hochbegabten Kinder eines fünften Jahrganges in einer der Klassen dieses Jahrgangs gruppiert, wobei in dieser Klasse dennoch nicht hochbegabte Kinder in der Regel die Mehrheit darstellen.

Die beschriebenen Formen des differenzierten Unterrichts lassen sich noch weiter unterteilen. So führt Urban (2000) 16 verschiedene, in der Literatur beschriebene Organisationsformen auf, die sich teilweise überlappen bzw. miteinander kombinierbar sind. Sie sind in Abbildung 2 dargestellt, wobei von oben nach unten das Ausmaß der Separation immer weiter abnimmt.

	Maßnahme	Ausmaß an Separation
1	Private individuelle Erziehung	maximal
2	Spezial(internats)schule	
3	Spezialklassen an Regelschulen	
4	Teilzeitspezialklassen an Regelschulen	
5	„Express"-Klassen mit akzeleriertem Curriculum	
6	„Pull-out"-Programme, einmal oder mehrmals wöchentlich	
7	Teilzeit-Spezialklassen (eine bis mehrere Stunden/Tage pro Woche)	
8	Reguläre Klasse mit zusätzlichem „Resource Room"-Programm	
9	Äußere Differenzierung nach Niveaugruppen in einem oder mehreren Fächern	
10	Reguläre Klasse mit zusätzlichen Kursen oder Arbeitsgemeinschaften	
11	Reguläre Klasse mit zusätzlicher Lehrkraft zur zeitweisen Individualisierung	
12	Fach- oder zeitweise Teilnahme am Unterricht in höheren Klassen	
13	Reguläre Klasse mit (teilweise) binnendifferenziertem (Gruppen-)Unterricht	
14	Reguläre Klasse, nur bei (Begabungs-)Problemen spezielle Maßnahmen	
15	Reguläre Klasse ohne spezifische Binnendifferenzierung mit zusätzlicher außerschulischer individueller Mentorenbetreuung	
16	Reguläre Klasse, zusätzliche außerschulische Aktivitäten, wie Nachmittags- und Wochenendkurse, Sommerschulen oder -camps, Exkursionen, Korrespondenzzirkel, Wettbewerbe	minimal

Abbildung 2: Formen schulischer Differenzierung, geordnet nach dem Ausmaß ihrer Separation (Urban, 2000, S. 21)

Obwohl es augenscheinlich viele verschiedene Möglichkeiten der Binnendifferenzierung im Unterricht gibt, werden in Deutschland aufgrund der im internationalen Vergleich noch eher starren Unterrichtsorganisation nur wenige der aufgeführten Förderoptionen praktiziert. Wenn Differenzierung stattfindet, dann eher in Form stärkerer Separierung. In der Orientierungsstufe, in der Gesamtschule und in der Oberstufe des Gymnasiums kommen verstärkt auch Förderformen zum Einsatz, die eine nur zeitweise Separierung darstellen. Dort werden zum Beispiel zusätzlich zum regulären Unterricht Kurse und Arbeitsgemeinschaften angeboten und/oder es findet eine äußere Differenzierung nach Niveaugruppen in einem oder in mehreren Fächern statt (Urban, 1996a). Gesonderte Förderung im Rahmen des regulären Unterrichts (Binnendifferenzierung) bzw. in außerschulischen Aktivitäten (z. B. in Form von AGs oder Wochenendkursen) finden zwar statt, basieren jedoch meistens auf der Initiative einzelner engagierter Lehrkräfte und sind daher kaum dokumentiert. Insgesamt ist das deutsche Schulsystem durch seine Dreigliedrigkeit bereits stark separierend (und damit vermutlich eines der am stärksten separierenden Schulsysteme in westlichen Industrienationen; Trautwein, Lüdtke, Marsh, Köller & Baumert, 2006). Obwohl es rechtlich möglich ist, stellt der Wechsel eines Schülers oder einer Schülerin von einer Schulform zur anderen noch eher die Ausnahme als die Regel dar.

Ein wichtiger Aspekt, der bei der Entscheidung für oder gegen eine bestimmte Differenzierungsmaßnahme beachtet werden sollte, sind die Akzeptanz und Einstellung von allen Beteiligten gegenüber der Maßnahme. Eltern, Lehrkräfte sowie Schülerinnen und Schüler bevorzugen bestimmte Formen der Separation und lehnen andere tendenziell ab. Die Akzeptanz von entsprechenden Programmen ist insofern wichtig, da sie die Teilnahmequote beeinflusst, also die Bereitschaft der Betroffenen, an den verschiedenen Maßnahmen teilzunehmen.

Die Einstellungen potenziell Betroffener zu verschiedenen separierenden und integrierenden Fördermaßnahmen für Begabte erfasste Rost (1993a, 2000) im Rahmen des „Marburger Hochbegabtenprojekts". Rost legte 107 Jugendlichen, die aus einer nicht vorausgelesenen Stichprobe von über 7.000 Schülerinnen und Schülern als hochbegabt identifiziert worden waren, sowie deren Eltern und Lehrkräften den „Fragebogen zur Akzeptanz von Fördermaßnahmen für besonders begabte Jugendliche" (FAF-J; Rost & Hanses, 1995) vor. Dieses Erhebungsinstrument deckt sowohl Maßnahmen der inneren und äußeren Differenzierung als auch außerschulische Fördermaßnahmen für Begabte ab. Die Ergebnisse zeigen, dass alle drei befragten Gruppen (Jugendliche, deren Eltern und Lehrkräfte) die verschiedenen Fördermaßnahmen recht übereinstimmend als jeweils positiv oder negativ bewerteten. So wünschten sich die hochbegabten Schülerinnen und Schüler vor allem Maßnahmen der inneren Differenzierung und einen anreichernden Unterricht (z. B. vertiefende Aufgaben) sowie Anreicherungen der Freizeit (z. B. Wettbewerbe, Ferienlager, Freizeit-AGs). Auch den befragten Eltern und Lehrkräften erschienen Fördermaßnahmen innerhalb des regulären Klassenverbandes sowie Aktivitäten in der Freizeit der Jugendlichen wünschenswerter. Separierende Maßnahmen (äußere Differenzierung) lehnten alle drei Gruppen tendenziell eher ab. Es zeigte sich jedoch auch, dass die hochbegabten Jugendlichen einige der separierenden Förderangebote (z. B. Spezialschulen) zum Teil deutlich weniger negativ einschätzten als ihre Lehrkräfte (Sparfeldt, Schilling & Rost, 2004). Am deutlichsten fiel dieser Befund für die Bewertung von Spezialklassen für intellektuell Hochbegabte aus: Während die befragten Lehrerinnen und Lehrer diese eher ablehnten, bewerteten die Jugendlichen diese Maßnahme tendenziell eher positiv (Effektstärke des Unterschiedes in der Bewertung von

$d = .83$). Auch bewerteten die Jugendlichen bestimmte Maßnahmen der inneren Differenzierung weniger positiv als die Lehrkräfte (beispielsweise den Einsatz von Tutoren: $d = -.72$).

Es kann jedoch auch festgestellt werden, dass sich die Akzeptanz bestimmter Maßnahmen im Schulsystem deutlich verändern kann, wenn neuartige oder vermeintlich „exotische" Interventionen in der Öffentlichkeit bekannter werden. Auch wenn sich rechtliche Rahmenbedingungen ändern und bestimmte Interventionen dadurch häufiger auftreten, kann das zu einer größeren Akzeptanz führen. Ein Beispiel hierfür ist die veränderte Einstellung zum Überspringen von Klassen. Die Möglichkeit eine Klasse zu überspringen wurde in den letzten Jahren von einer zunehmenden Zahl Schülerinnen und Schülern wahrgenommen. In ganz Bayern wurden im Schuljahr 1996/97 zum Beispiel noch lediglich 31 Überspringerinnen und Überspringer am Gymnasium und 105 Überspringerinnen und Überspringer in der Grundschule registriert. Speziell vom Land konzipierte „Springerseminare" für Schülerinnen und Schüler, die die achte Jahrgangsstufe überspringen, konnten aufgrund zu geringer Teilnehmerzahlen mehrere Jahre hintereinander nicht durchgeführt werden. Inzwischen scheint sich die Einstellung zum Überspringen durch vermehrte Aufklärung und Veränderungen der schulrechtlichen Situation jedoch geändert zu haben. Für das Schuljahr 2002/2003 wurden insgesamt bereits 444 Fälle gezählt, in denen ein Schüler oder eine Schülerin in Bayern eine Klasse übersprungen hat. Ähnliche Entwicklungen sind in anderen Bundesländern zu beobachten (vgl. Holling, Preckel, Vock & Schulze Willbrenning, 2004).

Im Folgenden werden zunächst Hypothesen, Annahmen und Argumente für und wider eine separierte schulische Förderung Begabter dargestellt. In Abschnitt 2.2 werden dann empirische Befunde zu einzelnen Hypothesen berichtet.

- Argumente für eine separierte schulische Begabtenförderung:

- *Angemessene intellektuelle Förderung besonders befähigter Schülerinnen und Schüler:* In leistungsstarken Schülergruppen kann der Unterricht akzeleriert erfolgen. Die durch die Akzeleration frei werdende Zeit kann genutzt werden, um weiteren Unterricht auf höherem schulischem Niveau, Enrichmentmaßnahmen, Vertiefungsphasen oder Projektarbeit einzuführen. Somit können die Schülerinnen und Schüler Fortschritte entsprechend ihren Fähigkeiten machen, und die Wahrscheinlichkeit von Frustration und Misserfolg wird reduziert (Freeman, 1998; Dar & Resh, 1986).

- *Bewahrung von Interessen und Anreizen* für besonders begabte Schülerinnen und Schüler (Freeman, 1998): Frustrierende Langeweile wird vermieden und die Aufmerksamkeit der Schülerinnen und Schüler wird besser aufrechterhalten.

- *Erleichterung des Lehrens und Unterrichtens*: Lehrmethoden können optimal an die Bedürfnisse der Gruppe angepasst werden. Darüber hinaus besteht die Möglichkeit der individuellen Instruktion in kleinen Gruppen. Gleichzeitig bedeutet dies eine Entlastung der Lehrkräfte hinsichtlich organisatorischer Überforderung. Kompetenzen werden gebündelt, von der auch andere Schulen oder Lehrkräfte (z. B. durch Hospitation) profitieren können.

- *Die Qualifikation der Lehrkräfte* durch gezielte Lehrerauswahl bzw. -ausbildung ist besser zu gewährleisten, da die Zielgruppe der Schülerinnen und Schüler klarer eingegrenzt ist.
- *Individualisierte Förderungsmöglichkeiten* werden innerhalb der regulären Klasse in der Unterrichtspraxis nicht ausgeschöpft, da die stärkeren Schülerinnen und Schüler in ihrer „lernfreien" Zeit als Tutorinnen bzw. Tutoren für die Schwächeren eingesetzt werden (Bernal, 2003).
- *Bessere Förderung auch der schwächeren Schülerinnen und Schüler* durch geringeres Lerntempo und individuelle Betreuung in der leistungsschwächeren Gruppe. Dies führt zu mehr Erfolgserlebnissen. Außerdem wird der oftmals frustrierende Konkurrenzdruck durch die stärkeren Schülerinnen und Schüler vermieden (Hany, 2002).
- *Individueller und gesellschaftlicher Nutzen*, der aus der Förderung der besonders Begabten erwachsen kann.
- *Positive Auswirkungen auf die sozial-emotionale und intellektuelle Entwicklung* durch das Zusammensein mit ähnlich befähigten Gleichaltrigen (Feldhusen, 1989).
- *Erwerb sozialer Kompetenzen* unter ähnlich Befähigten (Gross, 2000; Holling & Kanning, 1999; Schunk, 1987).
- *Möglichkeit der Profilierung* von Städten, Kommunen oder anderen, privaten Trägern durch Gründung von Spezialschulen (Kolloff, 1997).

- Argumente gegen eine separierte schulische Begabtenförderung:

- *Fehlende Lernmodelle (Brain-Drain-Vorwurf):* Langsamere, leistungsschwächere Schülerinnen und Schüler verlieren durch Fähigkeitsgruppierung die schnelleren und leistungsstärkeren Schülerinnen und Schüler als positive, motivierende Rollenvorbilder (Oakes, 1985; siehe auch Abschnitt 2.2).
- *Lehrkräfte von leistungsschwachen „Restklassen" sind weniger motiviert*, qualitativ guten Unterricht abzuhalten (Demoralisierung durch geringe Leistungserwartung, vgl. Lucas, 1999).
- *Überforderung der Lehrkräfte:* Die Differenzierung von Aufgaben für verschiedene Fähigkeitsgruppen stellt eine zeitlich und fachlich herausfordernde Aufgabe dar, der nicht alle Lehrkräfte gewachsen sind.
- *Schaffung eines künstlichen Schonraums* durch die Separierung begabter Schülerinnen und Schüler in Spezialschulen. Dies bereitet sie nicht auf das „wirkliche" Leben vor.
- *Die separierte Förderung von Begabten unterstützt „elitäre Attitüden"* der fähigeren Schülerinnen und Schüler (Slavin, 1987).
- *Reine Begabten-Schulen machen Wechsel und Ausstiege schwer:* Wenn eine Schülerin oder ein Schüler bei Überforderung die Schule wieder verlassen muss, sind negative Auswirkungen nicht unwahrscheinlich. Schulen mit Zweigen sowohl für überdurchschnittlich als auch für durchschnittlich Begabte weisen diesbezüglich eine höhere Flexibilität auf.

- *Schülerinnen und Schüler in Begabten-Klassen erreichen evtl. einen schlechteren (Abitur-)Notendurchschnitt* als sie im heterogenen Klassenverband erreichen würden (aufgrund klassenspezifischer Bezugsgruppeneffekte bei der Notenvergabe; siehe auch Abschnitt 2.2.2).
- In Deutschland besteht ein enger Zusammenhang zwischen sozialer Herkunft und Höhe des Bildungsabschlusses (PISA-Studien 2000, 2003; Baumert et al., 2003; PISA-Konsortium Deutschland, 2004). Demnach könnte man von einer Unterrepräsentation von sozial schwachen Schülerinnen und Schülern sowie von Kindern mit Migrationshintergrund in Hochbegabtenklassen ausgehen. Somit ist die Diversität eingeschränkt und Schülerinnen und Schüler haben *weniger Möglichkeiten den Umgang mit Kindern anderer Herkunft zu erlernen und wertzuschätzen* (Rogers, 1993).
- *Organisatorischer Aufwand und Kosten,* die bei der Einrichtung von zusätzlichen Klassen und Spezialschulen auch aus der besonderen Lehrerqualifikation, dem erweiterten Lehrmaterial oder einer evtl. erforderlichen Internatsunterbringung entstehen.
- *Gesellschaftliche Unterschiede* zwischen sozialen Schichten und Bildungsgruppen werden vergrößert (Slavin, 1987).

2.2 Konsequenzen der Fähigkeitsgruppierung: Theorien und Befunde

Im Folgenden werden zunächst Hypothesen zu allgemeinen Effekten der Fähigkeitsgruppierung besonders begabter Schülerinnen und Schüler dargestellt. Im Weiteren werden die Ergebnisse von Studien vorgestellt, die diese Hypothesen überprüfen.

2.2.1 Theoretischer Hintergrund zur Fähigkeitsgruppierung

Bevor wir zu Befunden von Studien zur Fähigkeitsgruppierung Hochbegabter kommen, sollen zunächst wichtige, diesem Forschungsthema zugrunde liegende Konstrukte und theoretische Annahmen erläutert werden. Um leistungsthematisches Verhalten verstehen und erklären zu können, muss das Konstrukt des akademischen Selbstkonzepts eingeführt werden, welches in der pädagogisch-psychologischen Forschung mittlerweile als zentrales Personmerkmal gilt (Köller, 2004; einen Überblick über aktuelle Forschungsfragen zu Fähigkeitsselbstkonzepten gibt ein Themenheft der Zeitschrift für Pädagogische Psychologie, 2006, 20. Jahrgang, Heft 1/2). Das akademische Selbstkonzept kann als Gesamtheit der kognitiven Repräsentationen eigener Fähigkeiten in akademischen Leistungssituationen definiert werden (Dickhäuser, Schöne, Spinath & Stiensmeier-Pelster, 2002, S. 394). Inzwischen geht man davon aus, dass es nicht ein globales akademisches Selbstkonzept gibt, sondern vielmehr verschiedene Selbstkonzepte. So unterscheidet man das verbale und das mathematische akademische Selbstkonzept (Marsh & Shavelson, 1985). Ein Schüler kann zum Beispiel durchaus hohe Kompetenzüberzeugungen im Fach Mathematik haben („In Mathe bin ich gut"), während er seine sprachlichen Fähigkeiten eher durchschnittlich einschätzt („Im Fach Deutsch fällt es mir eher schwer, etwas zu verstehen").

Die praktische Relevanz akademischer Selbstkonzepte liegt darin, dass sich mit ihrer Hilfe das Verhalten in Lern- und Leistungssituationen besser erklären und auch vorhersagen lässt. Grob vereinfacht führt ein hohes Selbstkonzept – also hohe subjektive Kompetenzüberzeugungen – dazu, dass ein Schüler in einem Fach mehr ausprobiert, eher motiviert ist, hier etwas zu erreichen und sich somit auch mehr für das Fach interessiert. Dies wiederum kann dazu beitragen, dass der Schüler bessere Lernstrategien anwendet, sich mit dem Fach tiefer gehend auseinandersetzt, was langfristig den Lernerfolg positiv beeinflussen kann.

Das jeweilige akademische Selbstkonzept beeinflusst zudem das Verhalten bei der Wahl bestimmter Fächer oder Kurse. Nach einer Theorie von Eccles (1983) werden Kurswahlen zum einen über subjektive Kompetenzüberzeugungen, also Erwartungen hinsichtlich des eigenen zukünftigen Erfolgs, beeinflusst. Zum anderen spielt bei der Kurswahl nach Eccles Modell der Wert, der subjektiv einem Fach zugemessen wird, eine Rolle. Beispielsweise sind nach Eccles Mädchen und Frauen weniger stark als Jungen oder Männer in mathematischen Fächern vertreten, da sie im Vergleich zu Jungen oder Männern zum einem mathematikbezogenen Aufgaben weniger Wert beimessen und zum anderen aufgrund eines geringeren akademischen Selbstkonzeptes in Mathematik davon ausgehen, sich für Erfolge in diesem Bereich stärker anstrengen zu müssen. Beides führt dazu, dass die Wahl seltener auf Mathematik fällt.

Neben kognitiven Variablen wie Intelligenz oder Vorwissen stellt das akademische Selbstkonzept somit eine entscheidende Einflussgröße für die Schulleistung und das Lernverhalten dar (Köller & Baumert, 2001; Schöne, Dickhäuser, Spinath & Stiensmeier-Pelster, 2003). Gleichzeitig beeinflusst die Leistung wiederum das Selbstkonzept. Somit gibt es Wechselwirkungen zwischen Leistung und akademischen Selbstkonzepten (Marsh, Trautwein, Lüdtke, Köller & Baumert, 2005).

Akademische Selbstkonzepte entstehen durch Leistungsrückmeldungen und Vergleiche der eigenen Leistung. Diese Vergleiche finden entweder mit Leistungen anderer relevanter Personen oder mit den eigenen Leistungen zu früheren Zeitpunkten oder in anderen Bereichen statt. Genau diesen Gedanken greift das *Internal/External Frame of Reference-Modell* von Marsh auf (I/E-Modell; Marsh, 1986). Nach diesem Modell gibt es zwei zentrale Informationsquellen für die Bildung akademischer Selbstkonzepte der Begabung: Eine Informationsquelle sind intraindividuelle Vergleiche (*internal frame of reference*); hier wird die Leistung in einem Fach mit Leistungen in einem anderen Fach oder zu einem anderen Zeitpunkt verglichen. Eine andere Informationsquelle stellen interindividuelle bzw. soziale Vergleich dar (*external frame of reference*); hier werden die eigenen Leistungen in einem Schulfach mit denen der Mitschülerinnen und Mitschüler – zumeist der eigenen Klasse als relevante Referenzgruppe – verglichen. Diese Ausführungen zu akademischen Selbstkonzepten helfen dabei, die drei im Folgenden beschriebenen Annahmen zur Auswirkung von Fähigkeitsgruppierung zu verstehen.

Der Big Fish Little Pond-Effekt

Leistungsgruppierungen können mittels sozialer Vergleichsprozesse das akademische Selbstkonzept von Schülerinnen und Schülern beeinflussen. Je nachdem, ob die sozialen Vergleiche mit der Referenzgruppe positiv oder negativ ausfallen, können Schülerinnen und Schüler mit gleichen akademischen Leistungen und auch Fähigkeiten zu unterschiedlichen Fähigkeitsselbstkonzepten gelangen. Dieses Phänomen wird als *Big Fish Little Pond-Effekt* (BFLP-Effekt) bezeichnet. Die Idee ist hier, dass ein Schüler oder eine Schülerin je nach seiner oder ihrer Umgebung (hier: die Leistungsstärke der Klassenkameraden) entweder ein positives oder ein negatives Fähigkeitsselbstkonzept ausbildet. Ein positives Selbstkonzept wird ausgebildet, wenn der Schüler oder die Schülerin relativ zur Klasse eher leistungsstark ist. Im Bild des BFLP-Effekt ist er oder sie hier ein „big fish" in einem kleinen Teich. Wenn der Schüler oder die Schülerin hingegen relativ zur Klasse eher leistungsschwach ist, bildet er oder sie ein negatives Fähigkeitsselbstkonzept aus. Bildlich gesprochen ist er oder sie hier ein „little fish" in einem großen Teich. Das heißt, zwei Schülerinnen oder Schüler mit gleicher individueller Leistungsfähigkeit, die aber Klassen mit unterschiedlichem Leistungsniveau besuchen (z. B. Spezialklassen für Hochbegabte und reguläre, fähigkeitsheterogenere Klassen), weisen nach dem BFLP-Effekt unterschiedliche Selbstwahrnehmungen eigener Fähigkeiten auf: Der Schüler in der schwächeren Klasse (big fish – little pond) sollte eine höhere Wahrnehmung eigener Fähigkeiten oder ein höheres akademisches Selbstkonzept haben als der entsprechende Schüler in der leistungsstärkeren Klasse (little fish – big pond) (Köller, 2004). Die Veränderung des durchschnittlichen Leistungsniveaus einer Klasse – z. B. beim Wechsel eines Schülers oder einer Schülerin in eine Hochbegabtenklasse – kann sich somit negativ auf das akademische Selbstkonzept auswirken (siehe Abbildung 3).

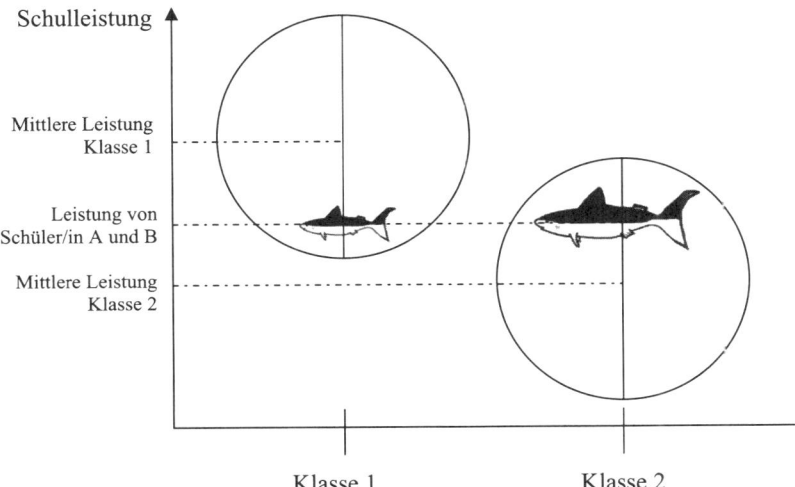

Abbildung 3: Der Big Fish Little Pond-Effekt (nach Köller, 2004, S. 2)

Der Basking in Reflected Glory-Effekt

Der *Basking in Reflected Glory-Effekt* (BIRG) ist ein weiterer Effekt sozialer Vergleichsprozesse, der in die entgegen gesetzte Richtung wie der BFLP-Effekt wirkt. Ist ein leistungsschwächerer Schüler Teil einer leistungsstarken Klasse, so führt nach dem BIRG-Effekt die Identifikation mit und die Zugehörigkeit zu dieser „prestige-trächtigen" Gruppe zur Aufwertung der eigenen Fähigkeit und damit zu einem höheren akademischen Selbstkonzept („Wenn ich für diese Klasse ausgewählt wurde, dann muss ich ein guter Schüler sein."). Demnach kann ein Wechsel in eine leistungsstärkere Gruppe (z. B. eine Hochbegabtenklasse) laut BIRG einen positiven Effekt auf das Fähigkeitsselbstkonzept einer Schülerin oder eines Schülers haben. Folglich ergeben sich aus dem BIRG- und dem BFLP-Effekt konträre Vorhersagen über die Auswirkungen von Fähigkeitsgruppierungen auf das Fähigkeitsselbstkonzept und damit auf die Leistung.

Der Brain-Drain-Effekt

Der *Brain-Drain-Effekt* richtet seine Aufmerksamkeit auf die Schülerinnen und Schüler, die nach der Gruppierung von besonders begabten Schülerinnen und Schülern in speziellen Klassen in den regulären Klassen verbleiben. Es wird angenommen, dass diese Schülerinnen und Schüler durch die Trennung von den begabten Schülern positive, motivierende Rollenvorbilder verlieren und somit in ihren Leistungen nachlassen. Diese Annahme wird häufig als Argument gegen die Fähigkeitsgruppierung von besonders Begabten angeführt.

2.2.2   Auswirkungen der Fähigkeitsgruppierung

In diesem Abschnitt werden Ergebnisse empirischer Evaluationsstudien zu den Konsequenzen der Fähigkeitsgruppierung zunächst für die Leistungsentwicklung und anschließend für Selbstwahrnehmungen der eigenen Fähigkeit (akademisches Selbstkonzept) sowie schulbezogene Einstellungen zusammengefasst. Da bislang keine wissenschaftlich kontrollierten Evaluationsstudien zu Spezialschulen, die ausschließlich für besonders Begabte gedacht sind, durchgeführt wurden (vgl. Winner, 1997), sind derzeit keine Untersuchungsergebnisse verfügbar, die generalisierbare Rückschlüsse auf die Auswirkungen dieser Art von Schulen erlauben.

Auswirkungen von Fähigkeitsgruppierungen auf die Leistung

Zu den Auswirkungen von Gruppierungen besonders begabter Schülerinnen und Schüler in speziellen Klassen und Kursen liegen Metaanalysen aus den USA vor (z. B. Kulik, 1992; Kulik & Kulik, 1991; Slavin, 1987). In diese Analysen flossen ausschließlich Ergebnisse von Evaluationsstudien mit Kontrollgruppen ein. Die Ergebnisse zeigen, dass die Gruppierung besonders Begabter in gesonderten Klassen oder Kursen nur dann zu positiven Effekten hinsichtlich der intellektuellen Entwicklung führt, wenn gleichzeitig curriculare Veränderungen vorgenommen werden. Die alleinige Zusammenfassung von besonders Begabten in speziellen Gruppen hat also keine nennenswerten Auswirkungen auf die akademische Entwicklung. Da die Effekte der Fähigkeitsgruppierung über die verschiedenen Förderformen variieren (Allan, 1991), werden im Folgenden unterschiedliche Formen der Fähigkeitsgruppierung mit curricularer Anpassung differenziert dargestellt. Im Fokus steht dabei die Gruppierung in speziellen Klassen, da hierzu die meisten Befunde vorliegen.

Sowohl Slavin & Karweit (1984; zit. nach Allan, 1991) als auch Kulik und Kulik (1989) kommen übereinstimmend zu dem Ergebnis, dass *innere Differenzierung* sowohl im Primar- als auch im Sekundarbereich positive Effekte auf die Leistung *aller* Fähigkeitsgruppen zeigt. Diese Effekte lassen sich am deutlichsten für überdurchschnittlich befähigte Schülerinnen und Schüler und weniger deutlich für die unterdurchschnittlich begabten sowie durchschnittlich begabten Fähigkeitsgruppen aufzeigen (Kulik & Kulik, 1997). Negative Effekte auf die Leistungsentwicklung zeigen sich für keine der Gruppen. Hochbegabtenförderung durch Binnendifferenzierung erfolgt dennoch eher selten (Cohen, 1997; Westberg, Archambault, Dobyns & Salvin, 1993; dieses scheint für Binnendifferenzierung allgemein zu gelten, siehe z. B. Holtappels & Heerdegen, 2005; Roeder, 1997). Selbst wenn Lehrkräfte wissen, dass sie hochbegabte Schülerinnen oder Schüler unterrichten, nehmen sie zumeist nur geringe Modifikationen an ihrem konkreten Instruktionsverhalten vor (Archambault et al., 1993). Die Häufigkeit der Verwendung binnendifferenzierender Maßnahmen zur Begabtenförderung kann jedoch durch Trainingsmaßnahmen für Lehrkräfte erhöht werden (Reis et al., 1993; Westberg & Archambault, 1995).

Zur Effektivität des *cluster grouping* liegen nur sehr wenige, vorwiegend US-amerikanische Studien vor (Riley et al., 2004). Eine Übersicht über Studien aus den Jahren 1962 bis 1994 ergab kaum Hinweise auf einen positiven Fördereffekt (Gentry, 1999). Jedoch fanden sich in einer neueren längsschnittlich angelegten Studie, in der eine Schule mit cluster grouping mit einer Schule verglichen wurde, in der Hochbegabte ungruppiert im regulären Klassenverband unterrichtet wurden, durchaus positive Effekte für die Leistungsentwicklung (Gentry, 1999). Diese positive Entwicklung Hochbegabter wurde durch bessere Möglichkeiten individualisierten Unterrichts, durch höhere Leistungserwartungen der Lehrkräfte sowie durch den gezielten Einsatz spezifischer Begabtenfördermaßnahmen erklärt (s. a. Hoover, 1993).

Für die *Gruppierung von besonders befähigten Schülerinnen und Schülern in einzelnen fachspezifischen Klassen oder Kursen* konnten Kulik und Kulik (1989) sowie Slavin (1986) positive Effekte auf die schulische Leistungsentwicklung nachweisen. In ihrer 1982 durchgeführten Metaanalyse über die Effekte von Fähigkeitsgruppierungen auf Schülerinnen und Schüler weiterführender Schulen fanden Kulik und Kulik bei über 14 Studien mit Gruppen hochbegabter Schülerinnen und Schüler einen mittelgroßen Effekt. Nur etwa ein Drittel der hochbegabten Schülerinnen und Schüler in heterogenen Klassen erbrachte die durchschnittliche Leistung der Hochbegabten, die Sonderkurse erhalten hatten. Gleichzeitig zeigte sich, dass die Fähigkeitsgruppierung für die Gruppe unterdurchschnittlich befähigter Schülerinnen und Schüler so gut wie keine leistungsbezogenen Effekte hatte.

Bei der Gruppierung in speziellen Klassen profitieren hoch befähigte Schülerinnen und Schüler im Vergleich zu unterdurchschnittlich und durchschnittlich befähigten Schülerinnen und Schülern am stärksten in Bezug auf ihre intellektuelle Entwicklung, was eine Studie von Kulik (1985, zit. nach Allan, 1991) zeigte. Positive Effekte finden sich sowohl in akzelerierten Förderklassen als auch in Förderklassen, die einen Enrichment-Ansatz verfolgen. Die Schülerinnen und Schüler der akzelerierten Klassen waren ihren Mitschülern aus der Kontrollgruppe in ihrer intellektuellen Entwicklung um ca. eine Klassenstufe voraus. In einer weiteren Metaanalyse zeigte Goldring (1990) auf, dass Hochbegabte in Spezialklassen deutlich höhere Leistungen erbringen als in regulären Klassen. Die Zusammenfassung von 23 Studien ergab einen Effekt mittlerer Größe. Ähnliche Befunde berichtet Shields (2002). In einer einflussreichen Studie der Johns Hopkins Universität (*Study of Mathematically Precocious Youth*, SMPY) konnten ebenfalls positive Effekte von Akzelerationsmaßnahmen auf schulische Leistungsdaten nachgewiesen werden (Brody & Benbow, 1987). In China durchgeführte Untersuchungen konnten folgende Differenzen zwischen besonders begabten Schülerinnen und Schülern in akzelerierten Begabten-Klassen und vergleichbar Begabten in regulären Klassen finden: In den akzelerierten Klassen zeigten die Schülerinnen und Schüler signifikant bessere Leistungen hinsichtlich des Gedächtnisses, der Aufmerksamkeit, der räumlichen und mathematischen Fähigkeiten und der Lernfähigkeit. Weiterhin verfügten sie über höhere Leistungsziele und eine kompetitivere Ausrichtung. Die begabten Schülerinnen und Schüler in den heterogenen Klassen wiesen demgegenüber Leistungsvorteile in ihrer Fähigkeit zum generalisierenden Denken sowie in ihren sprachlichen Fähigkeiten auf (Zha, 1995, zit. nach Freeman, 1998).

Um die Effekte von Begabtenklassen zu untersuchen, die einen Enrichment-Ansatz verfolgen, verglich Shahal (1995) 771 besonders begabte Kinder in speziell angereicherten Klassen mit 1008 gleich befähigten Kindern, die reguläre Klassen besuchten und an einem wöchentlichen Enrichment-Tag teilnahmen. Es zeigte sich, dass sich die Kinder der Spezialklassen sowohl angemessener gefordert fühlten als auch bessere schulische Leistungen erbrachten. 81 % der Kinder der regulären Klassen, die einen Enrichment-Tag erhielten, gaben an, Probleme beim Aufholen des Schulstoffs zu haben, den sie durch den einen Tag verpassten.

Kulik und Kulik (1997) fanden in ihrer Metaanalyse, dass Schülerinnen und Schüler in solchen Begabtenklassen, die einen Enrichment-Ansatz verfolgten, den Schülerinnen und Schülern der Kontrollgruppe in ihrer intellektuellen Entwicklung um vier bis fünf Monate voraus waren. Weniger deutliche bis gar keine positiven Effekte für diese Art der Fähigkeitsgruppierung von besonders begabten Schülerinnen und Schülern erbrachten die Metaanalysen von Slavin (1987, 1990). Allerdings weist Slavins Untersuchungsansatz einige methodische Probleme auf. So schließt er überwiegend Untersuchungen mit ein, die Effekte mit Hilfe standardisierter Fähigkeitstests nachzuweisen versuchen (Allan, 1991). Bei hoch befähigten Testpersonen weisen standardisierte Leistungstests aber in der Regel Deckeneffekte auf. Dies bedeutet, dass ein Testverfahren im überdurchschnittlichen Fähigkeitsbereich nur eingeschränkt dazu in der Lage ist, präzise, differenzierte und gültige Messungen vorzunehmen und somit eine mögliche positive Entwicklung maskiert wird (Problem der Testinsensitivität). Kulik (1985) versuchte dieses Problem zu umgehen, indem er in seine Analyse Untersuchungen mit umfassenderen Kriterien aufnahm.

Bei allen berichteten Studien muss beachtet werden, dass die Auswirkungen von Fähigkeitsgruppierung auf die Leistung (gemessen durch Schulleistungstests) und auf die Noten unterschiedlich sind. Wie oben beschrieben, zeigen sich positive Effekte der Fähigkeitsgruppierung auf die Leistung (Rogers, 1993). Die Noten der Schülerinnen und Schüler können aber durchaus schlechter werden (Zeidner & Schleyer, 1999a, 1999b). Erklärt werden kann dieser Befund damit, dass sich die Leistungen zwar nicht verschlechtern, die Notenvergabe durch die Lehrkräfte jedoch nach klassenspezifischen Bezugsnormen erfolgt.

Auswirkungen von Fähigkeitsgruppierung auf das akademische Selbstkonzept

Bezüglich der Effekte von Fähigkeitsgruppierungen auf das akademische Selbstkonzept hochbegabter Schülerinnen und Schüler wurden vor allem der Big Fish Little Pond-Effekt (BFLP-Effekt) sowie der Basking in Reflected Glory-Effekt (BIRG-Effekt) untersucht. Hochbegabte Schülerinnen und Schüler in Spezialklassen wiesen in etlichen Studien ein niedrigeres akademisches Selbstkonzept auf (Craven, Marsh, & Print, 2000; Marsh, Chessor, Craven & Roche, 1995; Rindermann & Heller, 2005; Shields, 2002). Ebenso zeigten sie eine größere Prüfungsangst (Zeidner & Schleyer, 1999a) als hochbegabte Schülerinnen und Schüler in heterogenen Klassen. Auch Slavin fand in einer Metaanalyse über Fähigkeitsgruppierungen ohne curriculare Anpassung, dass das Selbstbewusstsein der Schülerinnen und Schüler der oberen Fähigkeitsgruppe leicht sank, während das der Gruppe geringerer Fähigkeit leicht zunahm (Slavin, 1987, 1990).

Trotz dieser Einbußen in fähigkeitshomogenen Klassen haben Hochbegabte – auch in speziellen Hochbegabtenklassen – immer noch ein höheres Fähigkeitsselbstkonzept als durchschnittlich Begabte (Rost & Hanses, 1994; McCoach & Siegle, 2003; Zeidner & Schleyer, 1999a, 1999b). Shields (2002) fand zwar geringere Werte des akademischen Selbstkonzeptes bei Hochbegabten in homogenen Klassen im Vergleich zu Hochbegabten in heterogenen Klassen in Klassenstufe 5, nicht mehr jedoch in Stufe 8. Möglicherweise ist damit der BFLPE ein vorübergehendes Phänomen (Dai, 2004). Hier ist jedoch noch weitere, insbesondere längsschnittlich angelegte Forschung vonnöten.

Köller (2004) hat in mehreren Studien den BFLP-Effekt bei unselektierten Stichproben von Schülerinnen und Schülern in Deutschland belegt und die genaueren Mechanismen untersucht. Auch den BIRG-Effekt konnte er in seinen Studien nachweisen. Hierdurch werden Aussagen über das Zusammenspiel beider Effekte möglich. So geht man davon aus, dass beide Effekte gleichzeitig wirksam sind, der BFLP-Effekt den BIRG-Effekt jedoch überlagert. Ein ähnliches Zusammenspiel der Effekte erscheint auch bei Hochbegabten zuzutreffen.

Zum *Brain-Drain-Argument* kann angeführt werden, dass die empirische Befundlage die Befürchtung, dass die zurückbleibenden Schülerinnen und Schüler durch die Separation von begabten Schülerinnen und Schülern positive, motivational wichtige Rollenvorbilder verlieren und somit in ihren Leistungen nachlassen, nicht stützen kann (Winner, 1997). Es ist anzunehmen, dass Menschen motivierter sind etwas zu erreichen, wenn intellektuell vergleichbar Begabte etwas erfolgreich versuchen, als wenn Personen dies tun, die deutlich höhere Fähigkeiten aufweisen und evtl. immer schon erfolgreicher waren. So weisen verschiedene Untersuchungen darauf hin, dass Schülerinnen und Schüler sich eher mit Personen vergleichen, denen sie ähnliche Fähigkeiten zusprechen wie sich selbst und dass sie vor allem von diesem Vergleich schulisch profitieren (Schunk, 1987; Allan, 1991; Bernal, 2003). Auch Bedenken, dass sich Fähigkeitsgruppierung negativ auf das Selbstkonzept von schwächeren Schülerinnen und Schülern auswirken könnte, konnten Kulik und Kulik (1982, 1985, zit. nach Allan, 1991) sowie Marsh und Parker (1985) in ihren Studien nicht bestätigen.

Als mögliche Maßnahme gegen negative Auswirkungen von Fähigkeitsgruppierungen auf das akademische Selbstkonzept nennt Köller (2004) die *individuelle Bezugsnormorientierung (IBNO)*. Lehrkräfte mit einer IBNO messen ihre Schülerinnen und Schüler an ihren bisherigen Resultaten oder Leistungen und nicht an den Leistungen ihrer Mitschülerinnen und Mitschüler. Dies hat zur Folge, dass die Aufmerksamkeit stärker auf intraindividuelle als auf soziale Vergleiche gerichtet wird, wodurch die Leistung der Mitschülerinnen und Mitschüler an Bedeutung verliert. In einer Studie (Köller, 2004) entwickelte sich das fachspezifische Fähigkeitskonzept der Schülerinnen und Schüler in Klassen mit einer stärkeren IBNO der Lehrkraft günstiger als in Klassen mit niedrigerer IBNO der Lehrkraft. Als eine Methode zur Steigerung der IBNO bei Schülerinnen und Schülern wird zum Beispiel der Einsatz von Portfolios als Methode der formativen Leistungsmessung diskutiert (Köller, 2005).

Unabhängig von der Untersuchung der Auswirkung von Fähigkeitsgruppierung wurden verschiedene Ansätze zur Stärkung des akademischen Selbstkonzeptes entwickelt, von denen sich allerdings etliche als wenig wirksam erwiesen (Marsh & Craven, 1997). Dresel und Ziegler (2006) stellen einen erfolgreichen Ansatz zur Förderung des mathematischen Selbstkonzeptes dar, der eine Kombination aus der Förderung einer IBNO und aus einem Reattributionstraining darstellt. In einem computerbasierten Training mit Schülerinnen und Schüler des siebten Schuljahres wurden die Rückmeldungen zur Leistungsentwicklung zunächst an den Leistungsstand jeder Person angepasst (IBNO). Die Schülerinnen und Schüler erhielten dann nach jedem bearbeiteten Aufgabenblock eine Erfolgs-/Misserfolgsrückmeldung sowie Feedback über die Ursachen des Erfolges oder Misserfolges (attributionales Feedback). Als erfolgreich für eine positive Entwicklung des Fähigkeitsselbstkonzepts und auch der Mathematikleistung erwies sich eine Feedbacksequenz, in der Erfolg zunächst durch Anstrengung und später durch die Fähigkeit des Schülers bzw. der Schülerin erklärt wurde. Dresel und Ziegler (2006) gehen davon aus, dass durch diese Feedbacksequenz solche Annahmen der Schülerinnen und Schüler über Fähigkeiten gefördert wurden, die davon ausgehen, dass Fähigkeiten nicht stabil sind, sondern durch Anstrengung verändert werden können. Eine solche implizite Fähigkeitstheorie hat sich als generell günstig für die Lernmotivation und den Lernerfolg erwiesen (Dweck & Leggett, 1988).

Auswirkungen von Fähigkeitsgruppierung auf schulbezogene Einstellungen

Die Einstellungen zur Schule und die allgemeine Schulzufriedenheit sind weitere Variablen, nach denen differenzierende Programme evaluiert werden. Zeidner und Schleyer fanden in mehreren Studien (1999a, 1999b) eine positivere Wahrnehmung der Klassenatmosphäre, ein besseres Bild der Klassenlehrkraft und eine höhere allgemeine Zufriedenheit mit der Schule bei hochbegabten Schülerinnen und Schülern in Spezialklassen verglichen mit gleichbefähigten Schülerinnen und Schülern in regulären Klassen mit Enrichment-Tag. In anderen Studien (Allan, 1991; Kulik & Kulik, 1982) blieb die allgemeine Einstellung zur Schule bei fachspezifischer Fähigkeitsgruppierung weitestgehend unbeeinflusst. Allerdings verbesserte sich die Einstellung der Schülerinnen und Schüler zum jeweiligen Fach, in dem gruppiert wurde.

Obwohl hochbegabte Schülerinnen und Schüler die positiven Effekte von Fähigkeitsgruppierungen auf ihre akademische Entwicklung wertschätzen, berichten sie in einigen Studien auch über *Gefühle der Isoliertheit und Andersartigkeit*. So fand Hertzog (2003) in einer Interviewstudie mit 50 Studierenden, die Spezialklassen für Hochbegabte besucht hatten, dass diese berichteten, unter ihrem Anderssein, dem Label „hochbegabt" und der Trennung von ihren durchschnittlich begabten Freunden gelitten zu haben. Auch in der Studie von Shahal (1995) berichteten die hochbegabten Schülerinnen und Schüler der Spezialklassen sich von den anderen Kindern isoliert zu fühlen. Die begabten Schülerinnen und Schüler, die in regulären Klassen mit Enrichment-Tag unterrichtet wurden, erzählten von Schwierigkeiten mit Klassenkameradinnen und -kameraden, die durch die Abwesenheit am Enrichment-Tag entstünden. Die Mehrzahl der befragten Kinder und Eltern zogen die angereicherten Spezialklassen den regulären Klassen mit einem Enrichment-Tag als Begabtenfördermaßnahme vor. In einer Fragebogenstudie von Rosemarin (2001) über ein Pull-out-Programm für Begabte äußerte sich der Großteil der hochbegabten Schülerinnen und Schüler, der Eltern, Lehrkräfte sowie der Mitschülerinnen und Mitschüler positiv über das Pull-out-Programm. Die Befragten bemängelten jedoch eine mangelnde Kooperation zwischen den regulären und den Pull-out-Klassen.

2.3   Fazit und Empfehlungen zur Fähigkeitsgruppierung

Die Ergebnisse der verschiedenen Studien zeigen zusammenfassend, dass hochbegabte Schülerinnen und Schüler von Maßnahmen der Fähigkeitsgruppierung in ihrer Leistungsentwicklung profitieren. Die eindeutigsten Effekte zeigen sich in akzelerierten Klassen oder in Klassen, die speziell für diese Gruppe konzipiert sind und zusätzlich eine Anreicherung bieten. Aber auch für die innere Differenzierung konnten positive Effekte auf die Leistung überdurchschnittlich begabter Schülerinnen und Schüler aufgezeigt werden.

Zu betonen ist, dass die Gruppierung besonders Begabter in gesonderten Klassen und Kursen allein noch keine förderliche Wirkung hat. Entscheidend ist, dass gleichzeitig curriculare Veränderungen und eine Anpassung der Lehrmethoden (z. B. stärkere Betonung des selbstständigen, entdeckenden Lernens) vorgenommen werden. Dies impliziert ebenfalls eine entsprechende Ausbildung der Lehrkräfte.

Entgegen aller Befürchtungen zeigen die Untersuchungsergebnisse, dass sich durch die Separation Begabter keine negativen Auswirkungen auf die schulischen Leistungen oder das akademische Selbstkonzept der Schülerinnen und Schüler in Gruppen durchschnittlicher oder unterdurchschnittlicher Fähigkeit nachweisen lassen. Vielmehr führt die Zusammenfassung weniger begabter Schülerinnen und Schüler in gesonderten Gruppen eher zu einer Verbesserung ihres akademischen Selbstkonzeptes.

Die Fähigkeitsgruppierung Begabter führt hingegen zu einer Verschlechterung ihres akademischen Selbstkonzeptes (BFLP-Effekt). Allerdings ist das akademische Selbstkonzept Begabter relativ zu dem durchschnittlich begabter Schülerinnen und Schüler immer noch höher ausgeprägt. Da sich das Fähigkeitsselbstkonzept jedoch als sehr wichtiger Prädiktor für Lern- und Leistungsverhalten, Kurswahlen oder Bildungsaspirationen erwiesen hat, wird die Fähigkeitsgruppierung Begabter von manchen Forschern sehr kritisch bewertet (z. B. Marsh, 2005). Allerdings müssen die Kosten der Selbstkonzepteinbußen gegen den Nutzen angemessener schulischer Herausforderung für die Leistungsentwicklung oder für die Einstellung zu Schule und Lernen sorgfältig abgewogen werden (Plucker et al., 2004). Zudem sind interindividuelle Differenzen in der Stärke der Selbstkonzeptveränderung anzunehmen. Derzeit ist allerdings weitestgehend unbekannt, welche Faktoren diese Differenzen erklären können (Marsh, Hau & Craven, 2004). Preckel, Zeidner, Goetz und Schleyer (in press) fanden zum Beispiel, dass das Selbstkonzept von Mädchen in Hochbegabtenklassen mit zunehmendem Jungenanteil in einem negativen Zusammenhang steht. Hier ist jedoch noch weitere, insbesondere längsschnittlich angelegte Forschung vonnöten.

Ein Argument gegen die separierte Förderung Begabter ist, dass Separation zu Gefühlen der Isolation beitragen kann. Dieses wurde allerdings nur vereinzelt und wenn dann nur für eine zeitlich begrenzte Gruppierung (z. B. ein Pull-out-Tag pro Woche) gefunden. Allerdings ist festzuhalten, dass Schülerinnen und Schülern, Eltern und auch Lehrkräfte separierenden Maßnahmen eher ablehnend gegenüber stehen und innere Differenzierung sowie anreichernden Unterricht für deutlich wünschenswerter halten (Rost, 1993a, 2000). Bei der Einführung separierender schulischer Fördermaßnahmen für Begabte ist daher sehr wichtig, diese durch vorangehende bzw. begleitende Akzeptanz fördernde Maßnahmen zu unterstützen.

Wichtig ist zudem, die Schülerinnen und Schüler für separierende Fördermaßnahmen sorgfältig auszuwählen. Wie bei jeder Fördermaßnahme sollte die Auswahl durch ein entsprechendes Begabungskonzept begründet sein, auf das die konkrete Förderung optimal abgestimmt ist (siehe auch Kapitel 5). Im Hinblick auf den BFLP-Effekt erscheint es zudem empfehlenswert, gerade in den ersten Wochen neu eingerichteter fähigkeitshomogener Gruppen mit begabten Schülerinnen und Schülern als Lehrkraft darauf zu achten, soziale Vergleiche zwischen den Schülerinnen und Schülern zugunsten intraindividueller Vergleiche abzubauen (z. B. Vergleich dessen, was ein Schüler oder eine Schülerin zu Beginn des Schuljahres konnte mit dem, was er oder sie nach den ersten sechs Schulwochen kann). Dies kann z. B. durch den Einsatz von Feedback gemäß einer individuellen Bezugsnormorientierung oder durch den Einsatz von Lerntagebüchern und Entwicklungsportfolios unterstützt werden.

3 Akzeleration

3.1 Akzelerationsmaßnahmen

Als Akzeleration bezeichnet man nach Heinbokel (1996) „jede Maßnahme, die es einer Schülerin oder einem Schüler ermöglicht, den vorgesehenen Lehrplan oder Teile davon früher zu beginnen, zu beenden oder schneller zu passieren, als es teils üblich, teils gesetzlich vorgesehen ist" (S. 1). Dabei soll der Begriff Akzeleration jedoch nicht nahe legen, diese Maßnahme ziele auf eine quasi künstliche Beschleunigung der natürlichen Entwicklung. Der Lehrplan wird flexibel gestaltet und orientiert sich an den Fähigkeiten und nicht am Alter der Schülerin bzw. des Schülers (Paulus, 1984). Optimalerweise wird durch Akzeleration das für den jeweiligen Schüler angemessene Ausmaß an Herausforderung erreicht, gleichzeitig wird die insgesamt notwendige Zeit für das Absolvieren des üblichen Curriculums verkürzt. Lubinski und Benbow (2000) schlagen als alternativen Begriff zu Akzeleration daher auch die Bezeichnung „entwicklungsangemessene Platzierung" (*appropriate developmental placement*) vor. Ziel einer Akzeleration ist es also, die Schülerin bzw. den Schüler auf einer Ebene zu unterrichten, z. B. durch den Wechsel in eine höhere Klassenstufe, die seiner Begabung und seiner Motivation entspricht (Feldhusen, 1989). Einer schulischen Unterforderung kann mit Akzelerationsmaßnahmen vorgebeugt werden bzw. es kann eine schon bestehende Unterforderungssituation entschärft werden. Von allen Fördermaßnahmen für hochbegabte Schülerinnen und Schüler ist die Akzeleration am besten durch empirische Studien gestützt (Colangelo, Assouline & Gross, 2004; Benbow, 1992).

Einige Autorinnen und Autoren argumentieren, es handele sich bei der Akzeleration im Grunde nicht um eine Fördermaßnahme für Hochbegabte im engeren Sinne, sondern eher um eine rein formale Anpassung der Schulstufe an die vorhandenen Fähigkeiten (z. B. Jost, 1999; Fels, 1999). Darüber hinaus reiche diese Maßnahme allein häufig nicht aus, da das allgemein erhöhte Lerntempo hochbegabter Schülerinnen und Schüler sehr bald wieder zu einer Diskrepanz zwischen eigenen Fähigkeiten und schulischen Anforderungen führe. Dennoch besteht in der wissenschaftlichen Literatur weitgehend Konsens darin, dass Akzeleration ein wichtiger Schritt sein kann, den Bedürfnissen Hochbegabter besser zu entsprechen.

Akzelerationsmaßnahmen können auf allen Altersstufen während der Kindheit und Jugend ansetzen. In der Literatur wird von verschiedenen Akzelerationsmaßnahmen berichtet, die häufig auf das amerikanische Schulsystem zugeschnitten sind. Die im deutschen Schulsystem am häufigsten eingesetzten Formen sind:

- vorzeitige Einschulung,
- Überspringen von Schulklassen (individuell oder in Gruppen) und
- Akzeleration ganzer Schulklassen.

Neben diesen klassenstufenbezogenen Formen der Akzeleration, in denen eine Schülerin oder ein Schüler in eine fortgeschrittene Lerngruppe, bzw. auf eine höhere Lernstufe – sei es in der Grundschule, der weiterführenden Schule oder der Universität – wechselt, gibt es weitere Formen der Akzeleration, die Southern und Jones (1991) als individuelle Akzeleration bezeichnen. Eine Möglichkeit der individuellen Akzeleration ist die *fachspezifische Akzeleration*, in der die Schülerin oder der Schüler in einem oder mehreren Fächern am Unterricht einer höheren Klasse teilnimmt, formal aber in seiner Klassenstufe verbleibt. Eine weitere Möglichkeit der individuellen Akzeleration ist ein *vorzeitiger Besuch von Universitätsveranstaltungen* vor dem Erreichen des Schulabschlusses. Diese Möglichkeit ist in den USA seit den 1950er Jahren in Form von *Advanced Placement* (AP)-Programmen, in denen Schülerinnen und Schüler der Highschool spezielle College-Kurse besuchen können, weit verbreitet. Inzwischen werden AP-Kurse in 19 Fächern angeboten und im Jahr 2002 nahmen über 900.000 amerikanische Schülerinnen und Schüler an den AP-Examen des amerikanischen College Board teil (Gallagher, 2004). Ein Großteil der amerikanischen High Schools führen mindestens je einen AP-Kurs durch. Über 90 % der amerikanischen Colleges und Universitäten bieten inzwischen ein Programm an, das die Leistungen aus guten AP-Examen für das Studium anerkennt. AP-Kurse werden in den USA als eine der besten Optionen für die Förderung intellektuell hochbegabter Jugendlicher angesehen (National Research Council, 2002). Eine Evaluationsstudie, die den Nutzen der Kurse auch für intellektuell Höchstbegabte bescheinigt, legten Bleske-Rechek, Lubinski und Benbow (2004) vor. In Deutschland können Schülerinnen und Schüler vereinzelt für den Besuch von Universitätsveranstaltungen vom Unterricht freigestellt werden. Ob Leistungsscheine aus Universitätskursen bei einem späteren Studium angerechnet werden, entscheiden die Universitäten individuell (Holling, Vock & Preckel, 2001).

Es gibt also verschiedene Möglichkeiten, begabten Schülerinnen und Schülern ein schnelleres Durchlaufen der regulären Schullaufbahn anzubieten. Dennoch wird von akzelerierenden Angeboten in Deutschland bislang selten Gebrauch gemacht. Dies ist vor allem darauf zurückzuführen, dass die meisten Eltern, Lehrkräfte und Schulleitungen den Akzelerationsmaßnahmen eher skeptisch gegenüber stehen oder sie gänzlich ablehnen. Dabei ist es aufgrund der Seltenheit von Akzeleration eher unwahrscheinlich, dass diese Ablehnung auf direkten negativen Erfahrungen mit Akzeleration beruht. So hat an einem Großteil der Schulen in Deutschland wahrscheinlich noch kein Kind eine Klasse übersprungen (vgl. Heinbokel, 2004). Obwohl zumindest in den USA die Auswirkungen von Akzelerationsmaßnahmen seit 60 Jahren wissenschaftlich untersucht werden, scheinen die Befürchtungen und Argumente in der Diskussion um Akzeleration immer noch weitgehend auf Mythen zu beruhen (Proctor, Feldhusen & Black, 1988). Zumindest im Hinblick auf klassenstufenbezogene Formen der schulischen Akzeleration ist die Situation in den USA vergleichbar mit der in Deutschland, wie Colangelo et al. (2004) in ihrem nationalen Bericht „*A nation deceived: How schools hold back America's brightest students*" zu Akzelerationsmaßnahmen ausführlich darstellen. Auch in den USA erhalten, trotz der durchgängig positiven Forschungsergebnisse, nur sehr wenige Schülerinnen und Schüler die Möglichkeit einer klassenstufenbezogenen Akzeleration.

Eine häufig geäußerte Befürchtung ist, dass in Folge der Akzeleration später Leistungsprobleme auftreten könnten. Weiter wird befürchtet, dass Akzeleration zu Wissenslücken führt und dass Lernmaterial, das in schnellem Tempo bearbeitet wird, schlechter behalten wird (vgl. Van Tassel-Baska, 1989). Auch werden affektive Schwierigkeiten wie Angst, erhöhter Stress oder Depressionen erwartet, und es wird die Gefahr gesehen, dass eine Akzelerationsmaßnahme ein Kind körperlich und psychisch „ausbrennen" könne (vgl. Van Tassel-Baska, 1992). Vor allem einer vorzeitigen Einschulung und dem Überspringen von Schulklassen stehen viele ablehnend gegenüber (vgl. Abschnitte 3.3 und 3.4). Eltern befürchten, ihr Kind könne durch emotionale und soziale Überforderung emotionalen Schaden nehmen, wenn es mit Kindern zusammen lernt, die älter sind. Auch sind Eltern und Lehrkräfte häufig besorgt, dass das Überspringen zu einer Sonderstellung in der Klasse führen könnte und daher die Akzeptanz des hochbegabten Kindes durch die Klassenkameraden und die Lehrerinnen und Lehrer gefährden könnte.

Diesen Befürchtungen stehen jedoch auch viele Argumente gegenüber, die für Akzelerationsmaßnahmen sprechen. So argumentieren verschiedene Autoren, dass Hochbegabte häufig eine größere psychosoziale Reife mitbringen (z. B. Delp & Martinson, 1977; Schneider, Clegg, Byrne, Ledingham & Crombie, 1989) und bei ihren Mitschülerinnen und Mitschülern generell eher beliebt sind (Schneider, 1987; Luftig & Nichols, 1990). Befürworter der Akzeleration weisen außerdem auf mögliche Schäden hin, die ein begabtes Kind erleiden kann, wenn es in der regulären Klasse verbleibt und keinerlei Akzeleration erfährt. Sie betonen, dass gerade dauerhafte Unterforderung bei hochbegabten Kindern zu Burn-out-Gefühlen (Copley, 1961; Freeman, 1983), sozialem Rückzug (Compton, 1982) und einem Mangel an Selbstdisziplin (Compton, 1982; Paulus, 1984) führen könne. Ein dauerhaft unterforderndes Lernniveau führe ferner dazu, dass hochbegabte Kinder verlernen, sich anzustrengen (VanTassel-Baska, 1992).

Im Folgenden wird der Forschungsstand zu Auswirkungen der Akzeleration zusammengefasst, wobei zunächst auf allgemeine Effekte von Akzeleration eingegangen wird. Anschließend werden die zentralen Befunde aus Studien zur vorzeitigen Einschulung, zum Überspringen von Klassen und zur Akzeleration ganzer Schulklassen vorgestellt.

3.2   Maßnahmenübergreifende Evaluationsbefunde zu Akzeleration

Studien zur Akzeleration konzentrieren sich zum größten Teil entweder auf die Untersuchung von Effekten auf die schulischen Leistungen oder die psychosoziale Entwicklung. Die meisten dieser Studien stammen aus den USA. Ihre Ergebnisse sind aufgrund der unterschiedlichen Rahmenbedingungen des amerikanischen und deutschen Schulsystems (z. B. das dreigliedrige Schulsystem in Deutschland) nur mit

Einschränkungen auf Deutschland übertragbar. Freeman (1998) weist darauf hin, dass der Unterricht im amerikanischen Schulsystem insgesamt langsamer und weniger differenziert vonstatten geht als in vielen europäischen Ländern und die Effekte von Akzelerationsmaßnahmen in Europa auf der Basis amerikanischer Studien evtl. verzerrt eingeschätzt werden könnten.

In Deutschland ist die Forschung in diesem Bereich dagegen noch relativ jung. Obwohl die schulrechtliche Möglichkeit zur Akzeleration in allen Bundesländern gegeben ist und die entsprechenden Regelungen in den Bundesländern zunehmend liberalisiert werden, nimmt nur ein sehr geringer Teil der Schülerinnen und Schüler die Möglichkeiten von Akzelerationsmaßnahmen in Anspruch. Diese Zurückhaltung erschwert die wissenschaftliche Erforschung der Auswirkungen von Akzeleration, da es kaum möglich ist, ausreichend große Stichproben zusammenzustellen. Erst in den letzten Jahren wurden einige Studien zu Effekten der Akzeleration im deutschen Schulsystem durchgeführt. Da sie an recht kleinen Stichproben durchgeführt wurden, sind ihre Ergebnisse aber eher von heuristischem Wert. Wissenschaftlich abgesicherte verallgemeinerbare Aussagen zum deutschen Schulsystem sind nach wie vor rar. Allerdings zeichnen sich mittlerweile einige relativ gut dokumentierte Erfahrungen mit Akzeleration ab, die für eine Bewertung der Nützlichkeit von Akzelerationsmaßnahmen herangezogen werden können.

3.2.1 Auswirkungen von Akzeleration auf die schulische Entwicklung

Swiatek und Benbow (1991) führten eine längsschnittliche Studie durch, in der sie die Entwicklung von jungen hochbegabten Erwachsenen analysierten, die in der Schule entweder an einer Akzelerationsmaßnahme teilgenommen hatten oder nicht. Fünf Jahre nach dem Schulabschluss erfassten sie sowohl akademische als auch psychosoziale Variablen anhand von Selbstberichten. Als Gruppe der „Akzelerierten" wurden diejenigen Schülerinnen und Schüler definiert, die zum Zeitpunkt des Eintritts ins College ein Jahr jünger waren als regulär vorgesehen. Die beiden Gruppen, Akzelerierte und Nicht-Akzelerierte, waren im Hinblick auf die Verteilung von Geschlecht und intellektuelle Fähigkeiten miteinander vergleichbar. Im Alter von 23 Jahren fanden sich nur wenige signifikante Unterschiede zwischen beiden Gruppen in Bezug auf akademische und psychosoziale Variablen. Beide Gruppen waren mit ihrer Schullaufbahn sehr zufrieden, wiesen einen hohen Selbstwert auf und berichteten von beeindruckenden akademischen Leistungen. Wenn alle akademischen Leistungen der Untersuchungsteilnehmer (erreichtes Bildungsniveau, Publikationen, Anzahl freiwillig besuchter Kurse etc.) zusammengefasst betrachtet werden, fallen die Leistungen der Akzelerierten insgesamt etwas besser aus als die der Nicht-Akzelerierten. Es zeigte sich somit, dass die Leistungen der akzelerierten Gruppe, trotz der kürzeren Zeit, während der sie unterrichtet wurde, mindestens ebenso gut waren, wie die Leistungen derjenigen, die nicht akzeleriert wurden. Die Ergebnisse belegen somit, dass das Ziel von Akzeleration, die Schülerinnen und Schüler in eine ihren Fähigkeiten angemessene Lernumgebung zu bringen, in dieser Untersuchung erfolgreich war.

Die Autoren weisen darauf hin, dass ihre Studie einigen Einschränkungen unterliegt, da fast ausschließlich extrem Hochbegabte untersucht wurden, die wahrscheinlich nicht repräsentativ für die Gesamtgruppe der Hochbegabten sind. Auch wurden ausschließlich rückblickende Selbstsaussagen der Befragten analysiert. Darüber hinaus basierten die Entscheidungen für eine Akzeleration stets auf einer Selbstselektion. Da die beteiligten Schülerinnen und Schüler nur nach Fähigkeiten parallelisiert worden waren, kann nicht ausgeschlossen werden, dass sich die akzelerierten Hochbegabten von den nicht akzelerierten Hochbegabten von vornherein auch in anderen Merkmalen (z. B. Motivation, Interessen, Ausmaß der erhaltenen Unterstützung) unterschieden.

Die Befunde von Swiatek und Benbow zeigen zunächst, dass die Akzeleration den Schülerinnen und Schülern nicht geschadet hat. Deutliche positive Effekte, das heißt dass die Probanden, die eine Akzeleration durchlaufen haben, eine positivere Entwicklung aufweisen als die Nicht-Akzelerierten, lassen sich aus dieser Studie nicht direkt ableiten. Die Autoren vermuten jedoch, dass ein Unterlassen der Akzeleration bei den Schülerinnen und Schülern, die auf eigenen Wunsch ein solches Angebot nutzten, möglicherweise zu einer negativen Entwicklung geführt hätte. Diese Vermutung wurde in der Studie jedoch nicht überprüft.

Eine Metaanalyse mit US-amerikanischen Studien von Kulik (2004) zu schulischen Fördermaßnahmen konnte deutliche positive Effekte von Akzeleration belegen. Der methodische Ansatz und die methodische Qualität der im Vorfeld der Analyse gesichteten Studien waren breit gestreut, so wurden z. B. häufig keine oder keine adäquaten Kontrollgruppen mit in die Untersuchung einbezogen (siehe Rogers, 1991). Insgesamt identifizierte Kulik (2004) schließlich 26 Studien aus den 1930er bis 1980er Jahren, die die methodischen Anforderungen für eine Metaanalyse erfüllen, da sie quantitative Ergebnisse berichten und adäquate Kontrollgruppen, das heißt gleichermaßen befähigte, aber nicht akzelerierte Probanden, mit einbezogen. Diese Studien lassen sich in zwei Gruppen unterteilen:

a) Studien, die akzelerierte und nicht akzelerierte Probanden mit *gleichem Lebensalter* vergleichen (akzelerierte Probanden sind in höherer Klasse), und

b) Studien, die akzelerierte und nicht akzelerierte Probanden der *gleichen Klassenstufe* vergleichen (akzelerierte Probanden sind jünger).

Beide Gruppen von Studien gingen separat in Metaanalysen ein. Für die Studien der ersten Gruppe zeigten sich deutliche Leistungsvorsprünge der akzelerierten gegenüber den gleichermaßen befähigten, aber nicht akzelerierten Kindern. Der mittlere Leistungsunterschied zwischen den beiden Gruppen war beträchtlich, so dass von einem großen Effekt der akzelerierenden Maßnahmen ausgegangen werden kann (mittlere Effektstärke von $d = 0.80$). Bei den Studien der zweiten Gruppe, in der akzelerierte Probanden mit gleichermaßen intelligenten Klassenkameraden verglichen wurden, ergab sich eine mittlere Effektstärke von $d = -0.04$. Das bedeutet, dass sich die akzelerierten Schülerinnen und Schüler im Mittel nicht von den vergleichbar begabten, aber älteren Kindern in ihrer Klasse unterschieden. Die Akzelerationsmaßnahmen haben somit ihren Zweck erfüllt: Die akzelerierten Schülerinnen und Schüler

waren durch die Akzeleration in einer Lerngruppe angekommen, die ihrer Leistungsfähigkeit entspricht.

Aufschlussreich sind hier auch die Befunde einer Längsschnittstudie von Lubinski, Webb, Morelock und Benbow (2001), in der 320 intellektuell höchst begabte
Jugendliche untersucht wurden. Wesentliches Ergebnis dieser Studie ist eine durch-
gehend positive Bewertung der Akzeleration durch die Jugendlichen selbst. Die untersuchten Probanden waren im Alter von zwölf Jahren aufgrund ihrer überragenden
Intelligenz in die Studie aufgenommen worden. Gut zehn Jahre später, im Alter von
durchschnittlich 23 Jahren wurden sie danach gefragt, ob sie an schulischen Akzelerationsmaßnahmen teilgenommen hatten und wie sie ihre Erfahrungen damit rückblickend bewerten (80 % der männlichen und 93 % der weiblichen Studienteilnehmer
beteiligten sich an der Nachbefragung). 95 % der Probanden gaben an, Akzelerationsmaßnahmen in ihrer Schullaufbahn in Anspruch genommen zu haben. Eine
Mehrzahl der Probanden hatte Kurse für ältere Schülerinnen und Schüler belegt
(82 %). Fast die Hälfte (49 %) der Probanden hatte ein oder mehrere Schuljahr(e)
übersprungen, 57 % hatten an College-Kursen teilgenommen, während sie noch die
High School besuchten, 44 % hatten Extrakurse belegt und 19 % waren früher in das
College aufgenommen worden. Ein Großteil der Probanden war im Nachhinein mit
dem Ausmaß der erfahrenen Akzeleration zufrieden (71 %). Die meisten derjenigen
Probanden, die mit der Akzeleration nicht zufrieden waren, gaben an, sie hätten ihre
Schulzeit gern noch mehr verkürzt, nicht weniger.

Zusätzlich wurden die Teilnehmerinnen und Teilnehmer an der Längsschnittstudie
befragt, in welchem Maße sich die Akzeleration ihrer Ansicht nach auf bestimmte
Bereiche ihrer Entwicklung ausgewirkt habe. Die Probanden bewerteten den Einfluss
der Akzeleration auf ihre akademische Entwicklung, das heißt ihre schulischen Leistungen sowie ihr Interesse am Lernen, an Bildung und an bestimmten Inhalten, als
besonders positiv. Auch die Effekte der Akzeleration auf die soziale und emotionale
Entwicklung (persönliches Wachstum, Akzeptieren der eigenen Person, Auskommen
mit Erwachsenen) wurden von den Probanden als positiv bewertet. Die Akzeleration
wirkte sich in der Einschätzung der Probanden im Durchschnitt jedoch nicht auf das
soziale Leben und das Auskommen mit den Alterskameraden aus. Gerade in diesen
Bereichen werden von Eltern, Lehrerinnen und Lehrern sowie von den Schülerinnen
und Schülern selbst häufig negative Effekte befürchtet, die sich in dieser Studie jedoch nicht bestätigen ließen.

3.2.2   Auswirkungen von Akzeleration auf affektive und motivationale
Variablen

Verschiedentlich wurde untersucht, wie sich Akzelerationsmaßnahmen auf Variablen
wie Bildungsstreben, Schulangst oder den Selbstwert von Schülerinnen und Schülern
auswirken. Insgesamt liegen zu diesem Fragenkomplex jedoch deutlich weniger Studien vor als zur Untersuchung der Leistungsentwicklung in der Folge einer Akzeleration (Kulik, 2004).

Die Untersuchung motivationaler und emotionaler Effekte von Akzeleration ist
ein komplexes Unterfangen, da prinzipiell zahlreiche Variablen relevant sein könnten

und die vermuteten Auswirkungen sehr unterschiedlich operationalisiert werden können. Am häufigsten untersucht wurden Auswirkungen auf das akademische Selbstkonzept und das Selbstwertgefühl. Weitere untersuchte Variablen, von denen angenommen wurde, dass sie durch Akzeleration beeinflusst werden könnten, sind insbesondere die akademischen Aspirationen (das heißt Pläne für die weitere schulische und universitäre Ausbildung), das Interesse an der Schule und das Bildungsstreben insgesamt.

In einigen Studien zu Auswirkungen von Akzeleration wurde ein Absinken des Selbstwertgefühls hochbegabter Schülerinnen und Schüler gefunden (z. B. Robinson & Janos, 1986; für vorzeitigen Eintritt in die Universität). Zum Teil trat der Effekt auch nur vorübergehend auf. So hatten in der Studie von Cornell, Callahan und Loyd (1991) Studentinnen, die vorzeitig in das College aufgenommen waren, zu Beginn des Schuljahrs einen deutlich geringeren Wert auf einer Skala zur Messung der Selbstakzeptanz als gleichaltrige Nicht-Akzelerierte ($d = -0.88$; vgl. Kulik, 2004). Am Ende des Schuljahrs war der Unterschied in der Selbstakzeptanz jedoch fast verschwunden ($d = -0.10$).

Diese Befunde lassen sich gut mit Hilfe des Big Fish Little Pond-Effekts (vgl. Abschnitt 2.2.1) interpretieren: Während der hochbegabte Schüler oder die hochbegabte Schülerin in einer Klasse mit Jugendlichen gleichen Alters ein „big fish" ist, wird sich diese Position in einer Klassen mit älteren (und daher auch im Mittel intellektuell weiter entwickelten) Schülerinnen und Schülern relativieren. Der Schüler oder die Schülerin passt sein Fähigkeitsselbstkonzept seiner veränderten Umgebung, in diesem Fall eine höhere Klassenstufe, an. Das bedeutet, dass die Verringerung des Selbstwertgefühls jedoch nicht auf die Akzeleration an sich zurückzuführen ist, sondern vielmehr ein Ergebnis der Fähigkeitsgruppierung ist.

Swiatek und Benbow (1991) konnten in ihrer oben bereits dargestellten Studie keine Unterschiede in Bezug auf psychosoziale Variablen feststellen. Akzelerierte ebenso wie nicht akzelerierte Hochbegabte zeigten gleichermaßen positive Einstellungen gegenüber dem Studium. In beiden Gruppen war auch der durchschnittliche Selbstwert sehr hoch. Die akademischen Aspirationen waren bei akzelerierten Schülerinnen und Schülern höher ausgeprägt als bei gleich befähigten nicht akzelerierten Probanden. In der Metaanalyse von Kulik (2004) zu Effekten der Akzeleration streuen die berichteten Effektstärken im Hinblick auf Aspirationen, die den Mittelwertsunterschied zwischen gleichermaßen begabten Akzelerierten und Nicht-Akzelerierten abbilden, zwischen -0.05 und 0.77. In einigen dieser Studien fand sich somit so gut wie kein Unterschied zwischen beiden Gruppen, in anderen Studien zeigten sich deutlich höhere Aspirationen bei den Akzelerierten. Geringe Effektstärken konnten jedoch stets darauf zurückgeführt werden, dass die akademischen Aspirationen bei entsprechend begabten Schülerinnen und Schülern generell, also auch bei nicht akzelerierten hochbegabten Schülerinnen und Schülern, häufig hoch sind. So gaben in einigen Studien z. B. fast 100 % der intellektuell sehr begabten Schülerinnen und Schüler an, später das College besuchen zu wollen.

Im Rahmen der *Longitudinal Study of American Youth* (LSAY) untersuchte Ma (2003) die Effekte frühzeitiger Akzeleration in Mathematik auf die Einstellungen gegenüber dem Fach und die Mathematikangst begabter Schülerinnen und Schüler. Die LSAY befasste sich mit der mathematischen und wissenschaftlichen Bildung in

Schulen in den USA und erstreckte sich über die Jahre 1987 bis 1992. Die Schülerinnen und Schüler wurden anhand ihrer Mathematiknoten in drei Leistungsgruppen eingeteilt (Gruppe 1: Prozentrang > 90, Gruppe 2: Prozentrang 65-90, Gruppe 3: Prozentrang < 65). Alle Schülerinnen und Schüler hatten die Möglichkeit, im Sinne einer fachspezifischen Akzeleration Mathematikkurse für Fortgeschrittene zu wählen. Die Fortgeschrittenen-Kurse wurden von Schülerinnen und Schülern aus allen drei Leistungsgruppen gewählt. Im Weiteren wurden die Einstellung der Schülerinnen und Schüler zu Mathematik und ihre Angst vor Mathematik erhoben. In den beiden leistungsstärksten Gruppen entwickelten sich Einstellung und Mathematikangst gleich, unabhängig davon, ob die Schülerinnen und Schüler an akzelerierten Kursen teilnahmen oder nicht. Es fanden sich keine Unterschiede in den Einstellungen. Bei den Schülerinnen und Schülern in Leistungsgruppe 1 zeigte sich auch kein Anstieg der Mathematikangst. Bei denjenigen Schülerinnen und Schülern der Leistungsgruppe 3, die an den fortgeschrittenen Kursen teilnahmen, verschlechterte sich jedoch ihre Einstellung gegenüber Mathematik und ihre Mathematikangst stieg signifikant schneller an als bei den Schülerinnen und Schülern derselben Leistungsgruppe, die nicht an diesen Kursen teilnahmen. Die Ergebnisse zeigen also, dass Akzeleration bei leistungsstarken und extrem leistungsstarken Schülerinnen und Schülern keine negativen Auswirkungen auf fachbezogene Einstellungen und Angst vor dem Fach hat, jedoch negative Auswirkungen bei eher leistungsschwachen Schülerinnen und Schülern auftreten. In einigen Studien konnte weiterhin festgestellt werden, dass die Akzeleration begabter Schülerinnen und Schüler in Mathematik nicht nur das Interesse am Fach aufrechterhält, sondern das Bildungsstreben insgesamt erhöht (Durduen & Tangherlini, 1993) und sich positiv auf die Einstellung gegenüber dem Fach auswirkt (z. B. Terwilliger & Titus, 1995).

Die Mehrzahl der empirischen Arbeiten deutet also darauf hin, dass Akzeleration eine geeignete Methode ist, besonders begabte Schülerinnen und Schüler intellektuell zu fördern. Zumindest konnten bei ausreichend befähigten Schülerinnen und Schülern keine negativen Effekte nachgewiesen werden. Gleichzeitig implizieren die Ergebnisse, wie wichtig eine sorgfältige Auswahl der Kandidatinnen und Kandidaten für eine Akzelerationsmaßnahme ist, da sich eine intellektuelle Überforderung negativ auf die motivationale und emotionale Ebene auswirken kann (vgl. Kapitel 5). Im Folgenden werden nun als spezifische Akzelerationsmaßnahmen die vorzeitige Einschulung, das Überspringen von Klassen und die Akzeleration ganzer Klassen in speziellen Schulzweigen dargestellt.

3.3   Vorzeitige Einschulung

Als vorzeitige Einschulung wird die Einschulung eines Kindes verstanden, das zum Einschulungstermin das reguläre Einschulungsalter noch nicht erreicht hat. In der Regel werden Kinder in Deutschland eingeschult, wenn sie bis zum Einschulungstermin das sechste Lebensjahr vollendet haben (Ausnahme: In Berlin werden Kinder schulpflichtig, wenn sie 5,5 Jahre alt sind). Die vorzeitige Einschulung wurde bis 1997 in den Bundesländern einheitlich gehandhabt und basierte auf dem „Hamburger

Abkommen" aus dem Jahr 1964 (Einsiedler, 2005). Schulpflichtig wurden nach dem Hamburger Abkommen alle Kinder, die bis zum 30. Juni des gleichen Kalenderjahres das sechste Lebensjahr vollendeten. Darüber hinaus bestand in allen Ländern die Möglichkeit einer vorzeitigen Einschulung auf Antrag für diejenigen Kinder, die noch vor dem Ende des Kalenderjahres sechs Jahre alt wurden.

Von der Möglichkeit der vorzeitigen Einschulung wurde in den letzten Jahren nur selten Gebrauch gemacht. Im Jahr 2000 wurden in den alten Bundesländern 4,4 % und in den neuen Bundesländern 2,0 % vorzeitige Einschulungen gezählt (Einsiedler, 2005). Die vorzeitige Einschulung wurde jedoch in Deutschland nicht immer so zurückhaltend eingesetzt. In den frühen 1970er Jahren wurden in der Bundesrepublik noch relativ viele Kinder vorzeitig eingeschult (12 bis 13 %, in einigen Bundesländern sogar 17 bis 18 %; Einsiedler, 2005; Rüdiger, Kormann & Peez, 1976). Jedoch sank diese Quote in den folgenden Jahren beträchtlich, bereits 1976 wurden nur noch 5,4 % der Kinder vorzeitig eingeschult. Nach einem Tiefpunkt von nur noch 2,7 % vorzeitiger Einschulungen im Jahr 1991 in den alten Bundesländern und von 0,9 % im Jahr 1992 in den neuen Bundesländern stieg die Quote langsam wieder. Es zeigte sich in den 1990er Jahren zusätzlich eine wachsende Tendenz, schulpflichtige Kinder noch ein Jahr zurückzustellen (Einsiedler, 2005; Engemann, 1998). Ein daraus insgesamt resultierendes recht hohes Alter der Schulanfänger führte 1997 zu einem Beschluss der KMK, der das Ziel verfolgte, das mittlere Alter der Schulanfänger zu senken. Dieser Beschluss ermöglichte den Bundesländern eine größere Flexibilität in der Wahl des Stichtags für die reguläre Einschulung.

Je jünger die Kinder sind, desto größer sind meist die Bedenken gegenüber einer vorzeitigen Einschulung. Eltern wie Lehrkräfte befürchten, die Kinder könnten körperlich, sozial und emotional überfordert sein und in ihrer späteren Entwicklung Schaden nehmen. Infolgedessen hielten alle Länder lange Zeit an einer Mindestalterregelung fest.

Aufgrund neuer Erkenntnisse über die Entwicklung besonders begabter Kinder wurde in letzter Zeit das chronologische Alter als immer unwichtiger angesehen und die Mindestalterregelung zunehmend in Frage gestellt. Daher haben viele Länder die Einschulungsregelungen mittlerweile weiter liberalisiert. So wurde in Bayern die Altersgrenze für die Regeleinschulung seit dem Schuljahr 2000/2001 jedes Jahr um einen Monat erweitert, in anderen Ländern (Baden-Württemberg, Hamburg, Niedersachsen, Nordrhein-Westfalen und Schleswig-Holstein) wurde ein Mindestalter für die Einschulung gänzlich aufgehoben. Wie von vielen bereits seit längerem gefordert (z. B. Heinbokel, 1996; Fels, 1999; Schulpsychologischer Dienst der Stadt Köln, 1993) soll über den Einschulungstermin nun aufgrund des individuellen Entwicklungsstandes des Kindes entschieden werden.

In der Literatur werden unter anderem folgende Argumente für eine vorzeitige Einschulung angeführt und diskutiert:

- Entspricht das Kindergartenangebot nicht mehr den Fähigkeiten und Interessen des begabten Kindes, kann eine frühe Einschulung eine Unterforderung vermeiden (Elbing, 2000; Jost, 1999; Schulpsychologischer Dienst der Stadt Köln, 1993).

- Ein früher Schuleintritt kann Kinder davor bewahren, sich von Beginn an in der Schule zu langweilen (Mönks & Ypenburg, 1993).
- Dem begabten Kind wird durch eine vorzeitige Einschulung möglicherweise das spätere Überspringen einer Klassenstufe und somit eine weitaus stärker belastende Erfahrung (Eingewöhnen in eine neue Klassengemeinschaft, Sonderstatus etc.) erspart (Heinbokel 1996; Fels, 1999).
- Die vorzeitige Einschulung begabter Kinder kann auch Vorteile für nicht hochbegabte Kinder haben, die es wahrscheinlich als angenehmer empfinden, mit jüngeren, aber auf gleichem kognitiven Entwicklungsstand befindlichen Kindern gemeinsam unterrichtet zu werden, als mit Gleichaltrigen, die intellektuell schon viel weiter entwickelt sind. Eine solche Leistungsdiskrepanz kann sich auf Dauer demotivierend auswirken (Heinbokel, 1988).

3.3.1 Auswirkungen vorzeitiger Einschulung

Die Effekte der vorzeitigen Einschulung wurden mit zwei verschiedenen Forschungsansätzen untersucht (Robinson & Weimer, 1991; Newland, 1976; Wallis, 1984). In den Studien des ersten Ansatzes wurde die Entwicklung von Kindern untersucht, die nicht speziell aufgrund ihrer Fähigkeiten für eine vorzeitige Einschulung ausgewählt worden waren, sondern aus verschiedenen Gründen bei der Einschulung jünger waren als regulär vorgesehen („nicht ausgewählte" Kinder). Der zweite Ansatz konzentrierte sich dagegen auf Kinder, die bewusst aufgrund ihrer Begabungen oder Fähigkeiten früher als üblich eingeschult wurden („ausgewählte" Kinder). Beide Ansätze liefern recht unterschiedliche Antworten auf die Frage, wie sich vorzeitig eingeschulte Kinder entwickeln. Leider können zurzeit fast nur Studien aus den USA angeführt werden, da umfassende deutsche Studien fehlen.

Untersuchungen mit nicht nach Fähigkeit ausgewählten Schülerinnen und Schülern

Schülerinnen und Schüler, die nicht aufgrund ihrer besonderen Fähigkeiten, sondern aus einem anderen Grund vorzeitig eingeschult worden waren, zeigten in der Grundschule im Mittel schlechtere Leistungen als ihre älteren Mitschüler. Sie hatten schlechtere Noten, erzielten in Leistungstests geringere Werte, wiederholten häufiger eine Klassenstufe und wählten insgesamt minderqualifizierende Schullaufbahnen (DiPasqual, Moule & Flewelling, 1980; Drabman, Tarnowski & Kelly, 1987; Braunschmid & Stary, 1984). Diese negative Entwicklung zeigte sich in unterschiedlichen Ländern, unabhängig vom regulären Einschulungsalter des jeweiligen Landes (Husen, 1967; Shepard & Smith, 1986). Mit zunehmendem Alter wurden die Leistungsunterschiede zwischen den jüngeren und älteren Schülerinnen und Schülern jedoch geringer (Shepard & Smith, 1986).

Untersuchungen mit nach Fähigkeiten ausgewählten Schülerinnen und Schülern

Zu deutlich anderen Ergebnissen kommen Studien, die die Leistungsentwicklung derjenigen Schülerinnen und Schüler untersuchen, die aufgrund ihrer Begabung vorzeitig eingeschult worden waren. Auch bei diesem Ansatz wurden die jüngeren, frühzeitig eingeschulten Kinder mit ihren älteren Klassenkameraden verglichen. Bei diesen Kindern zeigten sich keine Leistungsprobleme, sondern im Gegenteil eher besondere Leistungszuwächse (Proctor, Black & Feldhusen, 1986). Es zeigte sich überwiegend eine positive Entwicklung der Jüngeren, die teilweise sogar leistungsstärker waren als ihre regulär eingeschulten Mitschülerinnen und Mitschüler. Reynolds, Birch und Tuseth schlussfolgern bereits 1962, „dass die frühe Einschulung für Kinder, die geistig ihrem Alter voraus sind, aber maximal ein Jahr jünger als das reguläre Einschulungsalter und insgesamt gut entwickelt sind, zu ihrem Vorteil ist. […] Es gibt nur wenige Bereiche in der Pädagogik, in denen die Forschungsbefunde so klar sind und so universell für eine bestimmte Lösung sprechen" (Reynolds et al., 1962, S. 16, zit. nach Robinson & Weimer, 1991, Übersetzung durch die Autorinnen und den Autor).

Im Rahmen eines Schulversuchs zur integrierten Förderung hochbegabter Kinder in der Grundschule in Hannover wurden insgesamt 17 Kinder vorzeitig eingeschult, von denen 9 im Hinblick auf ihre weitere Leistungsentwicklung in der integrativen Grundschule untersucht werden konnten (Henze et al., 2005). Die vorzeitig eingeschulten Kinder waren bei der Einschulung im Mittel 5,3 Jahre alt und verfügten über eine überdurchschnittliche Intelligenz (IQ im CFT 1: $M = 123.67$, $SD = 7.87$; Range: 115-136). Die Beurteilungen der Lernstände dieser Kinder im ersten und zweiten Schuljahr durch die Lehrkräfte zeigten, dass keines der vorzeitig eingeschulten Kinder Defizite in den Bereichen Lesen, Schreiben und Rechnen hatte. Die Leistungen entsprachen stets mindestens dem Lernziel der jeweiligen Klasse, zum Teil fielen sie noch deutlich besser aus. Im dritten und vierten Schuljahr erhielten die vorzeitig eingeschulten Kinder in den Hauptfächern Deutsch, Rechtschreibung, Mathematik und Sachkunde nur gute und sehr gute Noten, in standardisierten Schulleistungstests zeigten sie gute bis überdurchschnittliche Leistungen. Diese positiven Befunde decken sich mit den Ergebnissen der Studien aus dem amerikanischen Schulsystem.

Uneinheitlicher sind hingegen die Befunde zur sozio-emotionalen Entwicklung. Zu sehr positiven Ergebnissen kam eine frühe Studie von Hobson aus dem Jahr 1963. Er stellte fest, dass die jüngeren Schülerinnen und Schüler sich in der Highschool stärker in außerunterrichtlichen Aktivitäten engagierten, häufiger Auszeichnungen und Preise erhielten und ein starkes positives Selbstkonzept aufwiesen. Zu problematischeren Ergebnissen kam hingegen eine Studie von Obrzut, Nelson und Obrzut (1984). Hier wurden vorzeitig eingeschulte Kinder untersucht, die sämtlich aufgrund ihrer besonderen Begabung – alle wiesen einen IQ über 132 auf – ausgewählt worden waren. Sie alle hatten in höheren Klassen zwar sehr gute Noten, viele zeigten jedoch auch deutliche soziale Probleme. Allerdings lassen die Ergebnisse der Studie von Obrzut et al. keine klare Aussage über eine kausale Beziehung zwischen vorzeitiger Einschulung und sozialen Schwierigkeiten zu, da nicht ausgeschlossen werden kann, dass derartige Probleme auch bei einer regulären Einschulung entstanden wären. Denkbar ist beispielsweise, dass außergewöhnliche Fähigkeiten auch in der regulären Klasse zu einem Gefühl des Andersseins bei dem begabten Kind und zu Neid bei den Mitschülerinnen und Mitschülern geführt hätten und daher in jedem Fall Probleme mit der Klassengemeinschaft entstanden wären. Ein relativ sicheres Zurückführen auf die frühe Einschulung wäre nach strengen experimentellen Kriterien nur im Rahmen einer Studie möglich, in der eine zufällige Zuweisung einer Stichprobe auf die Experimental- und Kontrollbedingung vollzogen würde. Damit könnte ausgeschlossen werden, dass sich die Angehörigen der beiden Gruppen systematisch in ihren Fähigkeiten oder bestimmten Persönlichkeitseigenschaften voneinander unterscheiden. Das würde allerdings bedeuten, dass hochbegabte Kinder per Zufall frühzeitig eingeschult würden oder nicht. Eine solche Studie ist bisher nicht durchgeführt worden und aus ethischen Gründen auch nicht realisierbar.

Eine Annäherung an optimale Untersuchungsbedingungen bietet der Vergleich der vorzeitig Eingeschulten mit gleich befähigten, aber regulär eingeschulten Kindern. Systematische Unterschiede in Bezug auf andere Variablen können zwar auch unter dieser Bedingung nicht ausgeschlossen werden, die Fähigkeiten der beiden Gruppen sind jedoch miteinander vergleichbar. Einen solchen Untersuchungsansatz verfolgten beispielsweise Mueller (1955) und Pennau (1981). In der älteren Studie schätzen die Lehrkräfte die vorzeitig eingeschulten Schülerinnen und Schüler in allen erhobenen Eigenschaften (Leistung, Beliebtheit, Einstellung zur Schule, Gesundheit) positiver ein als gleich befähigte, aber regulär eingeschulte Kinder. Pennau fand dagegen nur geringe Unterschiede zugunsten der frühzeitig Eingeschulten, jedoch keine Unterschiede zuungunsten der vorzeitig Eingeschulten. In einer Zusammenfassung von acht Studien, die sämtlich diesen methodischen Ansatz verfolgten, stellten Proctor et al. (1986) fest, dass nur in solchen Studien geringe negative Effekte für die vorzeitig eingeschulten Schülerinnen und Schüler gefunden wurden, in denen sehr niedrig angesetzte Auswahlkriterien verwendet wurden (z. B. ein IQ von 115). Maddux (1983) berichtet, dass vorzeitig Eingeschulte seltener in Förderprogramme für besonders Begabte aufgenommen wurden. Eine mögliche Ursache könnte darin liegen, dass eine vorzeitige Einschulung zumindest in der Grundschule eine ausreichende Förderung eines begabten Kindes sicherstellt und weitere Maßnahmen zunächst überflüssig macht. Es sollte im Einzelfall abgewogen werden, von welcher Maßnahme ein Kind am stärksten profitiert (Robinson & Weimer, 1991). Bei der Konzeption von Auswahlverfahren für Förderprogramme sollten diese Faktoren Berücksichtigung finden.

Proctor, Feldhusen und Black (1988) ziehen aus der Analyse von 21 Studien zur vorzeitigen Einschulung folgende Schlüsse:

• Es gibt keine wissenschaftliche Bestätigung dafür, dass eine frühe Einschulung emotionale, soziale oder Leistungsprobleme zur Folge hat.
• Eine reine Orientierung am chronologischen Alter kann auch schädliche Folgen haben. So zeigen besonders Begabte, die erst zum regulären Zeitpunkt eingeschult werden, mehr Verhaltensprobleme, fühlen sich in der Schule weniger wohl und weisen eine negativere Einstellung zur Schule auf als gleich befähigte, aber vorzeitig eingeschulte Kinder.
• Insgesamt scheint die vorzeitige Einschulung mehr positive als negative Konsequenzen nach sich zu ziehen.

Wie bereits erwähnt, stammen die Studien größtenteils aus den USA und können daher nur mit Einschränkungen auf die Situation in Deutschland übertragen werden.

Dennoch lassen sie vermuten, dass auch deutsche Kinder von einer derartigen Maßnahme profitieren (vgl. auch Henze et al., 2005).

3.3.2   Voraussetzungen für die vorzeitige Einschulung

Der vorherige Abschnitt hat gezeigt, dass die Entscheidung für oder gegen eine vorzeitige Einschulung folgenschwere Konsequenzen haben kann. Während die frühe
Einschulung begabter Kinder in der Regel eine positive Entwicklung nach sich zieht,
kann sie sich bei nicht ausreichend begabten Kindern negativ auswirken. Gleichzeitig
kann das Zurückhalten geeigneter Schülerinnen und Schüler schädliche Folgen für
ihre weitere Entwicklung haben. Der sorgfältigen Auswahl begabter Kinder für die
vorzeitige Einschulung kommt also eine entscheidende Rolle zu. Bisher gibt es allerdings keine empirisch abgesicherten Standards oder wissenschaftlich abgesicherte
Auswahlkriterien, die bei einer Entscheidung herangezogen werden könnten (Cornell, Callahan, Bassin & Ramsay, 1991). Im Folgenden werden daher die Schlussfolgerungen einzelner Autoren aus dem bisherigen Forschungsstand und der Beratungspraxis dargestellt.

Als wichtigste Voraussetzung für eine erfolgreiche vorzeitige Einschulung wird in
der Literatur übereinstimmend eine überdurchschnittliche Begabung gesehen (Elbing, 2000; Proctor et al., 1988; Heinbokel, 1988). Ob darüber hinaus auch eine fortgeschrittene körperliche, soziale und emotionale Entwicklung eine wichtige Rolle
spielt, ist indessen umstritten (vgl. z. B. Heinbokel, 1988; Stamm, 1992; Proctor et
al., 1988; Elbing, 2000). Die Eingewöhnung des Kindes in der Schule wird leichter
fallen, wenn es bereits Erfahrungen mit strukturierten Gruppen in vorschulischen
Einrichtungen sammeln konnte (Proctor et al., 1988; Feger, 1988). Vor allem wenn
das begabte Kind schon im Kindergarten verstärkt mit älteren Kindern zusammen
war und diese gleichzeitig mit ihm eingeschult werden, ist eine vorzeitige Einschulung angezeigt. Bei einem Verbleib im Kindergarten könnten dem Kind kaum noch
Anregungen geboten werden (Elbing, 2000). In der Beratungspraxis wird als guter
Indikator vor allem die zunehmende Beschäftigung des Kindes mit Lesen und
Schreiben sowie das freiwillige Mitlernen mit älteren Geschwistern genannt. Kann
ein Kind bereits vor der Einschulung lesen und schreiben, wird es wahrscheinlich
zunächst in der Schule unterfordert sein (Elbing, 2000). Eine Vielzahl von Autoren
betonen, dass die Körpergröße und das chronologische Alter kein Kriterium bei der
Einschulung sein sollten, da innerhalb einer Jahrgangsstufe immer große körperliche
Unterschiede und eine starke Altersstreuung bestehen. Nach Elbing (2000) sollten
auch Diskrepanzen zwischen intellektueller und sozialer Entwicklung nicht in jedem
Fall ein Hindernis darstellen, da bei den betroffenen Kindern eine solche Differenz
meistens auch zum Zeitpunkt der regulären Einschulung bestehe. Die Überwindung
dieser Diskrepanz stelle eine Erziehungsaufgabe dar, die in jedem Fall angegangen
werden müsse, ein bloßes Abwarten würde das Problem nicht beseitigen.

Als kritische Faktoren, bei deren Vorliegen von einer frühen Einschulung trotz
vorhandener Fähigkeiten und Motivation möglicherweise abgesehen werden sollte,
werden in der Literatur deutliche Defizite im sozialen Bereich, manuelle Unge-
schicklichkeit sowie geringe Ausdauer genannt. In diesen Fällen sollte sorgfältig

abgewogen werden, in welchem Umfeld diese Defizite, die in jedem Fall einer Bearbeitung bedürfen, am effektivsten und schnellsten angegangen werden können. Vor diesem Hintergrund sollte über einen Verbleib im Kindergarten oder eine vorzeitige Einschulung entschieden werden (Elbing, 2000). Das Kind sollte darüber hinaus in der Lage sein, mit dem „Anderssein" bzw. der Sonderrolle, die es als jüngstes Kind zunächst hat, in der Klassengemeinschaft hinreichend konstruktiv umzugehen.

Von vielen Autoren wird immer wieder darauf hingewiesen, dass von einer vorzeitigen Einschulung besser abzusehen ist, wenn klar ist, dass die aufnehmende Lehrkraft oder die Schulleitung eine ablehnende und pessimistische Haltung einem solchen Schritt gegenüber einnimmt und keine andere Schule mit besseren Bedingungen in Frage kommt (z. B. Proctor et al., 1988; Heinbokel, 1988; Fels, 1999).

3.3.3   Fazit und Empfehlungen zur vorzeitigen Einschulung

Wenn deutlich überdurchschnittlich begabte Vorschulkinder keine bedeutsamen Entwicklungsdefizite in anderen Bereichen aufweisen, scheint eine vorzeitige Einschulung eine sinnvolle Fördermöglichkeit darzustellen. So gibt es keinerlei wissenschaftliche Belege für schädliche Auswirkungen auf die Leistungs- oder sonstige Entwicklung bei einer frühen Einschulung, wohl aber im Falle des Zurückhaltens intellektuell besonders begabter und motivierter Kinder. Die Entscheidung muss aber in jedem Einzelfall gut abgewogen werden. Nur wenn alle Betroffenen – das Kind, die Eltern, die Schulleitung und die Lehrkräfte – die Maßnahme befürworten, sollte sie durchgeführt werden. Bei der Entscheidung ist es optimal, wenn die Grundschule und der Kindergarten, den das Kind besucht, eng kooperieren. Die Einschätzungen der Erzieherinnen und Erzieher im Kindergarten können wertvolle zusätzliche Hinweise auf die Begabungen, Fähigkeiten und das Sozialverhalten des Kindes liefern. Dies erfordert jedoch eine entsprechende Fortbildung der Erzieherinnen und Erzieher sowie der Lehrkräfte, die in ihrer Ausbildung bisher nur in den seltensten Fällen etwas über Hochbegabung und deren Erkennung und Förderung erfahren.

Als Kriterium für die Einschulung eines Kindes sollte nicht sein chronologisches Alter, sondern sein individueller Entwicklungsstand, seine Fähigkeiten und Interessen, seine Motivation sowie die jeweiligen Rahmenbedingungen herangezogen werden. Unter bestimmten Bedingungen kann eine ausführliche (test-)psychologische Diagnostik sinnvoll sein, um die kognitive Begabung genauer abzuklären. Ob eine vorzeitige Einschulung erfolgreich verläuft, ist vor allem von der Einstellung der aufnehmenden Lehrkraft abhängig. Vor diesem Hintergrund scheint eine breite Aufklärung der Lehrerinnen und Lehrer über die Auswirkungen früher Einschulungen (und auch die möglichen schädlichen Konsequenzen des Zurückhaltens) angezeigt.

3.4   Überspringen von Klassen

Neben der vorzeitigen Einschulung stellt das Überspringen von Klassenstufen eine Akzelerationsmaßnahme dar, die zusätzlich den Vorteil mit sich bringt, dass zuvor durch die Lehrkräfte im Unterricht gründlich überprüft werden kann, ob ein Kind wirklich die dafür nötigen Voraussetzungen wie Leistungsfähigkeit und Belastbarkeit erfüllt (Christiani, 2002). Doch auch dem Überspringen von Klassen stehen viele Eltern und Lehrkräfte skeptisch gegenüber, wobei sich die Bedenken vor allem auf den sozial-emotionalen Bereich beziehen. So wird z. B. befürchtet, die Springerin oder der Springer könne aufgrund des Sonderstatus Schwierigkeiten haben, sich in die aufnehmende Klasse zu integrieren.

In den USA wurden bereits in den 60er Jahren wissenschaftliche Untersuchungen zum Überspringen von Klassenstufen durchgeführt (z. B. Matlin, 1965; Mirman, 1962; Klausmeier & Ripple, 1963). In der Studie von Matlin wurden Springerinnen und Springer einige Jahre nach dem Springen, das in der Grundschule erfolgt war, mit ähnlich begabten Schülerinnen und Schülern, die nicht gesprungen waren, verglichen. Die Springer zeigten im Vergleich zu den Nicht-Springern eine höhere Motivation, ein besseres Arbeitsverhalten sowie eine positivere Einstellung zur Schule. In einer umfangreichen Studie, die der Erprobung des Überspringens als Hochbegabtenfördermaßnahme diente, entwickelten nur 9 von 522 Springern (1,7 %) später Probleme, die auf das Springen zurückzuführen waren (Plowman & Rice, 1967; Robeck, 1968; Riles, 1979). Auch Rogers und Kimpston (1992) kamen in ihrer Metaanalyse, die die Ergebnisse von 19 Studien zusammenfasst, zu dem Schluss, dass das Überspringen einer Klasse für die schulischen Leistungen und für die soziale Entwicklung förderlich ist. Insgesamt konnten in keiner dieser Studien ernsthafte Leistungs- oder Anpassungsschwierigkeiten durch das Überspringen nachgewiesen werden.

Eine Ausnahme stellt die Studie von Pevecs (1965) dar, in der 90 ausgewählte Jungen untersucht wurden, die eine Klasse übersprungen hatten. Die Springer wurden mit ähnlich begabten Jungen verglichen, die in der gleichen Klassenstufe waren wie die Springer, jedoch keine Klassenstufe übersprungen hatten. Etwa ein Drittel der Springer gab im Nachhinein an, Probleme in der späteren Leistungsentwicklung gehabt zu haben und ein Viertel der Springer nannte Schwierigkeiten im sozialen Bereich. Diese Schwierigkeiten führten die Springer selbst auf das Springen zurück. Die Hälfte der Springer hätte sich, noch einmal vor die Wahl gestellt, im Nachhinein gegen das Springen entschieden. In der Studie wurden zusätzlich auch die betroffenen Schulleiter und Beratungslehrkräfte befragt. Dabei stellte sich heraus, dass diese der Maßnahme sehr negativ gegenüber eingestellt gewesen waren; dies äußerte sich zum Beispiel darin, dass sie die Springer strenger benoteten. Vor diesem Hintergrund sind die selbst berichteten Schwierigkeiten der Springer sowie ihre negative Bewertung des Springens verständlich. Ein standardisierter Leistungstest in der 11. Klasse zeigte jedoch keine Leistungsrückstände der Springer, im Mittel waren ihre Leistungen sogar geringfügig besser als die der Vergleichsgruppe (d = 0.10; Kulik, 2004).

Rogers (1992, 2004) sichtete 32 amerikanische Studien zu den Auswirkungen des Überspringens von Klassen. Die meisten dieser Studien verwendeten jeweils zwei Kontrollgruppen mit Nicht-Springern und vergleichbarer Begabung: eine Kontrollgruppe mit Kindern des gleichen Alters und eine Kontrollgruppe mit älteren Kindern. Die Befunde aus sämtlichen Studien fielen positiv für die Entwicklung der Springerinnen und Springer aus. Über alle Kontrollbedingungen gemittelt resultierte eine Effektstärke von 0.49 für die schulischen Leistungen. Generell gilt für die Studien zum Überspringen von Klassen ebenso wie für die Studien zur vorzeitigen Einschulung, dass die Studien aus den USA nur mit Einschränkungen auf die Situation im deutschen Schulsystem übertragbar sind.

Seit den 1980er Jahren wurden die Effekte des Überspringens von Klassen nun auch vereinzelt in Deutschland untersucht. Bevor die Ergebnisse deutscher Studien zusammenfassend dargestellt werden, sei auf einige generelle methodische Einschränkungen dieser Studien hingewiesen. Aufgrund der relativen Seltenheit des Springens beruhen die Studienergebnisse größtenteils nur auf geringen Fallzahlen und in vielen Fällen wurde keine Kontrollgruppe (das heißt eine gleichermaßen befähigte Gruppe von Schülerinnen und Schülern, die nicht springt) untersucht. Ohne eine Kontrollgruppe sind immer nur eingeschränkte Aussagen möglich, da nicht eingeschätzt werden kann, wie sich die Schülerinnen und Schüler entwickelt hätten, wenn sie nicht gesprungen wären. Aus diesem Grund kann in einer solchen Studie nicht eindeutig festgestellt werden, ob die gefundenen Effekte auf das Springen zurückzuführen sind. Darüber hinaus unterscheiden sich die Studien sehr in ihren Rahmenbedingungen, sie variieren beispielsweise in der Art der Stichprobenrekrutierung. In einigen Fällen wurden die Schülerinnen und Schüler retrospektiv befragt, die vor einiger Zeit aus eigenem Wunsch eine Klassenstufe übersprungen hatten (z. B. Reitmajer & Santl, 1991; Vollmer, 1998) oder die Schulen wurden rückblickend befragt (Heinbokel, 1996, 2004). In anderen Studien sprangen Schülerinnen und Schüler im Rahmen eines speziellen Forschungs- oder Förderprogramms (z. B. Prado & Schiebel, 1996). Diesen Schülerinnen und Schülern war, basierend auf einer sorgfältigen Diagnostik, das Springen explizit empfohlen worden, sie erfuhren unterschiedliche Unterstützungsangebote und die Lehrerinnen und Lehrer waren gründlich über die Maßnahme aufgeklärt worden. Das Überspringen der Klasse erfolgte hier also unter optimierten Bedingungen. Somit sind die verschiedenen Studienergebnisse nur bedingt miteinander vergleichbar. Dennoch liefern sie insgesamt wertvolle Hinweise auf die Auswirkungen des Springens auf der Leistungs- aber auch auf der sozial-emotionalen Ebene.

3.4.1   Auswirkungen des Überspringens von Klassen

Auswirkungen auf der Leistungsebene

In den 1980er und 1990er Jahren wurde in drei Bundesländern die Zahl der Springer erhoben und das Überspringen von Klassen untersucht (Saarland: Kötter, 1985; Bayern: Reitmajer, 1988, 1989; Niedersachsen: Heinbokel, 1996). Zu diesem Zeitpunkt war das Überspringen von Klassen in Deutschland noch sehr selten. Heinbokel (1996) führte im Jahr 1990 eine Totalerhebung an allen niedersächsischen Grundschulen, Gymnasien und Gesamtschulen durch, in der die Schulen nach ihren Erfahrungen mit dem Überspringen von Klassen während der 1980er Jahre befragt wurden. Insgesamt wurde von 311 Kindern berichtet, die in den 1980er Jahren in Niedersachsen eine Klasse übersprungen hatten. Fast 90 % dieser Kinder waren in der Grundschule gesprungen, davon wiederum hatte der Großteil während der ersten zwei Schuljahre eine Klasse übersprungen. Nur 0,4 % aller Grundschulen und 1 %

der Gymnasien des Landes verfügten zu diesem Zeitpunkt über Erfahrungen mit mindestens zwei Springerinnen oder Springern im Zeitraum von zehn Jahren.

In den 1990er Jahren stieg die Anzahl der Springer, insbesondere nach einer Liberalisierung der schulrechtlichen Regelungen für das Springen durch einen Erlass im Jahr 1995, deutlich an, wie eine Wiederholung der Befragung in Niedersachsen im Jahr 2001 zeigte (Heinbokel, 2004). In den Jahren 1990 bis 2001 übersprangen in Niedersachsen 1.907 Kinder eine Klasse während ihrer Zeit in der Grundschule, der Orientierungsstufe, im Gymnasium oder in der Gesamtschule. Auch in den 1990er Jahren fand der überwiegende Teil des Überspringens in der Grundschule statt (81 %), insgesamt 68 % aller Sprünge erfolgten in den ersten beiden Schuljahren. Immer noch hatten 58 % aller Gymnasien des Landes keinerlei Erfahrungen mit dem Überspringen von Klassen gemacht, das heißt, in diesen Schulen hatte es im gesamten Jahrzehnt keine Schülerin und keinen Schüler gegeben, die oder der eine Klasse übersprungen hatte. Für andere Bundesländer liegen keine vergleichbaren Daten über die letzten zwei Jahrzehnte vor. Häufig wurde erst in den letzten Jahren mit einer systematischen Erfassung des Überspringens von Klassen in den Ländern begonnen.

Verschiedene empirische Studien zum Überspringen zeigen relativ übereinstimmend, dass sich das Aufholen des Unterrichtsstoffs der übersprungenen Klasse in der Regel als unproblematisch erweist (Heinbokel, 1996). In der Grundschule war der dazu notwendige Zeitraum sehr gering, im Gymnasium wurde etwas mehr Zeit darauf verwandt. Dieser zusätzliche Arbeitsaufwand wurde von den Springerinnen und Springern jedoch nicht als belastend erlebt.

Sowohl Heinbokel (1996) als auch Reitmajer und Santl (1991) berichten, dass nach dem Springen kaum Probleme im Leistungsbereich auftraten. Von den Springern in der Grundschule in Niedersachsen zeigten 1,9 % der Mädchen und 2,3 % der Jungen Leistungsprobleme. Im Gymnasium hatten zwei der 32 Schülerinnen und Schüler, die in den 1980er Jahren in Niedersachsen im Gymnasium gesprungen waren, nach dem Springen Leistungsprobleme.

Das Wiederholen einer Klasse aufgrund mangelnder Leistungen kam nur in sehr wenigen Fällen vor. Die Falldarstellungen von Heinbokel (1996) machen dabei deutlich, dass das Wiederholen nicht unbedingt bedeuten muss, dass das Springen eine Fehlentscheidung gewesen war. In allen berichteten Fällen lagen das Überspringen und das Wiederholen der Klasse zeitlich relativ weit auseinander. So können etwa familiäre Probleme oder eine mangelhafte Arbeitshaltung in der Mittelstufe zum Sitzenbleiben führen, ohne dass das Springen in der Grundschule dafür verantwortlich zu machen ist.

Bei der Wiederholungsuntersuchung über das Springen in Niedersachsen in den 1990er Jahren ergaben sich größere Quoten für Leistungsprobleme: In der Grundschule wurde über Leistungsprobleme bei 6 % der Mädchen und bei 9,3 % der Jungen nach dem Springen berichtet, im Gymnasium hatten 3,2 % der Mädchen und 4,2 % der Jungen Leistungsschwierigkeiten (Heinbokel, 2004). Insgesamt mussten 1 % der Mädchen und 2,4 % der Jungen in der Folge eine Klasse wiederholen. Heinbokel (2004) erklärt die Zunahme der Leistungsprobleme insbesondere damit, dass das Springen (auch durch die Veränderung der schulrechtlichen Rahmenbedingungen) in den 1990er Jahren deutlich häufiger wurde, die Lehrkräfte jedoch oft nur unzureichende Kenntnisse über Hochbegabung und die Identifizierung geeigneter

Kandidatinnen und Kandidaten für das Springen hatten. Daher sei es möglicherweise häufiger vorgekommen, dass nicht geeignete Kinder eine Klasse übersprungen hätten.

In verschiedenen Studien berichteten die Springerinnen und Springer, sich in der vorherigen Klasse unterfordert gefühlt zu haben. Das Aufholen des Unterrichtsstoffs in der neuen Klasse empfanden sie als nicht oder kaum belastend. Einige Zeit nach dem Springen fühlten sie sich eher wieder unterfordert als überfordert. Die meisten Schülerinnen und Schüler waren der Meinung, das Springen sei die richtige Entscheidung gewesen, da sie sich andernfalls weiter gelangweilt hätten. Zumindest für eine gewisse Zeit sei die Unterforderung weniger extrem gewesen. Auch das Überspringen von zwei bis drei Klassenstufen innerhalb der Schullaufbahn, das in den Untersuchungen von Heinbokel (1996, 2004) in drei Fällen (1980er Jahre) bzw. in 40 Fällen (1990er Jahre) stattfand, führte in der Regel nicht zu einer intellektuellen Überforderung.

In der Versuchsgrundschule des Hannoveraner Schulversuchs zur integrativen Förderung Hochbegabter haben im Untersuchungszeitraum insgesamt 13 hochbegabte Schülerinnen und Schüler eine Klasse übersprungen (Henze et al., 2005). Der Leistungsstand dieser Schülerinnen und Schüler wurde von den Lehrkräften vor dem Springen als dem Lernstand der Klasse weit voraus eingeschätzt. Nach dem Springen erbrachten die Springerinnen und Springer weiterhin gute und sehr gute Schulleistungen.

In einem Schulversuch in Hamburg (Prado & Schiebel, 1996) verlief das Springen nach Ansicht der Lehrkräfte bei 80 % der Schülerinnen und Schüler problemlos. Die im Schulversuch für die Springerinnen und Springer vorgesehene Unterstützung wurde fast nie ganz ausgeschöpft. Einige Springerinnen und Springer berichteten, den erhöhten Lernaufwand zu Anfang als belastend empfunden zu haben, insgesamt wurde er aber von den meisten als herausfordernd und motivierend eingeschätzt. Spätestens ein Jahr nach dem Springen gehörte der Großteil der Schülerinnen und Schüler wieder zur Leistungsspitze der Klasse. Die Auswahl der Schülerinnen und Schüler, denen das Springen empfohlen wurde, erfolgte in diesem Schulversuch in zwei Stufen. Zunächst fand in der Klassen- oder Zeugniskonferenz eine Vorauswahl aufgrund der Noten statt. Diese ausgewählten Schülerinnen und Schüler wurden anschließend über einen Zeitraum von zwei bis drei Monaten, z. T. anhand von entsprechenden Beobachtungsbögen, in ihrem Leistungsverhalten beobachtet. Es wurden sowohl die kognitiven Stärken und Schwächen der Schülerinnen und Schüler als auch motivationale, soziale und emotionale Aspekte erfasst. Auf einer Nominierungskonferenz wurden schließlich alle Eindrücke zusammengetragen und es wurden endgültige Empfehlungen ausgesprochen. Dieses Vorgehen ermöglichte im weiteren Verlauf des Schulversuchs einen Vergleich der Springerinnen und Springer mit denjenigen Schülerinnen und Schülern, die ebenfalls vorgeschlagen worden waren (also über dieselbe Befähigung verfügten), sich aber gegen das Springen entschieden hatten („Nicht-Springer"). Der Vergleich der Springer mit den Nicht-Springern zeigte, dass die Springer ihren vorherigen hohen Leistungsstand nicht ganz halten konnten. Vor dem Springen wiesen beide Gruppen einen Notendurchschnitt von 1,7 auf. Im Mittel erhielten die Springerinnen und Springer im nächsten Zeugnis nach dem Springen um 0,3 bis 0,5 Notenpunkte schlechtere Noten. Die individuellen Leistungsverläufe der Springerinnen und Springer unterschieden sich allerdings sehr. Während einige Schülerinnen und Schüler nach dem Springen eine Leistungssteigerung um bis zu 0,4 Notenpunkte erreichen konnten, fielen andere durchschnittlich um mehr als eine Note ab. Diejenigen, die sich verschlechterten, zeigten sich darüber allerdings nicht sehr beunruhigt. Von den 35 Springerinnen und Springern bereute im Nachhinein niemand seine Entscheidung für das Springen. Auch in der Erhebung von Reitmajer (1988) an bayerischen Gymnasien zeigten sich sowohl Leistungsverbesserungen als auch -verschlechterungen nach dem Springen. Im Durchschnitt fielen die untersuchten Schülerinnen und Schüler hier um eine halbe Note ab.

Bei den Springern im Saarland zeigten sich insgesamt keine ernsthaften Leistungsprobleme. Insgesamt wurde das Überspringen einer Klasse von den Schülerinnen und Schülern als problemlos eingeschätzt (Kötter, 1985; Bardo, 1987; Meier, 1987). Auch in einer Kölner Untersuchung mit Grundschülerinnen und -schülern bewährte sich das Springen in allen Fällen, in denen von schulpsychologischer Seite eine Empfehlung ausgesprochen worden war (Schulpsychologischer Dienst der Stadt Köln, 1993). In diese Untersuchung wurden 36 Anfragen von Eltern und Lehrkräften einbezogen, die sich darauf bezogen, ob eine Schülerin oder ein Schüler eine Klassenstufe überspringen sollte. In 29 Fällen empfahlen die Schulpsychologen das Überspringen einer Klasse. Einige dieser Schülerinnen und Schüler hatten aufgrund der dauerhaften Unterforderung bereits Störungen im Arbeitsverhalten ausgebildet. Es dauerte nach dem Springen einige Zeit bis diese Störungen behoben waren, da die Schülerinnen und Schüler erst wieder lernen mussten, die mit Anstrengung verbundene Frustration auszuhalten. Auch in dieser Studie gehörten die Springerinnen und Springer jedoch insgesamt nach kurzer Zeit wieder zu den Besten der Klasse.

Auswirkungen auf der sozial-emotionalen Ebene

In der Studie von Reitmajer (1988, 1989) gaben die meisten befragten Springerinnen und Springer an, keine Probleme bei der Kontaktaufnahme mit den neuen Mitschülerinnen und Mitschülern gehabt zu haben. In der Hamburger Studie (Prado & Schiebel, 1996) hatten die Springerinnen und Springer spätestens nach einem halben Jahr Anschluss gefunden und zufrieden stellende soziale Beziehungen aufgebaut. Einige Schülerinnen und Schüler waren bereits nach drei Tagen in die neue Klassengemeinschaft integriert. Ein Teil der Schülerinnen und Schüler hatte sich nach dem Springen bessere soziale Kontakte erhofft, die bald nach dem Springen auch eintraten. Befürchtungen, als „Streber" abgestempelt zu werden, bewahrheiteten sich nicht. Es wurden lediglich einige als „Kleine" bzw. „Kleiner" gehänselt. Bei der Mehrheit der Springerinnen und Springer hatte das Springen eine Stärkung des Selbstbewusstseins zur Folge. Auch in der Studie von Reitmajer und Santl (1991) berichtete die Mehrheit der Schülerinnen und Schüler in einem Interview von einem besseren Selbstbewusstsein und einer größeren Flexibilität. Nach dem Springen erlebten sie sich generell als anpassungsfähiger an neue Situationen.

In der niedersächsischen Studie (Heinbokel, 1996) hatte der ganz überwiegende Teil der Springerinnen und Springer keinerlei Probleme im sozial-emotionalen Bereich. In der Grundschule wurde über sozial-emotionale Schwierigkeiten nach dem Springen bei 9,4 % der Mädchen und bei 12,1 % der Jungen berichtet. Im Gymnasium hatten 3 von 32 Schülerinnen und Schüler nach dem Springen sozial-emotionale Probleme. Über den Zeitraum der 1990er Jahre wurde über sozial-emotionale Probleme bei 14,3 % der Mädchen und bei 24,5 % der Jungen nach dem Springen in der Grundschule berichtet. Im Gymnasium lagen diese Quoten bei 6,3 % (Mädchen) und 8,5 % (Jungen). Sozial-emotionale Schwierigkeiten traten bei Jungen somit generell etwas häufiger auf als bei Mädchen. Dieser Geschlechterunterschied wurde auch in einer anderen Untersuchung gefunden, in der zwei Drittel der Jungen, aber kein Mädchen unter emotionalen Problemen nach dem Springen litt (Hammer et al., 1983).

Generell können diese Befunde jedoch nicht im Sinne kausaler Zusammenhänge zwischen dem Springen und den sozialen und emotionalen Schwierigkeiten interpretiert werden. Es ist anzunehmen, dass einige der hoch befähigten Kinder, denen das Springen empfohlen wurde, bereits vorher unter sozialen und emotionalen Schwierigkeiten gelitten hatten. In einigen Fällen sollte das Springen gerade der Lösung dieser Probleme dienen. Für die Beurteilung kausaler Zusammenhänge fehlt es hier an systematischen Voruntersuchungen der sozial-emotionalen Situation der Schülerinnen und Schüler und an Vergleichsdaten aus einer Gruppe von Kindern, die keine Klasse übersprungen haben. Als Ursache für die emotionalen und sozialen Schwierigkeiten kommen – neben dem Überspringen einer Klasse – vielfältige weitere Faktoren (z. B. familiäre Probleme) in Frage.

In den Untersuchungen von Heinbokel (1996) und Henze et al. (2005) zeigte sich übereinstimmend, dass viele Eltern vor dem Springen unsicher waren, ob das Springen die richtige Fördermaßnahme für ihr Kind sei. Nach dem Springen waren die meisten Eltern dann jedoch der Meinung, ihr Kind sei nun in der richtigen Klasse (70 % in der Untersuchung von Heinbokel, 1996). Auf die Frage, ob die Entscheidung für das Springen richtig war, antworteten 95 % der Eltern der Mädchen und 87 % der Eltern der Jungen mit ja (Heinbokel, 1996). Die übrigen Eltern bewerteten das Springen für die intellektuelle Entwicklung zwar ebenfalls als richtig, jedoch als problematisch für die soziale Situation des Kindes. Auch in der Untersuchung von Henze et al. (2005) bewerteten die meisten Eltern die Maßnahme rückblickend positiv. Von den sechs befragten Springerinnen und Springern im Saarland gaben fünf an, dass sie sich – wären sie erneut vor die Wahl gestellt – wieder für das Überspringen entscheiden würden (Kötter, 1985). In einer Nachuntersuchung der Springerinnen und Springer an einer Ulmer Grundschule sahen alle Schülerinnen und Schüler das Springen im Nachhinein als richtige Entscheidung an (Vollmer, 1998).

Im Kölner Grundschulversuch (Schulpsychologischer Dienst der Stadt Köln, 1993) zeigte sich, dass die soziale Integration der Springerinnen und Springer abhängig von der Persönlichkeit des Kindes und der Lehrkraft sowie dem Klassenklima sehr unterschiedlich verlief. Während sich einige Schülerinnen und Schüler sehr schnell in die neue Klassengemeinschaft einfügten, benötigten andere dafür mehrere Monate. Einzelne blieben auch nach längerer Zeit Außenseiter, aber selbst in diesen Fällen schätzten sowohl die Eltern als auch die Kinder selbst das Überspringen als eine Maßnahme ein, die das Wohlbefinden und die Lernmotivation verbessert habe. Psychosomatische Symptome, die bei einigen der Springerinnen und Springer vor dem Springen vorhanden waren, verringerten sich oder verschwanden ganz. In dieser

Studie wurden die folgenden Faktoren für eine gelingende Integration der Springerinnen und Springer in die neue Klasse identifiziert:
1. Akzeptanz der Maßnahme durch die Lehrkraft der aufnehmenden Klasse,
2. Ausmaß bereits vorhandener Störungen des Lern- und Sozialverhaltens,
3. Möglichkeit der Eltern, das Kind in der Übergangzeit zu unterstützen, und
4. Freundschaften zwischen dem Springer bzw. der Springerin und Kindern der
    aufnehmenden Klasse.

In die Bilanz der Auswirkungen des Springens auf die sozial-emotionale Situation
der Schülerinnen und Schüler sollte auch einbezogen werden, wie sich die Nicht-
Anwendung der Maßnahme auf entsprechend begabte und leistungsfähige Schülerinnen und Schüler auswirkt. Es ist davon auszugehen, dass ein Verbleib des Kindes in
einer Klasse, in der es permanent unterfordert wird, ebenfalls Risiken für die sozial-
emotionale Situation mit sich bringt. So konnte eine Studie mit 15 äußerst begabten
Kindern in Australien zeigen, dass die meisten Kinder, die in ihrer regulären Klasse
verblieben (oder nur geringfügig akzeleriert wurden), große Schwierigkeiten hatten,
positive soziale Beziehungen zu ihren Klassenkameraden aufzunehmen (Gross,
1993). Sie hatten über die Zeit ein sehr negatives Bild von ihren eigenen sozialen
Fähigkeiten und ihrem eigenen Fremdbild (also dem Bild, von dem sie glaubten, dass
andere es sich von ihnen machten) entwickelt, das sich in einem sehr niedrigen sozialen Selbstwert ausdrückte. Bei den meisten hochbegabten Kindern lag die Ausprägung des Selbstwertes eine Standardabweichung unter dem Mittel. In dieser Studie
wiesen jedoch gerade diejenigen die größte emotionale Stabilität auf, die extrem akzeleriert worden waren, das heißt, die mehr als eine Klassenstufe übersprungen hatten.
  Zusammenfassend zeigen die angeführten Studien somit, dass ein Überspringen
von Klassen in den überwiegenden Fällen keine bzw. keine dauerhaften Probleme im
sozial-emotionalen Bereich nach sich zieht. In den Fällen, in denen Probleme auftraten, muss bedacht werden, dass ein kausaler Zusammenhang in keiner der Studien
nachgewiesen werden konnte und häufig möglicherweise bereits vor dem Springen
Probleme sozialer bzw. emotionaler Art bestanden hatten.

3.4.2 Voraussetzungen für das Überspringen von Klassen

Wie die oben dargestellten Studien zeigen, nehmen besonders begabte und motivierte
Schülerinnen und Schüler keinen Schaden, wenn sie eine Klasse überspringen. Im
Gegenteil wirkt sich viel wahrscheinlicher das Zurückhalten negativ aus, sowohl im
sozial-emotionalen Bereich (unbefriedigende soziale Kontakte, geringer Selbstwert)
als auch im intellektuellen Bereich (geringe allgemeine Arbeitsmotivation, ineffektive Lerngewohnheiten). Bei weniger begabten Schülerinnen und Schülern kann das
Springen allerdings zu einer Überforderung sowie zu kurz- und langfristigen negativen Konsequenzen führen.
  In der wissenschaftlichen Literatur besteht Konsens darin, dass Überspringer über
eine überdurchschnittliche intellektuelle Begabung verfügen sollten. Jedoch gibt es
keine Einigung über eine notwendige Mindestausprägung der Intelligenz (s. z. B.

Davis & Rimm, 1998; Feldhusen, Proctor & Black, 1986; Jüling & Lehmann, 1997). Es werden unterschiedliche Grenzwerte diskutiert. Empfohlen wird zum Beispiel ein IQ von mindestens 125 (siehe Feldhusen, Proctor & Black, 1986). Rogers (2004) schlussfolgert aus ihrer Analyse von 32 Studien zum Überspringen, dass die intellektuelle Begabung im Bereich der obersten 2 bis 5 % der Fähigkeitsverteilung liegen sollte. Die empfohlenen Mindestwerte streuen somit zwischen einem IQ von etwa 125 und 135, wesentlich scheint jedoch zu sein, dass die intellektuelle Begabung deutlich überdurchschnittlich ist und somit eine gute und schnelle Lernfähigkeit vorliegt.

Bei der Diskussion um Grenzwerte ist jedoch zu beachten, dass stets vielfältige Faktoren auf den Schulerfolg einwirken. Eine hohe Begabung allein wird nicht ausreichen, etwa die Leistungsmotivation gering ausgeprägt ist. Andererseits können Motivation und Interesse Fähigkeitsdefizite in bestimmten Bereichen unter Umständen kompensieren. Dem aktuellen Stand der Forschung entsprechend wird daher derzeit eher ein kompensatorisches Modell favorisiert, in dem Faktoren wie Intelligenz, Schulnoten, aber auch nicht kognitive Eigenschaften wie Motivation, Interesse etc. miteinander verrechnet werden (vgl. Abschnitt 5.5). So können Defizite in einem Bereich durch hohe Ausprägungen in einem anderen Bereich kompensiert werden (vgl. das Aufnahmeverfahren für ein Spezialgymnasium von Jüling & Lehmann, 1997).

Dass das Überspringen kein Allheilmittel für schulische und persönliche Probleme darstellt, zeigen auch die Ergebnisse der Befragung von über 300 Eltern, die sich bei der Deutschen Gesellschaft für das hochbegabte Kind (DGhK) beraten ließen (Holling & Wittmann, 2000). 22 % der Befragten entschieden sich nach der Beratung und einer entsprechenden Empfehlung für das Springen. Von 39 Elternpaaren hatten die Kinder bereits eine Schulklasse übersprungen. Etwas mehr als die Hälfte dieser Elternpaare schätzte diese Akzelerationsmaßnahme als förderlich ein, knapp ein Drittel empfand sie allerdings als überhaupt nicht erfolgreich. Zu diesen Ergebnissen muss angemerkt werden, dass hier Eltern befragt wurden, die eine Beratung aufgesucht hatten. Es ist somit davon auszugehen, dass hier überrepräsentativ viele Eltern befragt wurden, deren Kinder in irgendeiner Form Schwierigkeiten in der Schule hatten. Dennoch zeigen die Ergebnisse, dass in jedem Einzelfall geklärt werden muss, ob ein Überspringen sinnvoll und hilfreich für die Schülerin bzw. den Schüler ist oder nicht.

In der Literatur werden verschiedene Kriterien genannt, die bei einer Entscheidung für oder gegen das Überspringen von Klassen berücksichtigt werden sollten. Diese werden in den folgenden Punkten kurz zusammengefasst:

- Das Kind sollte über hohe intellektuelle Fähigkeiten verfügen. Die intellektuellen Fähigkeiten des Kindes sollten mit einem bewährten standardisierten Intelligenztest überprüft werden, der ein möglichst breites Fähigkeitsspektrum abdecken sollte.
- Die schulischen Leistungen (in der Grundschule insbesondere in Mathematik und im Lesen) sollten weit über dem Durchschnitt liegen. In den höheren Klassen sollten die Leistungen des Schülers oder der Schülerin in mehreren Fächern zei-

gen, dass er oder sie seiner/ihrer Jahrgangsstufe deutlich voraus ist (Rogers, 2004).

- Das Kind sollte gern lernen und schnelles und herausforderndes Lernen bevorzugen (Rogers, 2004).
- Das Kind sollte breit gefächerte schulische/akademische Interessen haben sowie aktiv verschiedene Aktivitäten und Hobbys außerhalb der Schule verfolgen (Rogers, 2004).
- Generell sollte das Kind keine Anpassungsstörung aufweisen, es sei denn, die Anpassungsstörung kann auf die schulische Unterforderung zurückgeführt werden (Feldhusen, Proctor & Black, 1986).
- Die aufnehmende Lehrkraft sollte der Maßnahme positiv und vorurteilsfrei gegenüber stehen (Feldhusen, Proctor & Black, 1986).
- Das Kind sollte über eine gewisse Reife, die sich in der Fähigkeit zum eigenständigen Lernen und in der Übernahme von Verantwortung für das eigene Lernen zeigt, verfügen. Es sollte Durchhaltevermögen bei zugeteilten oder selbst gewählten Aufgaben zeigen (Rogers, 2004).
- Das Kind sollte gezeigt haben, dass es in der Lage ist, gute Beziehungen zu Erwachsenen oder älteren Kindern aufzubauen.
- Das Kind darf sich nicht unter Druck gesetzt fühlen und muss das Springen selbst wollen (Feldhusen, Proctor & Black, 1986).

Heinbokel (2000) gibt zu bedenken, dass das Überspringen einer Klasse auf den ersten Blick zunächst meist nicht attraktiv für Schülerinnen und Schüler ist, besonders wenn sie schon älter sind. Viele begabte Schülerinnen und Schüler haben sich daran gewöhnt, sich nicht anstrengen zu müssen und trotzdem gute Noten zu erzielen. Da sie sich in der Freizeit nicht sehr um die Schule kümmern müssen, haben sie viel Zeit für außerschulische Aktivitäten. All dies könnte sich nach dem Springen ändern. Zum einen müssten sie vielleicht mehr für die Schule tun, gleichzeitig könnten sich die Noten verschlechtern. Zum anderen könnten sie in der neuen Klasse vielleicht Probleme haben, neue Freunde zu finden, während sie die alten Freunde in der alten Klasse verlieren. Außerdem befürchten sie möglicherweise, als „Streber" abgestempelt zu werden. Auf alle diese „Gefahren" sollten die Schülerinnen und Schüler hingewiesen werden und trotzdem sollten sie – bei Vorliegen ausreichender intellektueller und sozialer Fähigkeiten – ermutigt werden, diesen Schritt zu gehen, da in vielen Studien gezeigt werden konnte, dass die meisten Springerinnen und Springer in vielerlei Hinsicht davon profitieren.

3.4.3 Entscheidungsstrategien und Zeitpunkt für das Überspringen von Klassen

Der Schulpsychologische Dienst der Stadt Köln kam in seinem Bericht über die Ergebnisse der Kölner Grundschulstudie 1993 zu dem Schluss, dass ein „gleitender Übergang" beim Springen in eine höhere Klasse am wenigsten problematisch für alle Beteiligten war. Im Falle dieser berichteten „gleitenden Übergänge" war das Überspringen meist gar nicht geplant gewesen. Die betroffene Schülerin bzw. der betroffene Schüler hatte zur besseren Förderung zunächst lediglich in einem Fach am Unterricht der höheren Klasse teilgenommen. Erst im weiteren Verlauf wurde die Gesamteignung erkannt und es kam dann zu einer Entscheidung für das Springen. Der Übergang gestaltete sich hier also fließender und war nicht vom möglichen Beweisdruck einer Probezeit belastet. Dieses Vorgehen mag sich für eine erste Etablierung des Springens in einer Schule eignen, scheint jedoch nicht praktikabel, wenn das Überspringen von Klassen als eine standardmäßige Fördermöglichkeit eingeführt werden soll, die prinzipiell allen hochbegabten und leistungsstarken Schülerinnen und Schülern offen steht. An diesem Punkt der Entwicklung ist ein stärker standardisiertes Vorgehen, das Erfahrungswerte mit einbezieht, erforderlich. Inzwischen gibt es erste Konzeptentwicklungen für das Umgehen mit dem Überspringen in der Schule.

Ein solches Konzept aus dem amerikanischen Schulsystem wurde von Piper und Creps (1991) vorgeschlagen. Die Prüfung und individuelle Empfehlung für oder gegen das Überspringen sollte möglichst im Rahmen eines formalisierten und standardisierten Prozesses und durch geschulte Personen, etwa einer Beratungslehrkraft in Zusammenarbeit mit einer Schulpsychologin oder einem Schulpsychologen, erfolgen. In einem ersten, eher informellen Schritt werden Gespräche mit den Eltern, dem betroffenen Kind und den Lehrkräften des Kindes geführt. Zusätzlich sollte das Verhalten des Schülers bzw. der Schülerin im Unterricht beobachtet werden. Ergänzend können in dieser ersten Phase Arbeitsproben herangezogen werden (z. B. Aufsätze, Klassenarbeiten, Projektarbeiten) und von mehreren Lehrkräften im Hinblick auf Qualität und Tiefe des Verständnisses beurteilt werden.

Erhärtet sich aufgrund der zusammengetragenen Informationen der Eindruck, das Kind könne von einem Springen in die nächst höhere Klassenstufe profitieren, findet in einem zweiten Schritt eine formale Erfassung relevanter Daten statt. Hier sollten standardisierte Intelligenz- und Leistungstests zum Einsatz kommen, weiterhin kann das Interessenprofil über standardisierte Interessenstests erhoben werden. Auch die Entwicklung der schulischen Leistungen über einen längeren Zeitraum sollte systematisch (auch rückblickend) betrachtet werden.

Auf Basis der in der informellen und formellen Phase gesammelten Daten soll nun ein Team – bestehend aus der Schulpsychologin bzw. dem Schulpsychologen, der Beratungslehrkraft und den Lehrkräften der abgebenden sowie der aufnehmenden Klasse – eine Empfehlung für oder gegen das Springen bzw. eine alternative Maßnahme aussprechen, wobei folgende Faktoren Berücksichtigung finden müssen:

- die Bedürfnisse der Schülerin bzw. des Schülers,
- die Anforderungen in der höheren Klasse,
- die Akzeptanz der Maßnahme bei Eltern, Lehrkräften und der Schülerin bzw. dem Schüler selbst und
- jedes Anzeichen für eventuelle Schwierigkeiten bei der Bewältigung der Maßnahme.

Piper und Creps (1991) weisen darauf hin, dass auch durch einen so sorgfältigen Entscheidungsprozess Fehlentscheidungen nie gänzlich verhindert werden können. Die

Dynamik, die durch die individuelle Entwicklung der Schülerinnen und Schüler, aber auch durch die Veränderung schulischer Rahmenbedingungen bedingt wird, kann Situationen so verändern, dass sich getroffene Entscheidungen im Nachhinein nicht als optimal erweisen. Daher sollten Entscheidungen immer wieder überprüft werden und möglichst reversibel und flexibel sein. Feldhusen, Proctor und Black (1986) schlagen ein Springen „auf Probe" vor, bei dem die einzelnen Noten nach dem Springen regelmäßig (nicht erst zum Ende des Schuljahres) gesammelt und analysiert werden, um auf Leistungsveränderungen schnell reagieren zu können. Dabei sollte darauf geachtet werden, dass das Kind nicht das Gefühl entwickelt, zu versagen, falls das Springen letztlich nicht durchgeführt wird und das Kind nach der „Probezeit" in die alte Klasse zurückkehrt. Als Hilfestellung für die Sammlung und Bewertung der zusammengetragenen Informationen werden in den USA auch standardisierte Skalen wie die *Iowa Acceleration Scale* (IAS, Assouline, Colangelo, Lupkowski-Shoplik, Lipscomb & Forstadt, 1998) verwendet.

In einem Schulversuch an einer Hannoveraner Grundschule zur integrativen Förderung hochbegabter Kinder (Henze et al., 2005), in dem relativ viele Kinder eine Klasse übersprungen haben, hat sich das folgende Vorgehen bewährt:

- Die Initiative zum Springen kann entweder von den Eltern, vom Kind selbst oder den Lehrkräften des Kindes ausgehen.
- Befürworten alle beteiligten Parteien das Springen, nimmt das Kind zunächst zur Probe am Unterricht der höheren Klasse teil.
- In der Regel dauert der Probeunterricht sechs Wochen (diese Zeit kann aber auch individuell verkürzt oder verlängert werden). In der Probezeit wird das Kind von der aufnehmenden Lehrkraft intensiv betreut. Alle beteiligten Personen (Kind, Lehrkraft, Eltern) reflektieren regelmäßig den Integrationsprozess und nehmen ggf. Änderungen am Lernprozess vor.
- Der endgültigen Entscheidung für das Springen müssen alle beteiligten Personen zustimmen, damit das Kind dauerhaft in die höhere Klasse springen kann. Schließlich muss noch die Klassenkonferenz der aufnehmenden Klasse (in Beratung mit der abgebenden Klasse) das Überspringen beschließen.
- Als günstigster Zeitpunkt für das Springen wird der Halbjahrswechsel angesehen.

Der Ausgangspunkt für den Auswahlprozess kann auch, wie bei Prado und Schiebel (1996) beschrieben, bei der Klassen- oder Zeugniskonferenz liegen. Systematisch kann hier die Möglichkeit des Springens für jeden einzelnen Schüler und jede einzelne Schülerin mit einem hinreichend guten Notenschnitt erörtert werden. Ein entsprechendes Vorgehen wird inzwischen in einigen Bundesländern realisiert.

Zeitpunkt für das Überspringen in der Schullaufbahn

Welche Klassenstufe sich für das Überspringen am besten eignet, ist in der Literatur umstritten. Nach den Ergebnissen der auf amerikanischen Daten beruhenden Metaanalyse von Rogers und Kimpston (1992) sind die größten leistungsbezogenen und sozialen Effekte zu erzielen, wenn in der dritten bis sechsten Klasse gesprungen wird. Im deutschen Schulsystem sind diese Jahrgangsstufen hingegen möglicherweise nicht optimal für das Überspringen geeignet, da in den meisten Bundesländern nach der vierten Klasse ein Wechsel in die weiterführende Schule erfolgt. Aus Deutschland liegen bisher jedoch noch keine systematischen Studien, sondern nur einige dokumentierte Erfahrungswerte vor.

Schulleiterinnen und Schulleiter von Grundschulen, die bereits Erfahrungen mit dem Überspringen gemacht hatten, hielten einen möglichst frühen Zeitpunkt für günstig (bis zum Ende der zweiten Klasse). Und tatsächlich hatten in der niedersächsischen Studie von Heinbokel 80 % der Springerinnen und Springer das Springen bis zum Ende der zweiten Klasse ein Schuljahr übersprungen (Heinbokel, 2000). Weniger erfahrene Kollegen plädierten in der Befragung dagegen eher für einen späteren Zeitpunkt. In Bezug auf das Springen im Gymnasium herrscht dagegen weitgehende Einigkeit unter den in Niedersachsen befragten Schulleitungen, dass die siebte Klasse (in der im Untersuchungszeitraum in Niedersachsen nach der Orientierungsstufe die weiterführende Schule begann) wenig zum Springen geeignet ist und am ehesten die Klassenstufen 8, 9 oder 11 übersprungen werden sollten (Heinbokel, 1996).

Die Klassenstufen 3 bis 6, die in der Metaanalyse von Rogers und Kimpston (1992) als die am besten geeigneten Jahrgänge für das Überspringen eingeschätzt wurden, wurden im Untersuchungszeitraum in Niedersachsen interessanterweise nur selten übersprungen. Dies mag vor allem darauf zurückzuführen sein, dass die Klassenstufen 5 und 6 in Niedersachsen in der Orientierungsstufe angesiedelt waren. In den 1980er Jahren spielten weder das Wiederholen noch das Überspringen einer Klasse in der Orientierungsstufe eine Rolle, da die Kinder sich in dieser Phase in Ruhe orientieren sollten, bevor sie auf die weiterführende Schule wechselten und nach ihren Fähigkeiten auf die unterschiedlichen Schulformen verteilt werden. Nach den Veränderungen der schulrechtlichen Voraussetzungen im Jahr 1995 kam es dann auch in Orientierungsstufen zum Überspringen von Klassen, wenngleich eine erhöhte Skepsis in den Kollegien der Orientierungsstufen gegenüber dem Springen bestehen blieb (Heinbokel, 2004).

Der beste Zeitpunkt zum Überspringen ist zum einen vor allem von den Rahmenbedingungen des jeweiligen Bundeslandes abhängig, diese sind z. B. der Zeitpunkt des Übergangs in die weiterführende Schule und der Beginn der ersten und zweiten Fremdsprache. Zum anderen sprechen die Erfahrungen aber auch dafür, mit dem Überspringen nicht zu lange zu warten. Nur so kann ein Leistungs- und Motivationsabfall und das sich „Einschleichen" ineffektiver Lerngewohnheiten verhindert werden. Heinbokel (1996) empfiehlt auf Basis ihrer Untersuchungen dann zu springen, wenn die Unterforderung deutlich zu Tage tritt. Eine Verschiebung auf einen späteren Zeitpunkt aus grundsätzlichen Überlegungen sei für den Schüler oder die Schülerin demotivierend und fördere nur die Schulmüdigkeit. Es ist stets im Einzelfall abzuwägen, ob ein schnelles Überspringen sinnvoll ist, um die sich bereits abzeichnenden negativen Folgen der chronischen Unterforderung zu vermeiden, oder ob ein schulorganisatorisch günstigerer Zeitpunkt abgewartet werden sollte.

3.4.4   Formen des institutionalisierten Überspringens von Klassen

Neben der Möglichkeit für einzelne Schülerinnen und Schüler eine Klassenstufe allein zu überspringen, wurden in den letzten Jahren Maßnahmen des institutionalisierten Springens entwickelt. Für Schülerinnen und Schüler der Sekundarstufe wurde das *Gruppenspringen* entwickelt und für Kinder der ersten beiden Jahrgangsstufen der Grundschule das Springen im Rahmen der *flexiblen Eingangsstufe*.

Gruppenspringen

In einigen Bundesländern (zurzeit zum Beispiel in Hamburg, Niedersachen und Nordrhein-Westfalen) ist ein so genanntes Gruppenspringen möglich, das vor allem eine Erleichterung des Springens im sozial-emotionalen Bereich verspricht. Dabei springt entweder eine kleine Gruppe in die nächst höhere Klasse oder aber eine gesamte Klasse überspringt eine Klassenstufe. Der große Vorteil des Gruppenspringens besteht darin, dass die Schülerinnen und Schüler die Situation als weniger bedrohlich empfinden, da sie nicht allein springen und in der Klasse keine exponierte Stellung einnehmen. Darüber hinaus können sich die Springerinnen und Springer gegenseitig unterstützen und z. B. den fehlenden Stoff gemeinsam erarbeiten. Springt eine ganze Klasse, kann der Unterricht genau auf die begabte Gruppe zugeschnitten werden. Ein Nachteil des Gruppenspringens besteht jedoch darin, dass das Springen einer ganzen Gruppe einen deutlich höheren organisatorischen Aufwand für die Schule mit sich bringt und in der Regel nur an großen Schulen durchführbar ist. Auch besteht bei der Einführung des Gruppenspringens an einer Schule die Gefahr, dass auch einigen eigentlich nicht geeigneten Schülerinnen und Schülern das Springen empfohlen wird, um die Mindestklassengröße zu erreichen. Kontrollierte empirische Studien über die Auswirkungen des Gruppenspringens stehen derzeit noch aus.

Überspringen der zweiten Klasse im Rahmen der flexiblen, jahrgangsübergreifenden Eingangsstufe

Seit den 1990er Jahren gibt es in den Ländern der Bundesrepublik Deutschland verschiedene Ansatzpunkte, die Schuleingangsphase neu zu gestalten. Ein Element dieser Umgestaltung, das für die Förderung hochbegabter Kinder besonders relevant ist, ist die Einrichtung altersgemischter Lerngruppen aus Kindern der ersten und zweiten Jahrgangsstufe als „flexible Eingangsstufe". Diese flexible Eingangsstufe ermöglicht es den Kindern, das Lernpensum der ersten beiden Schuljahre, je nach Begabung und Leistungsstärke, in nur einem Jahr, in zwei oder in drei Jahren zu absolvieren. Wesentliche Ziele bei der Neugestaltung waren es, die Schuleingangsphase insbesondere für die lernschwachen Schülerinnen und Schüler zu verbessern und einen missglückten Schulstart zu verhindern. Im Weiteren sollte das im Mittel recht hohe Schuleintrittsalter durch eine Verringerung der Zurückstellungsquote und eine Zunahme vorzeitiger Einschulungen gesenkt werden (Einsiedler, 2005). Jedoch kann die Flexibilisierung auch für die Akzeleration besonders begabter und leistungsstarker Kinder genutzt werden.

Begabte Schülerinnen und Schüler können auf diese Weise somit bereits nach dem ersten Schuljahr in die dritte Klasse überwechseln. Diese Form der frühzeitigen Akzeleration stellt wahrscheinlich die Möglichkeit mit den geringsten sozial-emotionalen Belastungen für die entsprechenden Kinder dar. Der Übergang in die nächst höhere Klasse verläuft hier vermutlich besonders sanft und gibt den Kindern mehr Sicherheit, da mehrere Kinder gemeinsam die Klasse wechseln (Carle & Berthold, 2004). Das leistungsstarke Kind wechselt dann bereits nach dem ersten Schuljahr gemeinsam mit den älteren Kindern seiner Stammgruppe, die bereits zwei Jahre in der Eingangsstufe waren, in die dritte Klasse. Auch sind hier weniger negative Reaktionen von Lehrkräften zu erwarten und die Kinder nehmen keinen Sonderstatus ein, wie es beim individuellen Überspringen der zweiten Klasse der Fall wäre. Andererseits dürfte hier auch die intellektuelle Herausforderung etwas geringer sein, da kein so deutlicher Sprung im Lehrstoff bewältigt werden muss.

Die empirische Befundlage zur flexiblen Eingangsstufe ist bislang noch recht spärlich, ebenso generell Forschungsbefunde zu jahrgangsübergreifenden Klassen (Hinz & Sommerfeld, 2004). Übereinstimmend haben verschiedene Studien festgestellt, dass keine oder nur sehr geringe Unterschiede in den schulischen Leistungen der Kinder festzustellen sind, die eine flexible oder die konventionelle Eingangsstufe besucht haben (s. z. B. Rossbach, 1999; Lambrich, 1997). Eine ausführliche wissenschaftliche Begleitung der Neugestaltung der Schuleingangsphase erfolgte in Baden-Württemberg mit dem Schulmodellversuch „Schulanfang auf neuen Wegen" (Engemann, 2000). Dort wurden systematisch verschiedene Modellvarianten erprobt und die kognitiven Fähigkeiten, der Lernstand und die soziale Kompetenz der Schülerinnen und Schüler wurden erhoben. Der vorläufige Abschlussbericht (Arbeitskreis Wissenschaftliche Begleitung „Schulanfang auf neuen Wegen", 2002) gibt jedoch keine Auskunft darüber, wie sich die Verkürzung der Schuleingangsphase auf nur ein Schuljahr für die leistungsstarken Kinder ausgewirkt hat. In Thüringen wurde in einem Modellversuch, der sich an den Ergebnissen aus Baden-Württemberg orientiert, ebenfalls die Neugestaltung der Schuleingangsphase mit flexiblen, jahrgangsgemischten Gruppen erprobt (Carle & Berthold, 2004). Für den Einschulungsjahrgang 2000/2001 berichten Carle und Berthold, dass 8,7 % der Schülerinnen und Schüler drei Jahre in der Eingangsstufe verblieben, jedoch nur 1,2 % bereits nach einem Schuljahr in die Jahrgangsstufe 3 überwechselten. Angesichts dieser geringen Fallzahlen ist das Fehlen differenzierter Analysen zu Auswirkungen des Modells auf leistungsstarke und besonders begabte Kinder zum jetzigen Zeitpunkt nicht verwunderlich.

3.4.5   Fazit und Empfehlungen zum Überspringen von Klassen

Das Überspringen einer Klasse kann intellektuell besonders begabten Schülerinnen und Schülern, die in ihrer Klasse deutlich unterfordert sind, grundsätzlich empfohlen werden. So profitieren besonders begabte Schülerinnen und Schüler vom Überspringen einer (oder auch mehrerer) Klassenstufe(n), da sie dadurch ein Jahr „einsparen", das sie später beispielsweise für einen Auslandsaufenthalt nutzen können. Darüber hinaus wirkt sich das Springen positiv auf ihre Lernmotivation, ihr Selbstwertgefühl und ihre Fähigkeit aus, sich an neue Situationen anzupassen. Das Springen kann ein erster und unter Umständen notwendiger Schritt sein, eine gravierende schulische Unterforderungssituation zu entschärfen. Demgegenüber bestehen die individuellen „Kosten" darin, dass sich die Schülerin oder der Schüler als Quereinsteiger(in) in eine neue Klasse einfinden und eventuell (meist geringfügig) schlechtere Noten in Kauf nehmen muss. Nicht selten zeigen sich Schülerinnen und Schüler wenig motiviert zu springen, da dies für sie bedeutet, Freunde in der alten Klasse zurückzulassen und eventuell Freizeit einzubüßen, um den fehlenden Stoff aufzuholen. Bisher war der Aufwand für ihre guten Noten recht gering, das könnte sich nach dem Springen ändern. Geeignete Schülerinnen und Schüler sollten jedoch zum Springen motiviert werden. Erleben sie im Schulalltag keinerlei Herausforderungen mehr, können sich ineffektive Lerngewohnheiten einstellen, die später (z. B. im Studium) zu Schwierigkeiten führen können. Darüber hinaus zeigen die Studien, dass Springerinnen und Springer in der neuen Klasse in der Regel schnell Anschluss finden und bald wieder zu den Besten der Klasse gehören.

In den Studien zum Überspringen konnten die befürchteten negativen Folgen auf die soziale, kognitive und emotionale Entwicklung von Schülerinnen und Schülern nicht bestätigt werden. Das Wiederholen einer Klasse in Folge eines Überspringens kommt nur sehr selten, in vielen Studien bei keinem der Springerinnen und Springer vor. In einigen Fällen sind mehr oder weniger deutliche Notenabfälle zu beobachten. Dies ist vor allem in der gymnasialen Oberstufe im Hinblick auf den Abiturschnitt zu beachten.

Die oftmals befürchteten negativen Auswirkungen des Springens auf sozialer und emotionaler Ebene können wissenschaftlich nicht bestätigt werden. Es zeigten sich im Gegenteil ausgesprochen positive Effekte auf die Lernmotivation, das Selbstvertrauen sowie die Fähigkeit zur Anpassung an neue soziale Situationen. Heinbokel (1996) vergleicht die Situation der Springerinnen und Springer mit der eines Kindes, das aufgrund eines Umzugs in eine neue Schule und eine neue Klassengemeinschaft wechselt. Um soziale und emotionale Schwierigkeiten nach dem Springen möglichst zu vermeiden, ist es Heinbokel (1996) zufolge entscheidend, dass der Springer oder die Springerin die Fähigkeit mitbringt, auf andere zuzugehen und dass die aufnehmende Klasse durch ein gutes soziales Klima und durch Offenheit gekennzeichnet ist.

Zudem gibt es deutliche Hinweise darauf, dass gerade das Unterlassen des Springens bei entsprechend begabten und motivierten Schülerinnen und Schülern zu Problemen im emotionalen, sozialen und vor allem im Leistungsbereich führen kann. Es sollte somit in jedem Einzelfall jeweils (schul-)psychologisch abgeklärt werden, ob ein Überspringen indiziert ist, wobei alle Vor- und Nachteile sorgfältig abgewogen werden müssen.

Van Tassel-Baska (1992) schlägt vor, dass Akzeleration insbesondere dann in Betracht gezogen werden sollte, wenn im Unterricht wenig neues Wissen präsentiert wird und die Fertigkeiten durch viele Wiederholungen eingeübt werden. Dadurch kann die Situation entstehen, dass begabte Kinder sehr schnell das Lernziel erreichen und dann auf ihre Mitschülerinnen und Mitschüler warten müssen. Entscheidend ist allerdings, dass der betroffene Schüler bzw. die betroffene Schülerin selbst ein Interesse an Akzeleration hat. Er bzw. sie muss verstehen, was die Maßnahme genau bedeutet, welche Anforderungen daraus entstehen können und welche möglichen Nachteile damit verbunden sein können (z. B. Freunde zurückzulassen, mehr Arbeit, größere schulische Herausforderung etc.; Van Tassel-Baska, 1992).

Für ein erfolgreiches Überspringen haben sich verschiedene Faktoren herauskristallisiert, die im Folgenden zusammengefasst werden:

- *Sorgfältige Auswahl möglicher Kandidatinnen und Kandidaten*
  Die intellektuellen Leistungen des Kindes sollten generell im oberen Bereich der aufnehmenden Klasse liegen, vereinzelte Leistungsdefizite (z. B. in einem Fach) können jedoch meist gut kompensiert werden. Zeigt die Schülerin oder der Schüler nur in einem Fach überdurchschnittliche Leistungen, sollte sie oder er nur in diesem Fach akzeleriert werden. Das Kind sollte darüber hinaus auch eine ausgeprägte emotionale Reife, soziale Kompetenz sowie Durchhaltevermögen und Motivation mitbringen. Die Schülerin oder der Schüler sollte nicht unter Druck gesetzt werden, sie oder er muss das Springen auch selbst wollen.

- *Begleitende Unterstützungsangebote*
  Die Springerin bzw. der Springer sollte zum einen Unterstützung durch das Elternhaus, zum anderen Hilfsangebote durch die Schule (z. B. in Form von Beratung oder in Form von speziellen, ggf. schulübergreifenden Unterstützungskursen) erfahren.

- *Fortlaufende Evaluation und ggf. Korrektur der Maßnahme*
  Jedes Springen sollte zunächst „auf Probe" erfolgen. In dieser Zeit ist eine aufmerksame Beobachtung sowohl des sozialen als auch des Leistungsverhaltens der Springerin bzw. des Springers notwendig. Es sollte darauf geachtet werden, dass dabei keine zu hohen Erwartungen an die Schülerin bzw. den Schüler gestellt werden und sie bzw. er nicht das Gefühl entwickelt, zu versagen, falls sich das Springen in der Probezeit als nicht erfolgreich erweist.

- *Ergänzung durch weitere Maßnahmen*
  Das Überspringen sollte bei besonders begabten Schülerinnen und Schülern nicht als ausreichende Fördermaßnahme betrachtet werden. Nicht selten sind sie nach einer kurzen Aufholphase wieder unterfordert. Es sollte daher nach zusätzlichen Förderangeboten gesucht werden, die z. B. das Zusammenkommen mit ähnlich befähigten und interessierten Gleichaltrigen ermöglichen.

- *Information und Aufklärung aller Beteiligten über Auswirkungen des Springens*
  Fortbildungen sollten Lehrkräfte und Schulpsychologinnen und -psychologen dazu befähigen, Schülern wie Eltern ein realistisches Bild des Springens zu vermitteln und sie in ihrer Entscheidungsfindung zu unterstützen. Im Rahmen von Fortbildungsveranstaltungen sollte zudem eine Akzeptanzsteigerung angestrebt werden, da empirisch gezeigt werden konnte, dass der Erfolg des Überspringens in starkem Maße von der Einstellung der aufnehmenden Lehrkraft abhängt.

- *Positive, vorurteilsfreie Einstellung der betroffenen Lehrkräfte gegenüber der Maßnahme*
  Lehrerinnen und Lehrer sollten verstärkt über die positiven Effekte des Springens, aber auch über die möglichen negativen Folgen eines Unterlassens bzw. Zurückhaltens informiert werden. Darüber hinaus sollten die aufnehmenden

Lehrkräfte über besondere Bedürfnisse und Schwächen der Springerin oder des Springers informiert werden.

- *„Normalisierung" des Springens*
  Weiterhin empfehlen sich Maßnahmen, die zu mehr „Normalität" des Springens beitragen und Stigmatisierung und Ausgrenzungen verhindern. In einigen Bundesländern besteht bereits eine schulrechtliche Verpflichtung der Klassenkonferenz, die entsprechenden Leistungen potentiell geeigneter Schüler standardmäßig zu überprüfen und die entsprechenden Schülerinnen und Schüler sowie ihre Eltern auf die Möglichkeit des Springens hinzuweisen.

3.5 Akzeleration ganzer Klassen

Bei dieser Art der Akzeleration werden separate Klassen oder Zweige gebildet, in denen leistungsstarke Schülerinnen und Schüler die Mittel- bzw. teilweise auch die Unterstufe gemeinsam in kürzerer Zeit durchlaufen. In der gymnasialen Oberstufe werden die Sonder- und Regelklassen in der Regel wieder zusammengefügt. Für die Schülerinnen und Schüler der Sonderzweige ergibt sich dadurch eine Verkürzung der Gesamtschulzeit um ein Jahr.

Bereits in den 1970er Jahren wurden in Deutschland versuchsweise vereinzelt so genannte D-Zugklassen eingerichtet, die nach Beendigung der Versuchphase allerdings wieder eingestellt wurden. Aufgrund der zunehmenden Heterogenität der Leistungen in den Gymnasien wurden Anfang der 1990er Jahre die Konzepte der verkürzten Gymnasialzüge wieder aufgenommen (Kaiser, 1997). Von ausführlichen Modellversuchen begleitete akzelerierte Klassen wurden in Rheinland-Pfalz (BE-GYS-Klassen), Baden-Württemberg (G8-Klassen) und Berlin (Schnellläuferklassen) eingeführt. Vor dem Hintergrund der generellen Schulzeitverkürzung von 13 auf 12 Jahre bis zum Abitur, die in den meisten Bundesländern bereits eingeführt wurde bzw. kurz vor der Einführung steht, ist die Zukunft der Sonderzüge ungewiss. In Berlin wurden beispielsweise die „Schnellläuferklassen" in „Superschnellläuferklassen" umgewandelt, in denen die Schülerinnen und Schüler die Möglichkeit haben, das Abitur bereits nach elf Jahren zu absolvieren. Die Befunde der Evaluationsstudien aus den Modellversuchen der letzten Jahre werden dennoch herangezogen, da sie Aufschluss geben können über die Auswirkungen der Verkürzung der Schulzeit (bei Konstanthaltung der Stoffmenge) für einen intellektuell begabten und leistungsstarken Teil der Schülerpopulation.

Im Unterschied zum individuellen Springen hat die Schulzeitverkürzung in Sonderklassen und -zweigen den Vorteil, dass kein Wechsel der sozialen Gruppe erforderlich ist und daher einige mögliche emotionale Belastungen entfallen. Des Weiteren besteht in Sonderklassen und -zweigen die Möglichkeit, den gesamten Unterricht tendenziell zu akzelerieren und anspruchsvoller zu gestalten. Während im Falle des individuellen Springens die begabte Schülerin bzw. der begabte Schüler nicht selten nach einer kurzen Aufholphase schnell wieder unterfordert ist, ist bei den verkürzten Gymnasialzügen davon auszugehen, dass ein insgesamt schnelleres Unterrichtstempo und die spezielle Klassenzusammensetzung den Bedürfnissen der besonders begabten Schülerinnen und Schüler entgegenkommt. Neben der reinen Akzeleration erfolgt somit auch eine Fähigkeitsgruppierung besonders begabter und leistungsstarker Schülerinnen und Schüler (vgl. Abschnitt 2.1).

Den verkürzten Gymnasialzweigen in Rheinland-Pfalz, Baden-Württemberg und Berlin liegen leicht voneinander abweichende Konzepte zugrunde. Im Folgenden werden Untersuchungsergebnisse zu den akzelerierten Sonderklassen der drei Bundesländer vorgestellt.

3.5.1 BEGYS-Klassen in Rheinland-Pfalz

In den 1970er Jahren wurden in Rheinland-Pfalz im Rahmen eines Modellversuchs so genannte D-Zug-Klassen eingerichtet, in denen leistungsstarke Schülerinnen und Schüler gemeinsam die neunte Klasse übersprangen. Zwar waren die Rückmeldungen der Teilnehmerinnen und Teilnehmer damals überwiegend positiv, da jedoch keine wissenschaftliche Begleitforschung erfolgt war, lagen zu diesem Zeitpunkt keine verlässlichen Aussagen über die Effekte der D-Zug-Klassen vor. 1985 begann man in Rheinland-Pfalz erneut mit der Entwicklung mehrerer Varianten der Schulzeitverkürzung der gymnasialen Schulzeit, um die Auswirkungen der Maßnahme wissenschaftlich untersuchen und verschiedene Modelle miteinander vergleichen zu können. Der Modellversuch „*Be*gabtenförderung am *Gy*mnasium mit Verkürzung der *S*chulzeit", BEGYS; Kaiser, 1997) erstreckte sich über die Jahre 1990 bis 1995, und es wurden vier verschiedene Varianten an sechs Gymnasien des Landes erprobt. Insgesamt nahmen 550 Schülerinnen und Schüler in akzelerierten Klassen und 1.704 Schülerinnen und Schüler als Vergleichsgruppe in Regelklassen am Modellversuch teil. In allen Varianten durchliefen die Schülerinnen und Schüler der BEGYS- bzw. Projekt-Klassen eine um ein Jahr verkürzte Unter- oder Mittelstufe. In der Oberstufe (spätestens ab Klasse 12) wurden die Sonderklassen wieder aufgelöst und in die reguläre Jahrgangsstufe integriert. Die Modellvarianten unterschieden sich darin, welche Jahrgangsstufen die BEGYS-Klassen umfassten (Jahrgangsstufen 5 bis 10, 7 bis 10 oder 8 bis 11) bzw. welche Klasse übersprungen wurde (Jahrgangsstufe 6 oder 9).

Im Mittel besuchten 24,4 % aller Schülerinnen und Schüler eines Jahrgangs der teilnehmenden Schulen eine BEGYS-Klasse. Über die Empfehlung für den Besuch des Sonderzweiges für den einzelnen Schüler oder die einzelne Schülerin wurde im Rahmen einer Klassenkonferenz entschieden. Auswahlkriterien waren eine entsprechende Leistungsfähigkeit und ein ausgeprägter Leistungswille. Für eine Aufnahme in die BEGYS-Klasse war zusätzlich zur Empfehlung durch die Klassenkonferenz die Zustimmung der Eltern erforderlich.

Zusammensetzung der BEGYS- und der Regelklassen

Die Schülerinnen und Schüler in Regel- und BEGYS-Klassen unterschieden sich nicht in ihrer mittleren Intelligenz voneinander, denn auch in den Regelklassen wiesen viele Schülerinnen und Schüler eine hohe bis sehr hohe Intelligenz auf. Dies ist zum einen darauf zurückzuführen, dass nicht alle besonders intelligenten Schülerinnen und Schüler von der Klassenkonferenz nominiert worden waren, und zum anderen darauf, dass nicht alle Nominierten zum Besuch der BEGYS-Klasse bereit waren. Etwa ein Drittel der Schülerinnen und Schüler der BEGYS-Klassen lagen mit einem IQ unter 115 sogar nur im durchschnittlichen Intelligenzbereich. Diese Befunde zeigen jedoch auch, dass die durch die Klassenkonferenz ausgesprochenen Empfehlungen im Hinblick auf eine Förderung der intellektuell Begabten weder wirklich effektiv noch effizient waren (vgl. Abschnitt 5.4.3). Ein Rückgriff auf Intelligenztests zur Unterstützung der Entscheidung für den Besuch einer verkürzten Klasse erscheint vor dem Hintergrund dieser Erfahrungen sinnvoll.

Auswirkungen der BEGYS-Klassen

Alle am Modellversuch beteiligten Schülerinnen und Schüler, Eltern und Lehrkräfte schätzten die Begabtenförderung in Form von BEGYS-Klassen generell als positiv ein. Die Schülerinnen und Schüler der BEGYS-Klassen zeigten mehr Spaß an der Schule, waren zufriedener mit ihren Noten und tendenziell auch mit ihren eigenen Leistungen. Mit dem akzelerierten Unterricht verbanden sie keinen besonderen Leistungsdruck. Darüber hinaus zeigten sie sich im Vergleich zu den Regelschülerinnen und -schülern als weniger prüfungsängstlich.

Auffallend war, dass die Schülerinnen und Schüler der BEGYS-Klassen ein überdurchschnittliches außerunterrichtliches Engagement in der Schule zeigten, sie waren beispielsweise in allen Modellschulen in der Schülervertretung aktiv. Bei der Befragung der beiden Schülergruppen (Regelklassen und BEGYS-Klassen) nach ihrer Wahrnehmung der jeweils anderen Gruppe gaben die BEGYS-Schülerinnen und -schüler an, die Schülerinnen und Schüler der Regelklassen würden sich ihnen gegenüber eher neutral, entspannt und unangestrengt verhalten. Sie würden weder Bewunderung noch eine aversive Einstellung ihnen gegenüber zeigen. Die Schülerinnen und Schüler der Regelklassen nahmen den BEGYS-Schülern gegenüber hingegen eine stärker ambivalente Haltung ein. Einerseits sprachen sie ihnen eine arrogante Einstellung zu, andererseits betonten sie jedoch auch die Kooperations- und Kommunikationsbereitschaft der anderen (Kaiser, 1997). Im Abschlussbericht des Modellversuchs wird hervorgehoben, dass an den beteiligten Schulen keine befürchtete „Zweiklassengesellschaft" entstand. Weder entwickelten sich die BEGYS-Klassen zu „elitären Zirkeln", noch wurden die Regelklassen zu deutlich schwächeren „Restklassen" (Kaiser, 1997).

Situation in der gymnasialen Oberstufe

In der gymnasialen Oberstufe fand eine Nachfolgeuntersuchung aller am Modellversuch beteiligten Schülerinnen und Schüler statt (Kaiser, 1997). Dabei zeigte sich, dass die BEGYS-Schülerinnen und -Schüler den Übergang in die Oberstufe relativ leicht bewältigt hatten. So wurden weder Probleme im intellektuellen noch im sozialem Bereich gefunden. Auch in der gymnasialen Oberstufe zeigten die ehemaligen BEGYS-Schülerinnen und -Schüler wieder gute Leistungen. Defizite im Lehrstoff konnten nicht nachgewiesen werden. Stattdessen zeigten die Absolventinnen und Absolventen der BEGYS-Klassen ein besonderes Bewusstsein für die eigenen Wissenslücken sowie eine erhöhte Bereitschaft, Leistungen über das normale Unter-

richtsangebot hinaus zu erbringen. Auch zeichneten sie sich durch besonders ausgeprägte Fähigkeiten zum selbständigen Lernen und Arbeiten aus.

Fazit zu den BEGYS-Klassen

Die Ergebnisse des Modellversuchs zeigen somit, dass rund 20 bis 25 % eines Gymnasialjahrgangs in der Lage sind, das Gymnasium in kürzerer Zeit zu durchlaufen,
ohne dass dies einen Leistungsabfall zur Folge hat. Dabei konnten für die verschiedenen Modellvarianten, die darin variierten, welche Jahrgangstufen sie umfassten
bzw. welche Klassenstufe übersprungen wurde, keine bedeutsamen Unterschiede
festgestellt werden. Aus empirischen Gründen kann daher kein Modelltyp eindeutig
favorisiert werden. Die Entscheidung darüber welche Modellvariante eingeführt
wird, ist daher eher von bildungspolitischen Überlegungen abhängig zu machen.
Aufgrund der nachgewiesenen positiven Effekte der BEGYS-Klassen wurden sie in
der Folgezeit auch in weiteren Gymnasien in Rheinland-Pfalz eingerichtet.

3.5.2   G8-Klassen in Baden-Württemberg

Zu Beginn des Schuljahres 1991/1992 begann in Baden-Württemberg ein Schulmodellversuch zur Schulzeitverkürzung, bei dem vier baden-württembergische Gymnasien ihr Unterrichtsangebot um einen achtjährigen Bildungsgang, kurz G8 genannt,
erweiterten. Strukturell wurde damit ein separater gymnasialer Zweig eingerichtet,
der leistungsfähigen Schülerinnen und Schülern die Möglichkeit bot, durch eine
Komprimierung des Stoffs der Jahrgangsstufen 5 bis 11 auf die Jahrgänge 5 bis 10
das Abitur bereits nach 12 Jahren (statt nach 13 Jahren) abzulegen. Formal wurde
damit die elfte Klasse übersprungen, bevor die Schülerinnen und Schüler des G8-
Zweigs zu Beginn der zwölften Klasse wieder in den G9-Zweig integriert wurden.
Am Ende der 13. Jahrgangsstufe absolvierten somit G8- und G9 Schülerinnen und
Schüler die gleiche Abiturprüfung.

  Dieses Angebot richtete sich an besonders leistungsfähige Schülerinnen und
Schüler, die von ihren Eltern für den G8-Zweig angemeldet werden konnten. Voraussetzung für die Aufnahme war eine besondere intellektuelle Befähigung und eine
hohe Leistungsmotivation sowie ein günstiges Lern- und Arbeitsverhalten. Über die
Zulassung zum G8-Zweig wurde anhand eines Gutachtens der Grundschule, Informationen aus Gesprächen mit den Eltern und dem Kind selbst sowie kleinerer Arbeitsproben des Kindes entschieden. Die Intelligenz der Schülerinnen und Schüler
wurde zwar im Verlauf des Modellversuchs erhoben, jedoch nicht für die Aufnahme-
entscheidung herangezogen. Für die aufgenommenen Schülerinnen und Schüler begann mit Beginn der fünften Klasse das schulische Förderprogramm (Reimann &
Heller, 2004).

  Das G8-Programm wurde nach der Modellphase weitergeführt und erweitert, so
dass schließlich an 82 Gymnasien in Baden-Württemberg G8-Zweige eingerichtet
wurden. Gleichzeitig fanden einige Modifikationen des Programms statt (z. B. Ände-
rung der Aufnahmeprozedur, Abschaffung der ursprünglich erhöhten Anzahl an
Leistungskursen für Schülerinnen und Schüler im G8-Zweig). Ab dem Schuljahr

2004/2005 wurde das achtjährige Gymnasium in Baden-Württemberg flächendeckend für alle Schülerinnen und Schüler eingeführt. Dennoch wird die ausführliche Evaluation dieses Modellversuchs im Folgenden berichtet, da sie aufzeigt, wie sich eine Verkürzung der Schulzeit in Sonderklassen (bei gleicher Stoffmenge) auf eine intellektuell begabte und leistungsstarke Schülergruppe auswirkt.

Die Evaluationsstudie erstreckte sich über den Zeitraum von 1992 bis 2001 und umfasste insgesamt zehn Untersuchungswellen. Die kompletten ersten drei G8-Einschulungsjahrgänge an den vier Gymnasien ($N = 117$) wurden jährlich untersucht. Zu beachten ist, dass den 117 Schülerinnen und Schülern, die den G8-Zweig erfolgreich mit dem Abitur abschlossen, 115 Schülerinnen und Schüler gegenüber stehen, die den Sonderzweig vor dem Abschluss verließen. Heller und Reimann (2002) gehen aufgrund einer ausführlichen Rekonstruktion der Abgänge allerdings davon aus, dass in 70 % der Fälle keine leistungsbezogenen Gründe vorlagen (z. B. ein Wohnortwechsel). Ergänzt wurde die Studie durch Kontrollstichproben an zwei neunjährigen Regelgymnasien, die keine verkürzten Klassen anboten ($N = 59$-64, je nach Jahrgangsstufe).

Auswirkungen des G8-Zweigs

Das zentrale Untersuchungsziel der Studie war die Erfassung der Begabungs- und Leistungsentwicklung der Schülerinnen und Schüler. Es zeigte sich, dass die Schülerinnen und Schüler des G8-Zweigs den Schülerinnen und Schülern im G9-Zweig in ihren kognitiven Fähigkeiten überlegen waren. Der Vorsprung der G8-Gruppe von einer halben Standardabweichung zu Beginn weitete sich in der zweiten Hälfte der Gymnasialzeit auf eine ganze Standardabweichung aus. Dieser Unterschied entspricht im direkten Leistungsvergleich etwa einer ganzen Note.

Eine günstigere Entwicklung im G8-Bereich konnte auch für motivationale Aspekte gefunden werden. Diese bestand darin, dass die negative Entwicklung der Motivation, die im G9-Zweig festgestellt wurde, im G8-Zweig nicht auftrat. Auch zeigten die Schülerinnen und Schüler des G8-Zweigs zu keiner Zeit auffallende emotionale Probleme. Im Gegenteil verringerte sich ihre über Fragebogen gemessene Angst über die Schuljahre hinweg sogar teilweise, selbst bei der potentiell belastenden Zusammenführung mit den G9-Klassen in der Oberstufe war kein Anstieg der Angst zu verzeichnen. Im Vergleich zu den Schülerinnen und Schülern der G9-Klassen zeigten die G8-Schülerinnen und -Schüler sowohl eine höhere schulische Selbstwirksamkeit und ein höheres akademisches Selbstkonzept als auch ein günstigeres Attributionsverhalten. So führten sie schulische Erfolge oder Misserfolge deutlich weniger auf externale Einflussfaktoren zurück als die Schülerinnen und Schüler der G9-Klassen. Keine Unterschiede zwischen den beiden Schülergruppen konnten in Bezug auf das Lern- und Arbeitsverhalten sowie die Entwicklung sozialer Kompetenzen, die in beiden Fällen positiv verlief, gefunden werden (Reimann & Heller, 2004).

Am Ende der Gymnasialzeit besaßen die G8-Schülerinnen und -Schüler ein höheres Selbstvertrauen, eine größere Veränderungsbereitschaft sowie eine stärkere innere Ausgeglichenheit als die Schülerinnen und Schüler der G9-Klassen. Darüber hinaus zeigten sie einen offensichtlichen Leistungsvorsprung, sichtbar in Form von besseren Zensuren, der zu Beginn lediglich in einigen, nun aber in allen Fächern deutlich wurde. Auch bei der Integration der G8-Schülerinnen und -Schüler in das G9-System war trotz bereits besserer Bewertung nochmals ein Notenanstieg bei ihnen zu verzeichnen. Reimann und Heller (2004) führen dies auf einen Referenzrahmeneffekt zurück, da nun nicht mehr nur die G8-Gruppe, sondern die zusammengefasste und somit durchschnittlich etwas leistungsschwächere G8/G9-Gruppe als Vergleichsmaßstab herangezogen wurde. Im Abiturzeugnis lagen die G8-Schülerinnen und -Schüler durchschnittlich eine dreiviertel Standardabweichung über dem G9-Notenmittelwert, obwohl sie im Schnitt ein Jahr jünger waren und ein Schuljahr weniger absolviert hatten.

Insgesamt konnten die Autoren also keine negativen Effekte des G8-Zweiges aufzeigen. Eher im Gegenteil scheint diese Art der Schulzeitverkürzung den Bedürfnissen und Fähigkeiten begabter Schülerinnen und Schüler sowohl auf der motivationalen und emotionalen als auch auf der Leistungsebene zu entsprechen.

In die Längsschnittstudie wurden als Kontrollpersonen neben den Schülerinnen und Schülern neunjähriger Regelgymnasien auch besonders begabte Schülerinnen und Schüler mit einbezogen, die für den G8-Zweig zwar geeignet gewesen wären, sich jedoch gegen den G8-Besuch und für das reguläre neunjährige Gymnasium entschieden hatten (als „Extra-Schülerinnen und -Schüler" bezeichnet). Die Ergebnisse zeigen, dass die Extra-Schülerinnen und -Schüler ein geringfügig negativeres Selbstkonzept aufwiesen, sich stärker stigmatisiert fühlten und weniger erfolgszuversichtlich waren als ihre vergleichbar begabten Mitschülerinnen und Mitschüler aus den G8-Klassen. Darüber hinaus empfanden sie sich als weniger attraktiv, was als Indikator für ein geringer ausgeprägtes Selbstwertgefühl angesehen werden kann (Heller & Rindermann, 1997). Während Heller und Rindermann (1999) die Persönlichkeitsentwicklung der Schülerinnen und Schüler sowohl des G8- als auch des G9-Zweigs insgesamt als positiv bewerten, zeigten sich für die Extra-Schülerinnen und -Schüler etwas ungünstigere Ergebnisse.

Bewertungen durch Eltern und Lehrkräfte

Die meisten Eltern der G8-Schülerinnen und -Schüler waren insgesamt sehr zufrieden mit dem G8-Zweig und würden ihr Kind – erneut vor die Wahl gestellt – wieder dort anmelden. Der größte Teil der Eltern schätzte die Entwicklung des eigenen Kindes im G8-Zweig als unproblematisch ein. Die Verkürzung der Schulzeit wurde aufgrund der erhöhten Anforderungen und der Möglichkeit einer besseren Förderung der Kinder als ein positiver Einflussfaktor auf die Entwicklung gesehen. Als belastend empfanden die Eltern allerdings die zum Teil negativen Reaktionen der Öffentlichkeit, die dem Schulversuch gegenüber häufig als voreingenommen wahrgenommen wurde. Viele Eltern äußerten den Wunsch nach einer verstärkten Aufklärungs- und Öffentlichkeitsarbeit, um dem immer noch verbreiteten Elitevorwurf mehr entgegenzusetzen.

Auch die beteiligten Lehrkräfte zeigten sich sehr zufrieden mit dem G8-Zweig. Als besonders positiv erlebten sie die hohe Motivation und die überdurchschnittlichen Fähigkeiten der Schülerinnen und Schüler und das relativ seltene Auftreten von Disziplinproblemen. Insgesamt positiv fiel auch die Bewertung der intellektuellen, emotionalen und sozialen Entwicklung sowie der Leistungsentwicklung der Schülerinnen und Schüler aus. Lediglich einen Teil der Schülerinnen und Schüler in den G8-Klassen nahmen die Lehrerinnen und Lehrer als problematisch und nicht ausreichend motiviert wahr. Sie empfohlen daher, bei der Auswahl der Schülerinnen und Schüler für den G8-Zweig zusätzlich auch deren Arbeitshaltung, Interesse und Belastbarkeit zu berücksichtigen.

Eignung für den G8-Zweig

Aufgrund der erhobenen Daten kommen Heller und Rindermann (1997) zu dem Schluss, dass zu Beginn der gymnasialen Laufbahn etwa 20 % Schülerinnen und Schüler der Gesamtpopulation für den Besuch des G8-Zweigs geeignet sind. In den höheren Klassen verringert sich die Quote, da ein Übertritt mit zunehmender Verweildauer im G9-Zweig immer schwieriger wird. Als wesentliche Kriterien für eine Aufnahme nennen Heller und Rindermann (1997) folgende drei Faktoren:

- eine überdurchschnittliche Intelligenz,
- keine stark überdurchschnittliche Schulunlust oder Prüfungsängstlichkeit,
- keine stark unterdurchschnittlichen Schulnoten.

3.5.3 Schnellläuferklassen in Berlin

Im Rahmen des Berliner Schulversuchs „Individualisierung des Gymnasialen Bildungsgangs" (auch „Expressabitur") wurde leistungsstarken und leistungsbereiten Schülerinnen und Schülern in Berlin die Möglichkeit gegeben, das Gymnasium in verkürzter Zeit zu durchlaufen und das Abitur somit bereits nach 12 (statt 13) Jahren abzulegen. An dem Schulversuch waren insgesamt sechs Berliner Gymnasien beteiligt, die ersten drei wurden bereits zum Schuljahr 1993/1994, drei weitere zu Beginn des Schuljahres 1996/1997 mit einer Schnellläufer- bzw. Expressklasse ausgestattet. Die Schnellläuferklassen begannen als Klasse 5, ein für Berlin untypischer Startzeitpunkt, da die Grundschule hier in der Regel die ersten sechs Schuljahre umfasst. In den Schnellläuferklassen wurde formal die achte Klasse übersprungen, indem in den Klassen 5 bis 7 Stoff vorgearbeitet und in den Klassen 9 bis 10 nachgearbeitet wurde.

Seit dem Schuljahr 1997/1998 wurde der Schulversuch, der eine Akzeleration bei sonst gleichen curricularen Vorgaben und Anforderungen wie in den Regelschulen umsetzt, wissenschaftlich begleitet. Ziel der Untersuchung war zum einen ein Vergleich des Leistungsstandards in den Schnellläufer- und Regelklassen im Hinblick auf ausgewählte Fächer, zum anderen eine Untersuchung der Akzeptanz des verkürzten Bildungsgangs bei allen betroffenen Personengruppen (Schülerinnen und Schüler, Eltern, Lehrkräfte, Schulleitung sowie interessierte Öffentlichkeit). Die Begleitforschung wurde an der Freien Universität Berlin durchgeführt und bezog sich daher auf folgende vier Themenkomplexe (Zydatiß, 1999):

1. Evaluierung des Auswahlverfahrens,
2. Untersuchung von Lernzuwachs und Leistungsentwicklung in den Fächern Mathematik, Deutsch und Englisch,

3. Erwartung und Einschätzung von Eltern und Lehrkräften und
4. Subjektives Erleben der Schülerinnen und Schüler.

Aus der Begleitforschung abgeleitete Empfehlungen zum Auswahlverfahren

Die Auswahl der Schülerinnen und Schüler erfolgte zum einen auf der Grundlage der vorliegenden Grundschulnoten (die Notensumme in den Lernbereichen Mathematik, Deutsch und Sachkunde sollte ≤ 6 betragen), zum anderen wurden die Empfehlungen der Grundschule herangezogen. Gab es mehr Bewerberinnen und Bewerber als zu vergebende Plätze (was häufig der Fall war), entschied das Los über die Aufnahme. Da die Schulleitungen sowohl die Notensumme als auch die Grundschulempfehlungen als wenig aussagekräftig einschätzten, gingen sie im weiteren Verlauf dazu über, sich im Rahmen eines persönlichen Gesprächs von etwa 20 bis 30 Minuten einen persönlichen Eindruck von der Eignung des jeweiligen Kindes zu bilden. Das Auswahlverfahren wurde in der Folgezeit von mehreren Seiten kritisiert, insbesondere die Eltern empfanden das Losverfahren als ungerecht. Nach Meinung der Eltern sollten zuerst die leistungsstärksten Schülerinnen und Schüler berücksichtigt werden und es sollten ausreichende Kapazitäten für geeignete Interessenten geschaffen werden. Im Rahmen der Evaluationsstudie wurde empfohlen, die Schülerauswahl durch den Einsatz von kognitiven Fähigkeitstests, standardisierten Verfahren zur Erfassung des Lern- und Arbeitsverhaltens und von differenzierten Beurteilungsbögen in den Grundschulen stärker zu objektivieren (Zydatiß, 1999).

Lernzuwachs und Leistungsentwicklung in den Schnellläuferklassen

In den drei Hauptfächern Deutsch, Mathematik und Englisch wurden schulinterne Vergleichstests in den Regel- und Schnellläuferklassen durchgeführt. Die Ergebnisse lassen sich wie folgt zusammenfassen:

- *Im Fach Deutsch* umfasste der Leistungstest die Bereiche Rechtschreibung, Zeichensetzung und Grammatik. Die mittlere Leistung der Schülerinnen und Schüler der Schnellläuferklassen lag deutlich über den Leistungen der Regelklassen. Das Gleiche galt für den Notendurchschnitt im Fach Deutsch.
- *Im Fach Mathematik* wurde eine umfangreiche Testbatterie mit Aufgaben zur Bruch- und Dezimalrechnung, Sachrechnung, Geometrie und Algebra eingesetzt. Im Testergebnis zeigten die Schülerinnen und Schüler der Schnellläuferklassen in der Jahrgangsstufe 9 signifikant bessere Leistungen als die Regelschülerinnen und -schüler. Bemerkenswerterweise ist dies vor allem auf die Leistungen der Mädchen in den Schnellläuferklassen zurückzuführen, die sich – im Gegensatz zu den Jungen, bei denen keine Unterschiede zwischen den beiden Klassenformen gefunden wurden – deutlich positiv von den Mädchen in den Regelklassen abhoben. Ein Vergleich der Schnellläuferklassen der Jahrgangsstufe 6 mit den Regelklassen der Jahrgangsstufe 7 durch ein standardisiertes Verfahren zur Erfassung der Fähigkeiten im Bereich Dezimal- und Bruchrechnung (BDT 6) erbrachte keine signifikanten Unterschiede zwischen den Klassenformen, jedoch zwischen den einzelnen Schulen. Teilweise zeigten hier die Schülerinnen und Schüler in den

erst im Schuljahr 1996/97 eingerichteten Schnellläuferklassen sogar schlechtere Leistungen. Eine mögliche Ursache liegt nach Zydatiß (1999) vor allem in der suboptimalen Auswahlpraxis der Schulen, bei der auch Schülerinnen und Schüler mit lediglich durchschnittlichen Fähigkeiten aufgenommen worden waren. Dies zeigt wiederum, dass eine Akzeleration nur für wirklich leistungsstarke und motivierte Schülerinnen und Schüler eine sinnvolle Maßnahme darstellt.

* *Im Fach Englisch* erfolgte ein Vergleich der Expressklassen der Jahrgangsstufe 9 mit den Regelklassen der Jahrgangsstufe 9 anhand eines Leistungstests zum Wortschatz und zur Grammatik, eines Sprachfähigkeitstests und eines kommunikativen Tests, der die Gesprächskompetenz in einem Rollenspiel überprüfte. Im Sprachfähigkeitstest zeigten die Schülerinnen und Schüler in den Schnellläuferklassen deutlich bessere Leistungen als die Schülerinnen und Schüler der Regelklassen. Auch die Vokabelkenntnisse waren in den Schnellläuferklassen tendenziell etwas besser. Keine Unterschiede zwischen beiden Gruppen wurden für grammatikalische Leistungen und mündliche Kompetenzen gefunden.

Insgesamt zeigten die Schülerinnen und Schüler der Schnellläuferklassen überwiegend bessere Leistungen als die Schülerinnen und Schüler der Regelklassen. Dieser Befund war aufgrund der Auswahl der Schülerinnen und Schüler für die Schnellläuferklassen auf der Basis von Noten und Empfehlungen auch zu erwarten. Erst die Einbeziehung von gleichermaßen befähigten, aber nicht akzelerierten Schülerinnen und Schülern in den Schulversuch würde Aufschluss über die Auswirkungen der Akzeleration auf die Schulleistung geben.

Erwartungen und Einschätzungen der Eltern und Lehrkräfte

Die meisten Eltern berichteten, ihr Kind für die Schnellläuferklasse angemeldet zu haben, um eine möglichst optimale Förderung der Lernmotivation und der Leistungsfähigkeit sowie der gesamten Persönlichkeitsentwicklung ihres Kindes zu gewährleisten. Nicht selten war das Motiv aber auch eine Art „Grundschulflucht", da die Schnellläuferklassen bereits in der fünften Jahrgangsstufe beginnen und das Kind daher die Berliner sechsjährige Grundschule bereits nach der vierten Klasse verlassen konnte (Zydatiß, 1999). Mit dem Schulwechsel verbunden war häufig auch die Hoffnung der Eltern, dass ihr Kind in einer Gemeinschaft von Schülerinnen und Schülern mit ähnlichen Interessen leichter soziale Kontakte knüpfen könnte. Dafür waren die Eltern auch bereit, etwas schlechtere Noten als in der Grundschulzeit zu akzeptieren. In 45 % der Familien waren die Kinder an der Entscheidung für einen Wechsel in die Schnellläuferklasse beteiligt.

Die 70 am Schulversuch beteiligten Klassen- und Fachlehrkräfte wurden ebenfalls zu ihren Erwartungen und Einschätzungen befragt. Fast alle sahen den Hauptgrund für den Erfolg des Schulversuchs in der überdurchschnittlich ausgeprägten Leistungsbereitschaft der Schülerinnen und Schüler in den Schnellläuferklassen. Das Sozialklima in den Schnellläuferklassen beschrieben sie als normal, sie erlebten dort weder einen besonderen Konkurrenzdruck noch eine stärker ausgeprägte Kooperationsbereitschaft unter den Schülerinnen und Schülern. Als besondere Herausforderung empfanden sie die Ansprüche, die die Schülerinnen und Schüler der Schnellläuferklassen an den Unterricht stellten. Nach Aussagen der Lehrkräfte erwarteten sie eine flexiblere Unterrichtsgestaltung sowie Möglichkeiten zu eigenständigem Arbeiten.

Subjektives Erleben der Schülerinnen und Schüler in den Schnellläuferklassen

Die Hauptgründe, warum die die Kinder in die Schnellläuferklasse wechseln wollten, waren Langeweile in der Grundschule, ein schlechter Kontakt zu den Mitschülerinnen und Mitschülern und ein gewisser Außenseiterstatus.Die Schülerinnen und Schüler waren in hohem Maße mit den Schnellläuferklassen zufrieden. Von ca. 500 befragten Schülerinnen und Schülern zeigten 80 % der Schülerinnen und Schüler keinerlei Tendenzen, die Klasse verlassen zu wollen. Knapp 60 % fühlten sich überhaupt nicht und nur 2 % generell überfordert. Insgesamt sahen sie sich keinem übermäßigen Zeit- oder Leistungsdruck ausgesetzt. Nahezu Dreiviertel berichteten, nach dem Eintritt in die Schnellläuferklassen nicht auf Freizeitaktivitäten verzichtet haben zu müssen. Auch mit dem Sozialklima in den Klassen waren die meisten Schülerinnen und Schüler sehr zufrieden (Zydatiß, 1999).

Als Fazit lässt sich somit festhalten, dass die Schnellläuferklassen in Berlin von allen beteiligten Gruppen überwiegend positiv beurteilt wurden. Die Leistungen der Schnellläuferklassen lagen in den Fächern Deutsch, Mathematik und Englisch deutlich über denen der Regelklassen, es fehlt jedoch der Vergleich mit ebenfalls begabten, aber nicht akzelerierten Schülerinnen und Schülern. Soziale oder emotionale Schwierigkeiten traten kaum auf. Verbesserungswürdig erschien jedoch das Auswahlverfahren; anstelle eines Losentscheids sollte bei schulischen Förderprogrammen verstärkt auf diagnostische Verfahren gesetzt werden.

3.5.4   Fazit und Empfehlungen zur Akzeleration ganzer Klassen

Zusammenfassend zeigen alle drei Untersuchungen überwiegend positive Effekte der verkürzten Gymnasialzweige. Die Modellversuche in Baden-Württemberg und Rheinland-Pfalz haben gezeigt, dass ca. 20 bis 25 % der Gymnasialpopulation in der Lage sind, das Gymnasium ein Jahr schneller zu durchlaufen, ohne dabei auf intellektueller, sozialer oder emotionaler Ebene Schaden zu nehmen. Obwohl sie in der Oberstufe ein Jahr jünger sind als ihre Mitschülerinnen und Mitschüler, liegen ihre Leistungen in einem vergleichbaren, teilweise sogar besseren Bereich. Die Zusammenfassung von begabten Schülerinnen und Schülern in speziellen akzelerierten Klassen kann somit als effektive Fördermaßnahme verstanden werden. Bemerkenswert sind die positiven Ergebnisse vor allem vor dem Hintergrund, dass die Autoren aller drei Studien einräumen, die Auswahlverfahren seien durchaus noch verbesserungswürdig. Effektive und effiziente Auswahlprozeduren für akzelerierte Klassen sind unbedingt notwendig, da gezeigt werden konnte, dass für nicht überdurchschnittlich befähigte oder leistungsbereite Schülerinnen und Schüler die verkürzten Zweige eine suboptimale Unterrichtsform darstellen, in der diese Schülergruppe zum Teil schlechtere Leistungen als in Regelklassen erbringt.

Ein Übergang von einer akzelerierten Klasse in eine reguläre Gymnasialklasse sollte stets relativ problemlos möglich sein. Daher empfiehlt es sich, an einer Schule nicht alle Klassen zu verkürzen, damit Schülerinnen und Schüler, die mit der Akzeleration überfordert sind, nur in die Parallelklasse und nicht auf eine andere Schule wechseln müssen. Neben der Akzeleration sollte das Curriculum in den verkürzten Zweigen auch didaktisch und methodisch auf die Bedürfnisse besonders begabter Schülerinnen und Schüler abgestimmt werden. So sollten verstärkt Möglichkeiten zum selbstständigen Arbeiten und Lernen angeboten werden und es sollte darauf geachtet werden, Aufgaben zu stellen, die anspruchvollere kognitive Leistungen erfordern.

Vor dem Hintergrund, dass in den meisten deutschen Bundesländern das Abitur nach zwölf Schuljahren bereits eingeführt wurde bzw. kurz vor der Einführung steht, verlieren die akzelerierten Zweige in der alten Form zunächst ihre Bedeutung. Es ist allerdings zu erwarten, dass überdurchschnittlich begabte Schülerinnen und Schüler auch in den regulär verkürzten Gymnasien unterfordert sein werden. Ob eine auf elf Jahre verkürzte Schulzeit – wie in Berlin mit den „Superschnellläuferklassen" eingerichtet – eine effektive Fördermaßnahme für besonders Begabte darstellt, kann aufgrund des aktuellen Forschungsstandes noch nicht beurteilt werden.

4 Enrichment

Der Begriff Enrichment umfasst eine Vielzahl von Maßnahmen, von der Bearbeitung vertiefender Lernmaterialien innerhalb des regulären Unterrichts bis hin zu mehrwöchigen Sommerkursen und Schülerakademien. Allen gemeinsam ist das Ziel, den regulären Unterricht durch inhaltlich und methodisch-didaktisch angereicherte Lernangebote zu ergänzen. Dies geschieht durch eine Vertiefung der im Curriculum enthaltenen Themen oder durch eine Bearbeitung von Inhalten, die über den normalen Lehrplan hinausgehen. Dabei werden nur solche Maßnahmen als Enrichment bezeichnet, die einen Beitrag zur emotionalen, persönlichen und oder intellektuellen Entwicklung eines Kindes liefern (Heinbokel, 1996). Von Enrichmentmaßnahmen abgegrenzt werden können solche Maßnahmen, die nur dazu dienen, die schneller arbeitenden Schülerinnen und Schüler in der verbleibenden Zeit, während der Rest der Klasse noch das aktuelle Unterrichtsmaterial bearbeitet, mit Routinearbeiten zu beschäftigen.

Förderprogramme für Hochbegabte basieren häufig auf expliziten Enrichmentmodellen, dennoch ist die Anzahl systematischer Evaluationsstudien weitaus geringer als es für Akzelerationsmaßnahmen der Fall ist. Viele Programme sind bisher nicht ausreichend oder gar nicht evaluiert worden. Hinzu kommt, dass die wenigen evaluierten Maßnahmen sehr heterogen sind. Eine zusammenfassende Aussage über die Effektivität von Enrichmentmaßnahmen ist daher schwierig.

In diesem Kapitel werden daher zunächst allgemeine Aspekte von Enrichment sowie maßnahmenübergreifende Befunde zu Enrichmentmaßnahmen aus vorwiegend amerikanischen Evaluationsstudien vorgestellt. Anschließend gehen wir auf Pull-out-Programme ein, eine Enrichmentmaßnahme, zu der Befunde aus den USA und aus Israel vorliegen. Daran schließt sich die Darstellung und Diskussion von Maßnahmen an, welche in Deutschland angeboten werden und zu denen Evaluationsdaten vorliegen. Es handelt sich hierbei um Schülerakademien, Arbeitsgemeinschaften und Schülerwettbewerbe.

4.1 Maßnahmenübergreifende Evaluationsbefunde zu Enrichment

Nicht jede begabte Schülerin und nicht jeder begabte Schüler wird in gleichem Maße von einem bestimmten Förderangebot profitieren. Beim Angebot von Fördermaßnamen ist es wichtig, innerhalb der Gruppe der Begabten zu differenzieren. Ein zentraler erfolgsrelevanter Faktor ist hier eine möglichst optimale Passung zwischen den Interessen und Fähigkeiten der Schülerin bzw. des Schülers einerseits und der Fördermaßnahme andererseits. So mag zum Beispiel eine akzelerierende Maßnahme eher den Bedürfnissen von schnell und unabhängig Lernenden entsprechen, während fachspezifische, vertiefende Angebote profitabler für Schülerinnen und Schüler mit intensiven und fokussierten Interessen sind (Olszewski-Kubilius, 1997). Auch spezifische Begabungsschwerpunkte sind zu beachten, z. B. besondere mathematische oder sprachliche Fähigkeiten der Schülerin oder des Schülers (Lubinski & Benbow, 2000). Die Interessen für bestimmte Domänen oder Themenbereiche sind ebenfalls ein wichtiger Faktor, denn außergewöhnliche Leistungen werden dann wahrscheinlicher, wenn Personen das tun, was sie am meisten interessiert und was ihnen am meisten Spaß macht.

In der Forschung zur Entwicklung von Fähigkeiten wird aktuell angenommen, dass sich Interessen und spezifische Fähigkeiten während der intellektuellen Entwicklung wechselseitig beeinflussen (Ackerman, 1996). Interessiert sich jemand für eine bestimmte Tätigkeit, wird er oder sie dazu motiviert sein, diese Tätigkeit einmal auszuprobieren. Wird dieser erste Versuch als erfolgreich erlebt, so wird sich das Interesse vielleicht steigern, auch hat sie oder er bereits erstes Erfahrungswissen gesammelt. Wenn der erste Versuch jedoch nicht erfolgreich verlaufen ist, ist es wahrscheinlich, dass das Interesse an entsprechenden Tätigkeiten abnimmt.

Für das Kindes- und Jugendalter wird weiterhin angenommen, dass die Intelligenz typischerweise der Faktor ist, der den Einfluss von Interessen und Persönlichkeit auf die Leistungsentwicklung noch weitgehend dominiert, denn Kinder und Jugendliche haben noch wenig Wahlfreiheit und müssen vor allem einem vorgegebenen schulischen Curriculum folgen. Im Erwachsenenalter sind Personen in der Regel freier zu entscheiden, welchen Weg sie einschlagen und welche Interessen sie mit welcher Intensität verfolgen möchten – der Einfluss von Vorlieben und Persönlichkeitsfaktoren wird nun deutlich stärker. Lubinski und Benbow (2000) merken hierzu an, dass intellektuell Hochbegabte jedoch meist schon im Jugendalter mehr Freiräume haben, ihren Interessen zu folgen, da sie das Pensum, das in der Schule verlangt wird, längst nicht ausfüllt. Somit spielen bei hochbegabten Jugendlichen neben den spezifischen Fähigkeiten die Interessen und Merkmale der Persönlichkeit eine wesentliche Rolle bei der Leistungsentwicklung. Für die Auswahl von passenden Enrichmentangeboten für eine Schülerin oder einen Schüler ist somit ihr oder sein individuelles Fähigkeits- *und* Interessenprofil zu berücksichtigen.

Die Passung zwischen den Fähigkeiten und Vorlieben einer Person auf der einen Seite und den Anforderungen eines Förderprogramms auf der anderen Seite ist daher entscheidend. Durch entsprechend passgenaue Angebote kann die intellektuelle Entwicklung und die Entwicklung breiter Interessen positiv beeinflusst werden. Die bisherige empirische Grundlage zu Enrichmentprogrammen kann indes – wie oben bereits erwähnt – als wenig solide bewertet werden (Feldhusen, 1991). Während die Veranstalter meist sehr vom Nutzen ihrer Maßnahme überzeugt sind, liegen unabhängige Bewertungen nur selten vor. Freeman (1998) beschreibt als grundsätzliches Problem vieler Enrichmentmaßnahmen, dass ihnen kein klares Förderkonzept zugrunde liegt. Hinzu kommt, dass viele Programme ursprünglich nicht für die Förderung besonders Begabter konzipiert wurden, sondern im Zuge der Entwicklung der

Begabtenförderung lediglich adaptiert wurden (Feldhusen, 1991). Auch mangelt es den meisten Programmen an klaren Zielsetzungen.

In einem Überblick über 8.000 Untersuchungen zu Enrichmentmaßnahmen in den USA konnte Walberg (1995) generell positive akademische Effekte aufzeigen. Schülerinnen und Schüler, die an einer Enrichmentmaßnahme teilgenommen hatten, schnitten in der Schule besser ab als gleich befähigte Kinder, die kein Enrichment erfahren hatten. Wie sehr ein Schüler oder eine Schülerin von einer Enrichmentmaßnahme profitiert, wird Walberg zufolge vor allem von seiner bzw. ihrer Motivation beeinflusst.

Auch die bereits erwähnten Metaanalysen zu verschiedenen Begabtenfördermaßnahmen von Kulik und Kulik konnten positive Effekte von Enrichment aufzeigen (vgl. Abschnitt 4.2.1). Nach Kulik und Kulik (1997; Kulik, 2004) waren amerikanische Schülerinnen und Schüler, die an Enrichmentangeboten teilgenommen hatten, ihren vergleichbar begabten Mitschülerinnen und Mitschülern aus regulären Klassen in ihrer intellektuellen Entwicklung um vier bis fünf Monate voraus. Auch Wallace (1990, zit. nach Lipsey & Wilson, 1993) konnte positive Effekte von Enrichmentmaßnahmen auf die kognitive, kreative sowie emotionale Entwicklung begabter Kinder belegen. Bei der Analyse von insgesamt 20 Studien ergab sich eine Effektstärke von 0.55, was einen praktisch bedeutsamen Effekt mittlerer Größe darstellt.

Cox, Daniel und Boston (1985, zit. nach Feldhusen, 1991) verglichen in einer Evaluationsstudie verschiedene Enrichmentmaßnahmen miteinander. Die Studie weist zwar einige methodische Schwächen auf, so waren etwa die verschiedenen Maßnahmen aufgrund ihrer Heterogenität kaum miteinander zu vergleichen, nur in wenigen Fällen waren die Programme systematisch geplant worden und es ließ sich weder ein Konsens über die Förderziele noch ein ähnliches Verständnis über die Bedürfnisse besonders Begabter finden. Dennoch ziehen die Autoren die folgenden generellen Schlüsse aus ihrer Studie: Erfolgreiche Enrichmentprogramme wurden durch supervidierendes Personal begleitet und verfügten über eine schriftlich niedergelegte Philosophie sowie schriftlich fixierte Programmziele. Darüber hinaus stand ihnen ein eigenes finanzielles Budget zur Verfügung. Als wenig erfolgreich erwiesen sich vor allem diejenigen Enrichmentmaßnahmen, deren zeitlicher Umfang weniger als drei Stunden wöchentlich betrug. Die deutlichsten Effekte zeigten sich für Enrichmentspezialklassen für Hochbegabte.

Verschiedene amerikanische Studien untersuchten die Auswirkungen von Enrichment auf das Selbstkonzept und das Selbstbewusstsein der Teilnehmerinnen und Teilnehmer und kamen zu recht uneinheitlichen Ergebnissen. Während einige Studien keinerlei Effekte fanden (z. B. Maddux, Scheiber & Bass, 1982), konnten andere eine leichtere Verschlechterung des Selbstkonzeptes feststellen (z. B. Coleman & Fults, 1982, 1985). Eine solche Verschlechterung des Selbstkonzeptes wird typischerweise auch bei anderen Fördermaßnahmen, in denen hochbegabte Schülerinnen und Schüler gruppiert werden, festgestellt und wird zumeist mit sozialen Vergleichsprozessen erklärt (siehe Abschnitt 2.2). Andere Untersuchungen zeigten jedoch leichte Verbesserungen des Selbstbewusstseins in Folge der Teilnahme an Enrichmentmaßnahmen. Dies könnte auf das den Fähigkeiten angemessene Setting und die große Akzeptanz, die die begabten Schülerinnen und Schüler durch die anderen Kursteilnehmerinnen und -teilnehmer erfahren, zurückzuführen sein (Kollof & Moore, 1989; Van Tassel-Baska & Kulieke, 1987). Möglicherweise wirkte sich hier auch der Basking in Reflected Glory-Effekt aus (vgl. Abschnitt 2.2). Insgesamt lässt sich aber kein eindeutiges Muster einer Zu- oder Abnahme des Selbstbewusstseins als Folge der Teilnahme an einer Enrichmentmaßnahme feststellen (Rogers, 1993).

Bevor wir nun im weiteren Verlauf dieses Kapitels auf spezifische Enrichmentprogramme eingehen, fassen wir an dieser Stelle noch einmal *allgemeine Empfehlungen zum Enrichment* zusammen, die aus dem zuvor Dargestellten abgeleitet werden können:

Allgemeine Empfehlungen zu Enrichmentprogrammen

- Wichtig ist eine *Passung* zwischen der Maßnahme sowie der Art und Ausprägung der Begabung. Dies setzt zum einen voraus, dass die Enrichmentmaßnahme auf einem spezifischen Förderkonzept beruht und klare Förderziele definiert sind. Es sollte genau festgelegt werden, an welche Gruppe besonders begabter Schülerinnen und Schüler sich die Maßnahme richtet. Zum anderen sollte darauf basierend eine sorgfältige Auswahl der Förderkandidatinnen und -kandidaten erfolgen (siehe auch Kapitel 5).
- Es ist zu empfehlen, Enrichmentmaßnahmen *langfristig* anzulegen, da sich dauerhafte Angebote als weitaus effektiver erwiesen haben als kurzfristige. Darüber hinaus sollte die Durchführung finanziell und organisatorisch abgesichert sein.
- Neben einer sorgfältigen Konzeption sollte optimalerweise eine *fortlaufende Evaluierung* der Enrichmentmaßnahme erfolgen. Auf diese Weise kann die Umsetzung des Konzepts in die Praxis beobachtet werden und bei eventuellen Problemen oder Hindernissen kann sofort eine Korrektur vorgenommen werden.
- Neben einer *intensiven Vorbereitung der Durchführenden* der Maßnahmen (Kursleiterinnen bzw. Kursleiter und Lehrkräfte) ist eine *Supervision* durch ausgebildete Personen günstig. Diese kann im Rahmen regelmäßiger Treffen stattfinden, in denen auf die Bedürfnisse und Anliegen der Durchführenden eingegangen wird. In der Supervision kann auch der kollegiale Austausch eine unterstützende Funktion einnehmen, insbesondere bei Maßnahmen, die sehr komplex in der Umsetzung und für den Durchführenden sehr beanspruchend sind (z. B. im Falle einer Förderung besonders Begabter in integrativen Klassen). Neben der Evaluation kann somit auch die Supervision zur Qualitätssicherung beitragen.

4.2   Pull-out-Programme

Enrichmentmaßnahmen werden häufig in Form von so genannten Pull-out-Programmen angeboten. Bei Pull-out-Programmen werden einzelne besonders befähigte Schülerinnen und Schüler für einige Stunden oder auch einen Tag in der Woche aus dem Klassenverband herausgenommen und in speziellen Kursen zusammengefasst.

4.2.1 Auswirkungen von Pull-out-Programmen auf die soziale Situation der Schülerinnen und Schüler

Bei dieser Art der Förderunge befürchten Lehrkräfte und Eltern (und häufig auch die Schülerinnen und Schüler selbst) oftmals, dass die Schülerin oder der Schüler von den Klassenkameraden aufgrund der Teilnahme an Pull-out-Programmen stigmatisiert oder ausgegrenzt wird. Lehrkräfte befürchten manchmal zudem eine Verschlechterung des Klassenklimas dadurch, dass einzelne Schülerinnen und Schüler zu speziellen Angeboten aus dem Unterricht herausgenommen werden.

In verschiedenen Studien wurden die Beziehungen derjenigen Schülerinnen und Schüler zu ihren Klassenkameradinnen und -kameraden untersucht, die an einem Pull-out-Programm teilnahmen. Aus soziometrischen Studien ist bekannt, dass hoch intelligente Kinder häufig ein hohes Maß an Akzeptanz und einen hohen sozialen Status in der Klassengemeinschaft genießen, wobei sehr intelligente Jungen bei ihren Klassenkameraden häufiger besonders beliebt sind als sehr intelligente Mädchen (z. B. Schneider, 1987; Luftig & Nichols, 1990). Schneider (1987) analysierte insgesamt 15 Studien zu den Auswirkungen von Enrichmentprogrammen auf die sozialen Beziehungen der Schülerinnen und Schüler. Während über alle Studien hinweg keine Besonderheiten in den sozialen Beziehungen der Teilnehmerinnen und Teilnehmer an Enrichmentprogrammen zu finden waren, zeigten einzelne Studien tatsächlich eine Verschlechterung der sozialen Beziehungen in der Schulklasse nach der Teilnahme an einem Pull-out-Programm. Häufig entstehen jedoch gute Beziehungen innerhalb der Teilnehmergruppe (z. B. Mann, 1957). Die Freundschaften innerhalb der Pull-out-Gruppe sind in jedem Fall ein Gewinn für die hochbegabten Schülerinnen und Schüler. Da es sich jedoch um Teilzeitprogramme handelt, und die Schülerinnen und Schüler den größten Teil ihrer Zeit weiterhin im Klassenverband verbringen, kann eine Verschlechterung der sozialen Situation in der Klasse problematisch und belastend sein.

Wenn in einem Pull-out-Programm neben den herkömmlichen akademischen Inhalten auch Themen wie soziale Beziehungen, Freundschaften und Sozialverhalten behandelt werden, können mögliche negative soziale Effekte verhindert werden. Cohen, Duncan und Cohen (1994) konnten zeigen, dass ihr Pull-out-Programm für die Klassenstufen 4 bis 6, in dem diese sozialen Aspekte mit den Kindern thematisiert wurden, zu besonders guten sozialen Beziehungen auch im regulären Klassenverband führte. Die Klassenkameradinnen und -kameraden schätzten die Teilnehmerinnen und Teilnehmer am Pull-out-Programm aus ihrer Klasse als besonders beliebt, sozial kompetent und wenig aggressiv ein. Die Kinder der Pull-out-Gruppe hatten vergleichbar viele Freunde wie andere Kinder und sie hatten zudem eine besonders angesehene Position in der Klasse.

4.2.2 Auswirkungen von Pull-out-Programmen auf die schulische Entwicklung

Verschiedene Studien untersuchten die Auswirkungen von Pull-out-Programmen auf die schulischen Leistungen und die intellektuelle Entwicklung und kamen zu deutlich positiven Effekten. Die positive Wirkung scheint vor allem dann besonders deutlich zu sein, wenn die Inhalte des Pull-out-Programms einen Bezug zum Stoff des regulären Unterrichts aufweisen und auf eine intellektuell anspruchsvolle Art und Weise vermittelt werden. Vaughn, Feldhusen und Asher (1991) fanden in einer Metaanalyse zu Pull-out-Programmen einen Effekt mittlerer Stärke ($d = .47$) auf die Leistung von Hochbegabten. Rogers (1991, zit. nach Schiever & Maker, 1997) berichtet eine Effektstärke von $d = .65$ im Vergleich zur Kontrollgruppe. Dieser Studie zufolge profitieren begabte Schülerinnen und Schüler deutlich von der Teilnahme am Pull-out-Programm, und zwar im Hinblick auf ihre allgemeine Schulleistung, ihre Kreativität sowie ihre Fähigkeit zum kritischen Denken.

4.2.3 Evaluationsbefunde zu einem Pull-out-Programm aus Israel

Rosemarin (2001) untersuchte ein Pull-out-Programm in Israel, wo diese Form von Enrichment weit verbreitet ist. Im Jahr 1999 beispielsweise nahmen insgesamt 5.244 Schülerinnen und Schüler an einem Pull-out-Programm teil. Die Enrichmentkurse fanden dabei an einem Tag in der Woche in einem Regionalzentrum statt. Die Auswahl der Teilnehmerinnen und Teilnehmer erfolgt durch kognitive Tests. Rosemarin befragte eine Stichprobe der Teilnehmerinnen und Teilnehmer des Programms ($N = 57$; 8 bis 12 Jahre), ihre Eltern, Mitschülerinnen und Mitschüler aus den regulären Klassen sowie einige Lehrerinnen und Lehrer. Insgesamt zeigten sich Schülerinnen und Schüler, Eltern sowie Lehrkräfte überwiegend zufrieden mit dem Pull-out-Programm. Auf die Frage, warum sie zur Teilnahme am Programm motiviert waren, nannten die Schülerinnen und Schüler vor allem Langeweile in den regulären Klassen, die Suche nach Herausforderung, aber auch einen vermuteten Prestigegewinn.

83 % der befragten Teilnehmenden gaben an, auch andere Schülerinnen und Schüler zur Teilnahme zu ermuntern, knapp 70 % wollten auch zukünftig weiter teilnehmen. Über Probleme, die sich durch das zeitweise Verlassen der Klasse ergeben könnten, berichtete nur ein Teil der Schülerinnen und Schüler. Die Hälfte der Teilnehmerinnen und Teilnehmer sorgte sich darum, den verpassten regulären Unterrichtsstoff nicht aufholen zu können. Vor allem diejenigen Teilnehmerinnen und Teilnehmer, die sich wünschten, nicht länger am Pull-out-Programm teilzunehmen, befürchteten, an den Programm-Tagen soziale Ereignisse in der Klasse zu verpassen. Diese Sorge und das Gefühl aufgrund der Abwesenheit an einem Tag „anders" als die Mitschülerinnen und Mitschüler zu sein, waren die Hauptgründe der Schülerinnen und Schüler, das Programm abbrechen zu wollen. Von den 70 % der Schülerinnen und Schülern, die weiterhin am Pull-out-Tag teilnehmen wollten, assoziierten allerdings nur 10 % ein Gefühl von „Anderssein" mit ihrer Programmteilnahme.

Von den Eltern fanden es 88 % notwendig, dass ihr Kind einen angereicherten Unterricht erfährt und mit gleich befähigten Peers zusammen lernt. 22 % der Eltern äußerten allerdings auch Bedenken aufgrund der Trennung ihres Kindes von der regulären Klasse. Trotzdem planten gut 80 % der Eltern, ihr Kind weiterhin am Programm teilnehmen zu lassen. Fast alle Eltern gaben an, ihr Kind sei zufrieden mit dem Programm, was sie vor allem auf die Atmosphäre in den Kursen und auf den Umstand zurückführten, dass ihre Kinder neue Gebiete kennen lernen und ihre Interessen verfolgen könnten. 82 % der Eltern gaben an, dass sie auch ihre jüngeren Kinder an dem Programm teilnehmen lassen würden.

Zwei Drittel der Lehrerinnen und Lehrer der regulären Klasse glaubten, dass das Programm keine negativen Auswirkungen auf die soziale Situation in der Klasse habe, obwohl einige nicht am Programm teilnehmenden Schülerinnen und Schüler eifersüchtig seien (71 % der befragten Mitschülerinnen und Mitschüler aus den regulären Klassen wünschten sich, ebenfalls am Programm teilnehmen zu dürfen). 64 % der Lehrkräfte waren der Ansicht, das Programm leiste einen Beitrag zur kognitiven Entwicklung der Schülerinnen und Schüler; es vermittele ihnen ein Gefühl der Herausforderung und wirke sich positiv auf das Selbstvertrauen aus.

4.2.4   Fazit und Empfehlungen zu Pull-out-Programmen

Pull-out-Programme stellen eine zeitbegrenzt separierende Form der Begabtenförderung dar, bei der die Schülerinnen und Schüler den Großteil ihrer Zeit im regulären Klassenverband verbleiben. Insgesamt zeigt diese Fördermaßnahme positive Effekte für die intellektuelle Entwicklung: Die teilnehmenden Schülerinnen und Schüler erfahren eine angemessene intellektuelle Herausforderung, was zur Aufrechterhaltung schulischer Lernmotivation beiträgt. Zudem bringen Pull-out-Programme begabte Schülerinnen und Schüler mit gleich befähigten und ähnlich interessierten Gleichaltrigen zusammen, was sich z. B. durch die Erfahrung einer hohen Akzeptanz günstig auf das Sozialverhalten und die persönliche Entwicklung auswirken kann.

Dennoch kann die zeitweise Separation bei Pull-out-Programmen bei einigen begabten Kindern ein Gefühl des „Andersseins" erzeugen. Zudem kann die Herausnahme einiger weniger Schülerinnen und Schüler aus dem regulären Klassenverband zu Neid bei den nicht teilnehmenden Klassenkameradinnen und -kameraden führen. Daher sollte es ein fester Bestandteil von Pull-out-Programmen sein, sowohl mit den teilnehmenden als auch mit den nicht teilnehmenden Schülerinnen und Schülern die Fördermaßnahme im Hinblick auf ihre Bedeutung für die sozialen Beziehungen in der Klasse, auf Freundschaften und das Sozialverhalten zu besprechen. Unter diesen Voraussetzungen hat sich gezeigt, dass eine zeitweise Separation begabter Schülerinnen und Schüler zu keinen negativen sozialen Konsequenzen führt.

4.3   Schülerakademien und Sommerprogramme

Sommerprogramme und Schülerakademien richten sich an Schülerinnen und Schüler, die motiviert sind, in ihren Sommerferien ihr Fachwissen zu vertiefen und ihre sozialen Kompetenzen zu erweitern. Sie werden in der Regel mit den folgenden Argumenten begründet (Olszewski-Kubilius, 1997): Durch die Vermittlung anspruchsvollerer Inhalte und durch ein höheres Tempo in der Stoffvermittlung werden Begabte ihren Fähigkeiten entsprechend angemessen herausgefordert und gefördert. Dies soll dazu beitragen, Unterforderungssituationen in der Schule auszugleichen und der Ausbildung eines ungünstigen Arbeitsverhaltens oder Underachievement vorzubeugen. Die Schülerinnen und Schüler können in einem Sommerprogramm die motivierende Erfahrung machen, in kurzer Zeit viel leisten zu können. Die Vermittlung schwierigerer Inhalte erfordert zudem einen besonders intensiven Unterricht, der in dieser Form im regulären Klassenverband in der Regel nicht möglich ist. Die Dauer der Sommerakademien über meist zwei oder mehr Wochen ermöglicht neben einer intensiven Beschäftigung mit dem Stoff den Aufbau einer Vielzahl sozialer Kontakte. Viele Teilnehmerinnen und Teilnehmer erhalten so zum ersten Mal die Gelegenheit, Freundschaften mit gleich befähigten und gleich interessierten Kindern und Jugendlichen im gleichen Alter zu schließen. Die Kursleiterinnen und Kursleiter fungieren zudem oft als positive Rollenmodelle.

In den USA sind Sommerakademien relativ weit verbreitet (siehe Goldstein & Wagner, 1993). Die bekanntesten sind das *Programm des Center for Talented Youth (CTY)* der Johns Hopkins University, das bereits seit 1980 stattfindet, das *TIP Summer Residential Program* der Duke University, das *Programm des Center for Talent Development (CTD)* der Northwestern University und *Programme des RMTS Summer Institute* der University of Denver. Jährlich nehmen mindestens 6.000 amerikanische Schülerinnen und Schüler an einem dieser Programme teil. Das bekannteste Sommerprogramm in Deutschland ist die *Deutsche SchülerAkademie*, die von Heller und Neber (1994; Neber & Heller, 1997, 2002) umfassend evaluiert wurde. Insgesamt haben diese Programme positive Effekte auf die persönliche und die akademische Entwicklung ihrer Teilnehmerinnen und Teilnehmer. Im Folgenden wird ausführlich auf die Evaluationsbefunde zur Deutschen SchülerAkademie eingegangen.

4.3.1 Die Deutsche SchülerAkademie

Die *Deutsche SchülerAkademie* ist eine Maßnahme der Begabtenförderung, die vom Bundesministerium für Bildung und Forschung sowie vom Stifterverband für die deutsche Wissenschaft gefördert wird. Seit ihrer Gründung im Jahre 1988 haben über 8.000 Schülerinnen und Schüler an den Akademien teilgenommen. Im Jahr 2005 wurden zehn Akademien mit knapp 60 Kursen für über 900 Teilnehmerinnen und Teilnehmer angeboten. Bei den Akademien handelt es sich um zweiwöchige anspruchsvolle und leistungsintensive Kurse zu verschiedenen wissenschaftlichen und musisch-kulturellen Themen, an denen befähigte und motivierte Schülerinnen und Schüler der elften und zwölften gymnasialen Jahrgangsstufen ihren Interessen entsprechend teilnehmen können. Im Jahr 2003 wurde zum ersten Mal auch eine Junior-Akademie angeboten, die sich an Schülerinnen und Schüler der Sekundarstufe I richtet.

Die Deutsche SchülerAkademie verfolgt sowohl akademische als auch pädagogische und soziale Ziele. Die Teilnehmerinnen und Teilnehmer sollen dazu angeleitet werden, ihre vorhandenen Potentiale zu nutzen und zu erweitern, sich vertieftes fachspezifisches Wissen anzueignen und Vertrauen in ihre eigenen Fähigkeiten zu gewinnen. Ein weiteres Ziel der Akademie ist es, gleich befähigte und interessierte Schülerinnen und Schüler miteinander in Kontakt zu bringen. Zugleich sollen sie eine Einführung in die Arbeitsformen der Hochschulausbildung und Orientierung in Bezug auf mögliche spätere Studienfächer erfahren. Teilnehmen können Schülerinnen und Schüler, die entweder durch ihre Lehrkräfte empfohlen wurden oder die erfolgreich an der Endrunde eines Schülerwettbewerbs auf Landesebene teilgenommen haben.

Die ausführliche formative und summative Evaluation der Deutschen Schüler-Akademie erfolgte in einer fortgesetzten Reihe von Untersuchungen, die sich über die Jahre 1993 bis 1997 erstreckte (vgl. Tabelle 1). Untersucht wurden die Auswahl der Teilnehmerinnen und Teilnehmer, die Charakteristika der Kurspädagogik sowie kurz- und langfristige Effekte der Teilnahme. Die wichtigsten Ergebnisse der drei Teilstudien werden im Folgenden dargestellt (Heller & Neber, 1994; Neber & Heller, 1995, 1996, 1997, 2002). Auf die Auswahl der Teilnehmerinnen und Teilnehmer soll an dieser Stelle nur kurz eingegangen werden. Eine detaillierte Darstellung der Studienergebnisse zur Auswahl anhand von Lehrernominationen erfolgt in Abschnitt 5.4.3.

Tabelle 1: Teilstudien zur Deutschen SchülerAkademie

Teilstudie	Autoren	Stichprobe	Untersuchungsthemen
1. Evaluationsstudie zur Schülerakademie	Heller & Neber (1994); Neber & Heller (2002)	253 Schülerinnen und Schüler an drei Akademiestandorten	Eigenschaften der Teilnehmer/innen; Merkmale der Kurse; Auswirkungen der Teilnahme.
2. Untersuchungen zur Nominierung von Teilnehmern für die Deutsche SchülerAkademie	Neber & Heller (1995)	Interviews mit Schulleiterinnen und Schulleitern an 20 Gymnasien verschiedener Bundesländer, „fiktive" Nominierungsstudie an 21 Gymnasien	Nomination von Schülerinnen und Schülern durch Lehrkräfte an Gymnasien; Auswahl nominierter Teilnehmerinnen und Teilnehmer durch die Akademieveranstalter; Einstellungen zur Deutschen SchülerAkademie.
3. Auswirkungen der Deutschen SchülerAkademie auf Schule und Studium	Neber & Heller (1996)	postalische Befragung von 435 ehemaligen Teilnehmenden und nicht berücksichtigten Bewerberinnen und Bewerbern („Abgelehnte"), Rücklaufquote: 43 %	Effekte der Akademieteilnahme auf die weitere Schulzeit; Auswirkungen der Teilnahme auf das Studium.

Untersuchungsergebnisse zur Teilnehmerauswahl

Knapp Dreiviertel der Teilnehmerinnen und Teilnehmer waren von ihren Lehrkräften für die Deutsche SchülerAkademie empfohlen worden, wobei das Geschlechterverhältnis annähernd ausgeglichen war (Heller & Neber, 1994). Die Nominationen in den Schulen gestalteten sich recht unterschiedlich, meistens waren mehrere Instanzen eingeschaltet (z. B. Lehrkräfte und Schulleitung). In den meisten Fällen waren einzelne Lehrerinnen und Lehrer maßgeblich beteiligt. Sie gaben Beurteilungen ab oder entschieden direkt darüber, wer angemeldet wird. Die Studienergebnisse zeigen, dass Lehrerinnen und Lehrer durchaus in der Lage sind, begabte Schülerinnen und Schüler zu erkennen. Etliche der durch die Lehrkräfte vorgeschlagenen Schülerinnen und Schüler erreichten jedoch in standardisierten Intelligenztests keinen IQ, der einer intellektuellen Hochbegabung entspricht. Auch wurden etliche Schülerinnen und Schüler mit einer sehr hohen Intelligenz von den Lehrkräften bei der Normierung übersehen. Im Vergleich zu einer reinen Selbstnomination der Schülerinnen und Schüler zeigten sich die Lehrerurteile aber als deutlich effektiver (vgl. auch Kapitel 5).

Ergebnisse zu Teilnehmermerkmalen

a) Sozialer Hintergrund:

In mehreren Studien konnte gezeigt werden, dass Schülerinnen und Schüler mit sozial ungünstigem familiären Hintergrund in Begabtenförderprogrammen unterrepräsentiert sind (siehe z. B. Passow, 1986). Dies gilt auch für die Deutsche SchülerAkademie. So liegen der Ausbildungsstand und Sozialstatus der Eltern der Teilnehmerinnen und Teilnehmer weit über dem Bevölkerungsdurchschnitt (Heller & Neber, 1994). Dies kann jedoch nicht nur auf eine sozial verzerrte Auswahl zurückgeführt werden. Zu berücksichtigen ist auch der Umstand, dass die Leistungsstärke von Schülerinnen und Schülern ein Produkt der Wechselwirkung von erblicher Anlage und günstigen Bedingungen sowohl in der Schule als auch im Elternhaus ist (z. B. Passow, Mönks & Heller, 1993).

b) Interessen:

Die Interessen der befragten Schülerinnen und Schüler richteten sich vor allem auf die angebotenen Kursthemen sowie auf die Möglichkeit, soziale Kontakte zu anderen aufzubauen. Die Teilnehmerinnen und Teilnehmer schätzten den erwarteten Schwierigkeitsgrad der Kurse als sehr hoch (20 %) oder hoch (70 %) ein, waren sich aber überwiegend auch sicher, dass ihre Leistung in den Kursen ebenfalls hoch bzw. sehr hoch sein würde (80 %).

c) Kognitive Fähigkeiten:

Die Teilnehmerinnen und Teilnehmer wiesen - ermittelt über den kognitiven Fähigkeitstes (KFT, Heller et al., 1985) - einen mittleren IQ von 123 auf. Etwa ein Viertel der Schülerinnen und Schüler erreichte einen IQ von 140 und höher. Demgegenüber standen 12 %, deren kognitive Fähigkeiten unter dem Durchschnittswert vergleichbarer Gymnasiasten lagen. Die Teilnehmerinnen und Teilnehmer verfügten über ein recht geringes Wissen um fachspezifische Lernstrategien und setzten nur selten bewusst Lernstrategien ein. Auch das eigene Vorwissen in Bezug auf das Kursthema schätzten die meisten Teilnehmerinnen und Teilnehmer als eher gering ein.

Die Untersuchung sozialer und motivationaler Aspekte ergab, dass das Selbstkonzept und Motivation der teilnehmenden Schülerinnen und Schüler sowohl im Leistungs- als auch im sozialen Bereich meist sehr positiv ausgeprägt war. Nach Neber und Heller (1997) bestätigt dieser Befund die Ergebnisse vieler vorheriger Untersuchungen, die ebenfalls zeigen konnten, dass der Selbstwert leistungsstarker Schülerinnen und Schüler stark positiv ausgeprägt ist (z. B. Haynes, Hamilton-Lee & Comer, 1987; Heilmann & Trost, 1996, zit. nach Neber & Heller, 1997). Darüber hinaus verfügten die untersuchten Teilnehmerinnen und Teilnehmer über eine überdurchschnittlich ausgebildete Selbstsicherheit in Leistungssituationen; im Vergleich zu gleichaltrigen Schülerinnen und Schülern lagen sie hier im oberen Drittel. Das Selbstkonzept der Teilnehmerinnen und Teilnehmer im sozialen Bereich war hingegen nur leicht überdurchschnittlich bis durchschnittlich ausgeprägt. So schätzten die Teilnehmerinnen und Teilnehmer ihre eigene Kontaktfähigkeit in etwa genauso ein wie die meisten ihrer Mitschülerinnen und Mitschüler im selben Alter.

Aussagen wie „Was ich in diesem Kurs lerne, hat für mich einen wirklichen Wert" stimmten die Akademieteilnehmer überwiegend zu. Auf einer vierstufigen Skala von 1 = „stimmt nicht" bis 4 = „stimmt genau" erreichten sie einen Gesamtmittelwert von $M = 3.2$. Dieser Befund zeigt, dass an der Deutschen SchülerAkademie Schülerinnen und Schüler mit einer ausgeprägten Lernorientierung und Wissbegierde und somit einer starken intrinsischen Motivation teilnehmen. Weiterhin erfasst wurde die Vorliebe für kooperatives versus kompetitives Lernen. Es zeigte sich, dass die Teilnehmerinnen und Teilnehmer der Schülerakademie kooperatives Lernen dem kompetitiven Lernen tendenziell vorziehen ($M = 2.8$ vs. $M = 2.3$).

Eignung der Teilnehmerinnen und Teilnehmer aus Sicht der Kursleiter

Die Kursleiterinnen und Kursleiter schätzten mehr als ein Drittel der Teilnehmerinnen und Teilnehmer als weit überdurchschnittlich geeignet ein. Demgegenüber stehen allerdings 25 % der Schülerinnen und Schüler, die sie lediglich als durchschnittlich oder nur wenig leistungsfähig wahrnahmen. Ihre Einschätzung basierte dabei vor allem auf dem Kommunikationsverhalten der Schülerinnen und Schüler im Kurs sowie auf der wahrgenommenen Leistungsbereitschaft und Lernmotivation.

Ergebnisse zur Kurspädagogik

Im Hinblick auf die Kurspädagogik wurden sowohl das Kursklima und die Lehrmethoden als auch die Lernziele im kognitiven und im affektiven Bereich untersucht. Das Kursklima wurde von Teilnehmerinnen und Teilnehmern sowie Kursleitern einheitlich als positiv beschrieben. Kursleiterinnen und Kursleiter gaben an, in ihren Kursen eine Vielzahl an Lehrmethoden umzusetzen und gute Möglichkeiten zum selbstgesteuerten Lernen zu gewährleisten. Auch die Teilnehmerinnen und Teilnehmer waren der Meinung, die Kurse seien durch eine Methodenvielfalt und gute Möglichkeiten, in Kooperation mit anderen zu lernen, gekennzeichnet. Im Vergleich zu ihren Kursleiterinnen und Kursleitern schätzten sie die Möglichkeit zum selbstgesteuerten, entdeckenden Lernen allerdings deutlich geringer ein.

Kursleiter wie Kursteilnehmer bewerteten darüber hinaus direkt nach Abschluss der Kurse die erreichten Lernziele (z. B. tieferes Verstehen, Anwenden des erworbenen Wissens, aktive Beiträge der Teilnehmerinnen und Teilnehmer). Die Kursleiterinnen und Kursleiter beschrieben das Lernen in den Kursen als auf höhere kognitive Ziele hin ausgerichtet. Sie gaben an, besonders eine Förderung des selbstständigen Denkens aber auch eine Verstärkung der von den Teilnehmerinnen und Teilnehmern ausgehenden Initiative angestrebt zu haben. Die Befragung der Teilnehmerinnen und Teilnehmer ergab allerdings einige bedeutsame Abweichungen von den Einschätzungen der Kursleitungen. So schätzten sie die Realisierung höherer kognitiver Ziele deutlich geringer ein. Kursleiter sowie Teilnehmerinnen und Teilnehmer waren sich recht einig darin, dass eine hohe Beteiligung und ein starkes Engagement in den Kursen erreicht wurden.

Unmittelbare Wirkung der Teilnahme

In der ersten Teilstudie (Heller & Neber, 1994) wurden die zu Beginn erhobenen und bereits dargestellten Merkmale der Teilnehmerinnen und Teilnehmer ($N = 253$) unmittelbar nach Ende der Akademie ein weiteres Mal erhoben, um die kurzfristigen Effekte der Teilnahme zu beschreiben. Es zeigte sich, dass den Teilnehmerinnen und Teilnehmern durch die Kursteilnahme die Bedeutung der eigenen Lernkontrolle und -steuerung, die eigenen Spielräume zur Lerngestaltung und die Kommunikationsmöglichkeiten mit der sozialen und externen Lernumwelt signifikant stärker bewusst wurden. Am Ende der Kurse wussten die Schülerinnen und Schüler genauer, welche Lerntechniken für das spezielle Fachgebiet sinnvoll sind und setzten sie daraufhin gezielt ein. In Bezug auf den Wissenserwerb waren die Teilnehmerinnen und Teilnehmer der Ansicht, nicht nur reines Faktenwissen, sondern auch ein tiefer gehendes Verständnis erworben zu haben, welches sie auf ähnliche oder weiter gehende Probleme anwenden können. Zur Klärung der Determinanten des Wissenserwerbs wurden verschiedene Variablen wie z. B. kognitive Fähigkeiten, motivationale Einstellungen, Variablen des Selbstkonzeptes und der sozialen Kompetenzen sowie Variablen der Kurspädagogik (vor allem Lehrmethoden und Lernziele) herangezogen. Es zeigte sich, dass der Wissenserwerb vor allem durch die pädagogische Gestaltung der Kurse (und weniger durch die Merkmale der Teilnehmerinnen und Teilnehmer) beeinflusst wurde. Die Realisierung höherer kognitiver Lernziele und die Möglichkeit zu selbstgesteuertem Lernen scheinen dabei den größten Einfluss auf den erweiterten Wissenserwerb zu haben. Beide Variablen erklärten etwa 50 % der Varianz der erfassten Lernleistung.

Weiterhin zeigte sich nach dem Abschluss der Kurse über alle Teilnehmerinnen und Teilnehmer hinweg ein signifikanter Anstieg der Selbstwirksamkeitserwartungen in Bezug auf das Fachgebiet des jeweiligen Kurses. Die konkurrierende Haltung der Schülerinnen und Schüler verringerte sich während der Akademieteilnahme deutlich, während die Präferenz für soziale und kooperative Lernformen leicht anstieg.

Langfristige Wirkung der Teilnahme

Die dritte Teilstudie (Neber & Heller, 1996) diente der Erfassung der längerfristigen Auswirkungen der Akademieteilnahme auf die Schulzeit wie auch auf das Studium. 1.017 ehemalige Teilnehmerinnen und Teilnehmer sowie abgelehnte Bewerberinnen und Bewerber wurden mittels eines umfangreichen Fragebogens postalisch befragt. Insgesamt antworteten 435 Schülerinnen und Schüler bzw. Studierende (322 ehemalige Teilnehmerinnen und Teilnehmer und 113 abgelehnte Bewerberinnen und Bewerber). Ferner wurden 29 Einzelinterviews mit bereits studierenden ehemaligen Teilnehmerinnen und Teilnehmern der Akademie durchgeführt. Eine systematische Selektion der Teilnehmerinnen und Teilnehmer kann aufgrund der relativ geringen Rücklaufquote von 42 % nicht ausgeschlossen werden. Möglicherweise antworteten vor allem diejenigen, die mit der Akademieteilnahme vorwiegend positive Aspekte verbanden. Darüber hinaus basieren die Angaben auf rückblickenden Selbstaussagen und -einschätzungen. Verzerrungseffekte, beispielsweise aufgrund fehlerhafter Erinnerungen, sind daher nicht auszuschließen. Schwerpunktmäßig bezog sich die Befragung auf folgende Bereiche: begabungsspezifische Merkmale und deren Entwicklungsverlauf, Effekte der Teilnahme auf studienrelevante Entscheidungen und Interessen sowie Auswirkungen der Akademieteilnahme bzw. -ablehnung auf begabungsspezifische Charakteristika.

Effekte auf die Schulzeit und die Studienfachwahl: Ein großer Teil der ehemaligen Teilnehmerinnen und Teilnehmer, die zum Befragungszeitpunkt noch das Gymnasium besuchten, schätzten die Akademie ein halbes Jahr nach Abschluss der Kurse eher noch positiver ein als unmittelbar nach deren Beendigung. Nur ein Drittel der Befragten gab an, die Akademieteilnahme habe keinerlei Auswirkungen auf ihre weitere Schulzeit gehabt. Positiv beeinflusst wurden vor allem motivationale und soziale Merkmale: Die ehemaligen Teilnehmerinnen und Teilnehmer berichteten, dass sich insbesondere ihre Selbstsicherheit und die Einschätzung der eigenen Leistungsfähigkeit positiv verändert hatten. Darüber hinaus beschrieben sie ein breiteres außerschulisches Interessenspektrum sowie eine Verbesserung ihrer sozialen Beziehungen. Die meisten abgelehnten Bewerberinnen und Bewerber gaben an, die Absage relativ gut verkraftet zu haben. Im Vergleich zu den ehemaligen Teilnehmerinnen und Teilnehmern wiesen sie jedoch eine deutlich geringere Selbstwirksamkeit auf. Die Erwartung der Abgelehnten, im zukünftigen Studium hohe Leistungen zu erbringen, lag klar unter den Erwartungen der ehemaligen Teilnehmerinnen und Teilnehmer. Gut 60 % der Teilnehmerinnen und Teilnehmer gaben an, die Akademieteilnahme habe ihre vorher eher uneindeutigen Studienabsichten präzisiert bzw. gefestigt. Für knapp ein Drittel der Gymnasiasten trug die Teilnahme sogar stark zur Studienorientierung bei. Auch 40 % der ehemaligen Teilnehmerinnen und Teilnehmer, die sich zum Befragungszeitpunkt bereits im Studium befanden, gaben an, die Akademieteilnahme habe ihnen den Übergang zum Studium erleichtert, z. B. weil sie sich nun sicherer in der Fachauswahl waren. 30 % der befragten Studierenden berichteten, die Teilnahme habe konsolidierende, 25 % präzisierende Wirkung auf den schon vorhandenen Studienwunsch gehabt.

Effekte auf das Studium: Die meisten der Ehemaligen, die zum Befragungszeitpunkt bereits studierten, bewerteten ihre studienrelevanten Fähigkeiten und ihre Leistungen im Studium als sehr positiv. Ähnlich wie die Ehemaligen, die noch zur Schule gingen, gaben sie an, die Akademie habe vor allem ihre allgemeine Selbstsicherheit, ihr Vertrauen in die eigenen Fähigkeiten sowie die Einschätzung ihrer eigenen Begabung positiv beeinflusst. Die Befragten zeigten ein hohes Interesse an ihrem Studienfach und bewerteten ihre Kommunikationssicherheit und ihre Verantwortungsbereitschaft im Studium als überdurchschnittlich hoch. Einen direkten Einfluss auf die Leistung im Studium habe die Teilnahme an der Akademie nicht gehabt, wohl aber auf die eigenen Ansprüche im Studium. Der Vergleich der ehemaligen Teilnehmerinnen und Teilnehmer mit den abgelehnten Bewerberinnen und Bewerbern erbrachte insgesamt mehr Gemeinsamkeiten als Unterschiede. Es muss allerdings beachtet werden, dass die Anzahl der befragten Abgelehnten sehr gering war und die Wahrscheinlichkeit, dass vor allem diejenigen geantwortet haben, die sich durch die Absage kaum negativ beeinflusst sahen, recht hoch ist. Die Befunde sind dementsprechend zu relativieren. Es zeigte sich weder ein Unterschied im Abiturdurchschnitt, der in beiden Gruppen recht gut war, noch in den erfragten Fähigkeits- und Leistungsaspekten, dem begabungsbezogenen Selbstbild sowie in der Kenntnis von Lerntechniken und der Bewertung der Studiensituation. Allerdings hatten knapp 26 % der ehemaligen Teilnehmerinnen und Teilnehmer, aber nur 13 % der abgelehnten Bewerber ein Stipendium erhalten. Die ehemaligen Teilnehmerinnen und Teilnehmer schätzten die Entwicklung ihres Selbstvertrauens deutlich positiver ein und waren von ihrer eigenen Wirksamkeit überzeugter. Unterschiede zeigten sich auch in Bezug auf das studienfachbezogene Interesse sowie die Bereitschaft zur Kommunikation und Übernahme von Verantwortung für das Studium. Alle drei Aspekte waren bei den abgelehnten Bewerberinnen und Bewerbern deutlich geringer ausgeprägt als bei den ehemaligen Akademieteilnehmern.

Akzeptanz der Deutschen SchülerAkademie bei Schulleitungen und Lehrkräften

Zur Untersuchung der Akzeptanz der Deutschen SchülerAkademie in Schulen wurden Einzelinterviews mit 20 Schulleiterinnen und Schulleitern sowie mit 28 Lehrkräften durchgeführt. Dabei hatten sich 11 der 20 in die Untersuchung einbezogenen Gymnasien bereits an der Schülerakademie beteiligt. Es zeigte sich, dass die Deutsche SchülerAkademie insgesamt sehr positiv bewertet wurde. Nur 8 % aller Befragten stuften sie als überflüssig ein, während 90 % der befragten Schulleiterinnen und Schulleiter sie für eine notwendige Einrichtung der Begabtenförderung hielten. Sie begründeten dies damit, dass die Akademie solche kognitiven und sozialen Funktionen zu erfüllen in der Lage sei, die das Gymnasium allein nicht übernehmen könne.

4.3.2 Fazit und Empfehlungen zu Schülerakademien und Sommerprogrammen

Schülerakademien und Sommerprogramme stellen geeignete Maßnahmen zur Förderung besonders begabter Schülerinnen und Schüler dar. Dies wurde in diesem Abschnitt am Beispiel der Deutschen SchülerAkademie verdeutlicht. Die Ergebnisse zeigen, dass die Teilnehmerinnen und Teilnehmer der Deutschen SchülerAkademie überwiegend intellektuell sehr begabte Schülerinnen und Schüler sind, welche ein hohes Maß an intrinsischer Motivation und ein starkes Interesse für die gewählten Kursthemen mitbringen. Die Schülerinnen und Schüler bevorzugen kognitiv anspruchsvolle Formen selbstgesteuerten Lernens sowie kooperative Lernformen. Da aber auch viele der abgelehnten Schülerinnen und Schüler die Erfordernisse an die intellektuelle Kompetenz zu erfüllen scheinen, erscheint eine Optimierung der Effektivität und Effizienz des Auswahlverfahrens unbedingt notwendig.

Die Akademieteilnahme wirkt sich unmittelbar positiv auf die Anwendung selbstgesteuerter und kommunikativer Lernstrategien, auf das Ausmaß an tiefer gehendem Wissen und auf die Einschätzung der eigenen Leistungsfähigkeit aus. Langfristig konnte ein förderlicher Effekt der Akademieteilnahme auf die Persönlichkeits- und Sozialentwicklung der Schülerinnen und Schüler aufgezeigt werden. Ungefähr 75 % der ehemaligen Teilnehmerinnen und Teilnehmer, die noch die Schule besuchten, bewerteten die Akademie auch mehrere Monate später noch sehr positiv. Vor allem habe sich die Selbsteinschätzung verbessert und außerschulische Kontakte und Interessen hätten sich in der Folge der Akademieteilnahme deutlich erweitert. Der Einfluss auf unterrichtsbezogene Aspekte wurde als gering eingeschätzt. Für gut die Hälfte der Schülerinnen und Schüler hatte die Teilnahme zusätzlich eine orientierende oder präzisierende Wirkung im Hinblick auf die Wahl des Studienfaches. Auch im Studium zeigten sich günstige Auswirkungen der Teilnahme an der Schülerakademie auf die leistungsbezogene und soziale Entwicklung der nun Studierenden. Ferner konnte gezeigt werden, dass die Akademie bei Lehrkräften und Schulleitungen insgesamt auf positive Resonanz stößt und als notwendige Einrichtung der Begabtenförderung angesehen wird.

Empfehlenswert erscheint eine weitere Verbesserung der Teilnehmerauswahl durch den Einsatz objektiver Verfahren wie Fähigkeitstests (siehe auch Kapitel 5). Neben der Intelligenz sollten zukünftig stärker auch die Motivation und Leistungsbereitschaft der Schülerinnen und Schüler bei der Auswahl Berücksichtigung finden. Besonders erfolgsrelevant im Hinblick auf die inhaltliche Gestaltung des Akademieprogramms erscheinen die Schaffung von Möglichkeiten zum selbstgesteuerten Lernen, die stärkere Vertiefung des Lernstoffs anstelle von Verbreiterung des Stoffs, die Anwendung vielfältiger Lerntechniken sowie die Schaffung von Möglichkeiten zur kreativen Entfaltung und zu innovativem Problemlösen (z. B. durch eine geringere Vorstrukturierung der Inhalte).

4.4   Arbeitgemeinschaften und Kurse

Neben den Sommerakademien werden begabte Schülerinnen und Schüler in vielen Bundesländern auch im Rahmen von Arbeitsgemeinschaften oder speziellen Kursen gefördert. Leider werden Evaluationsstudien zu den Effekten dieser Art von Begabtenförderung noch sehr selten durchgeführt, so dass an dieser Stelle größtenteils nur von Erfahrungswerten berichtet werden kann.

Seit 1983 werden zum Beispiel im Rahmen des Hamburger Modells zur Förderung mathematisch besonders begabter Schülerinnen und Schüler an Gymnasien und

Gesamtschulen *Mathematik-Arbeitsgemeinschaften für besonders begabte Schülerinnen und Schüler der Klassenstufe 6* angeboten. Schülerinnen und Schüler, die von ihren Lehrern empfohlen werden oder sich selbst für eine Teilnahme interessieren, werden auf ihr mathematisches Verständnis hin getestet und bei entsprechenden Ergebnissen für die mathematischen Kurse angemeldet, die von Mathematik-Experten und Mathematik-Studierenden an der Hamburger Universität angeboten werden. Jährlich nehmen etwa 150 bis 200 Schülerinnen und Schüler am Auswahlverfahren teil, von denen schließlich 30 bis 40 ins Förderprogramm aufgenommen werden. Über die Jahre recht konstant beträgt der Anteil der Mädchen 30 %. Insgesamt gibt es drei Mittelstufengruppen (13, 14 und 15 Jahre) und eine Oberstufengruppe (16 Jahre und älter), die an Samstagvormittagen gefördert werden. Das Ziel dieser Kurse ist es, Schülerinnen und Schülern Anregungen für mathematisches Arbeiten zu liefern, ihnen heuristische Strategien zur Bearbeitung mathematischer Fragestellungen zu vermitteln und sie zu selbstständigem mathematischen Arbeiten anzuleiten. Für den Erfolg dieser Fördermaßnahme spricht die außerordentlich geringe Zahl an Abbrechern trotz der langen Dauer der Kurse und einer relativ großen zeitlichen Belastung in der Freizeit. Darüber hinaus ist der Präsenzgrad in den Veranstaltungen sehr hoch. Nach Goldstein und Wagner (1993) lassen sich sowohl positive akademische als auch positive soziale Effekte verzeichnen. Fördereffekte im sozialen Bereich führen sie darauf zurück, dass viele Schülerinnen und Schüler zum ersten Mal mit ähnlich befähigten und begabten Gleichaltrigen zusammentreffen, was für viele eine neuartige Erfahrung darstellt.

Ein weiteres Bespiel für ein besonderes Kursangebot sind die *Plus-Kurse an bayerischen Gymnasien,* welche seit 1987/88 an bayerischen Gymnasien angeboten werden. Diese stellen eine Weiterentwicklung der klassischen Arbeitsgemeinschaften dar und bieten besonders interessierten und begabten Schülerinnen und Schülern der Klassen 9 bis 11 ein zusätzliches Lernangebot. Inhaltlich ergänzen sie entweder den Lehrplan eines regulären Faches oder beschäftigen sich mit Themen aus einem wissenschaftlichen oder künstlerischen Gebiet. Da die Kurse für die leitende Lehrkraft deputatswirksam sind, sind sie in der Regel personell gut abgesichert. Die Auswahl der Kursteilnehmer erfolgt durch die Lehrkräfte, wobei keine für alle Kurse geltenden festgelegten Kriterien existieren. In den meisten Fällen ist ein Notendurchschnitt von 2,0 Voraussetzung, aber auch fachspezifische Begabungen sowie die Fähigkeit im Team zu arbeiten werden berücksichtigt (Fels, 1999). Die Kurse haben den Status eines Wahlfachs und der erfolgreiche Besuch wird im Zeugnis vermerkt. Teilweise besteht darüber hinaus die Möglichkeit, Inhalte der Pluskurse im regulären Unterricht als Referat vorzutragen und die Leistungen somit in die mündliche Note mit einfließen zu lassen (Renoth, 1997). Fels (1999) kritisiert, dass keine Notenvergabe in den Pluskursen erfolgt, die dann auch in das Gesamtzeugnis mit einfließen könnte. Darüber hinaus werden die Kurse nur dann angeboten, wenn ausreichende personelle Kapazitäten zur Verfügung stehen. Fels (1999) schlussfolgert aus seinen Analysen zu den Plus-Kursen: „All diese Aspekte zeigen, dass Pluskurse noch keine Förderungsform für Hochbegabte darstellen, die wirklich in den Schulalltag gleichberechtigt integriert ist."

Auch wenn Arbeitsgemeinschaften und Kurse überwiegend an weiterführenden Schulen angeboten werden, gibt es doch vereinzelt Programme, die bereits auf Schülerinnen und Schüler in der Grundschule ausgerichtet sind. Eine Evaluationsstudie zu einem solchen vom BMBF geförderten Programm liegt von Rindermann (2000) vor. Er untersuchte die Effekte eines speziellen Geometrieprogramms zur Förderung mathematisch begabter Grundschulkinder. Im Rahmen des Programms bearbeiten besonders befähigte und interessierte Schülerinnen und Schüler der dritten und vierten Klasse an neun jeweils zweistündigen Kursterminen in Gruppen von maximal 20 Kindern geometrische Fragestellungen und Probleme. Erfasst wurden die Auswirkungen des Programms auf Fähigkeiten, Interessen, Persönlichkeitsmerkmale und das Sozialverhalten der Grundschulkinder, die zwischen 1996 und 1998 an einem der Kurse in München oder Nürnberg teilgenommen hatten. Dabei kamen sowohl standardisierte Messinstrumente als auch Interviewbefragungen von Lehrkräften, Teilnehmenden und Eltern zum Einsatz. Die Auswirkungen der Kurse wurden über den Vergleich mit Kontrollgruppen, bestehend aus Kindern aus regulären Grundschulen, analysiert. Rindermann konnte aufzeigen, dass die Arbeitsgemeinschaften bereits im Grundschulalter positive Auswirkungen auf die teilnehmenden Schülerinnen und Schüler hatten. Hervorzuheben sind – neben Fähigkeitsgewinnen – vor allem auch günstige Veränderungen im Persönlichkeitsbereich und im Sozialverhalten der Kinder. Die Kursteilnehmerinnen und Kursteilnehmer verfügten über ein gutes schulisches Selbstkonzept und wurden von den Lehrerinnen und Lehrern als sehr interessiert beschrieben. In den Messwiederholungen ließ sich eine Zunahme der sozialen Kompetenz beobachten. Die Teilnehmerinnen und Teilnehmer empfanden den regulären Schulunterricht als vergleichsweise uninteressant und zu einfach, die meisten waren auch nach Ansicht der Eltern und Lehrkräfte im Regelunterricht der Grundschule unterfordert. Die überwiegende Mehrheit der Eltern war sehr zufrieden mit dem Kurs.

In einer rein narrativen Studie berichtet Pugac (2003) über die Effekte einer Chemie-Arbeitsgemeinschaft (*PROBEX: „Vom Probieren zum Experimentieren – Zusatzangebot für Springer und für Schülerinnen und Schüler mit besonderen Begabungen"*). In dieser Untersuchung bestand die Stichprobe aus zehn Hamburger Grundschulkindern (vier Mädchen und sechs Jungen im Alter von 9 bis 10 Jahren), die von Lehrerinnen bzw. Lehrern und Eltern gemeinsam für das Programm ausgewählt wurden. Die untersuchte Stichprobe war Teil eines übergeordneten Projektes im Raum Hamburg. Das PROBEX-Programm bestand aus insgesamt sieben zweistündigen Einheiten außerhalb der Schulzeit, die im vierzehntägigen Rhythmus durchgeführt wurden. Nach Abschluss des Kurses zeigten die Kinder in einem Test zur Überprüfung des Lernerfolgs, in dem neben reinen Reproduktionsleistungen auch Transfer- und Reorganisationsleistungen gefordert waren, gute Ergebnisse. Auch den Beobachtungen des Autors der Studie zufolge waren die Kinder in der Lage, die Inhalte des Kurses zu verstehen und produktiv mitzuarbeiten. Die Motivation der Kinder war laut Autor von Anfang an überdurchschnittlich hoch. Die Kinder sowie ihre Eltern zeigten sich nach Abschluss des Kurses mit der Veranstaltung sehr zufrieden und wünschten sich weitere solche Angebote.

Den Erkenntnissen der vorgestellten Studien folgend bietet es sich an, mit extracurricularer Förderung besonders begabter Schülerinnen und Schüler bereits in der Grundschule zu beginnen. Dabei finden sich positive Auswirkungen nicht nur im Hinblick auf mehr oder weniger spezifische Fähigkeiten, sie zeigen sich ebenso im

Sozialverhalten und im Persönlichkeitsbereich der Teilnehmerinnen und Teilnehmer. Im Folgenden konzentrieren wir uns nun mit den Arbeitsgemeinschaften für besonders befähigte Schülerinnen und Schüler in Baden-Württemberg auf ein umfassend evaluiertes AG-Modell.

4.4.1 Arbeitsgemeinschaften für besonders befähigte Schülerinnen und Schüler in Baden-Württemberg

Seit dem Schuljahr 1984/85 werden in Baden-Württemberg im Rahmen des Programms „Förderung besonders befähigter Schülerinnen und Schüler" an weiterführenden Schulen aller Schularten Arbeitsgemeinschaften durchgeführt. Diese Arbeitsgemeinschaften finden in der Regel einmal wöchentlich außerhalb der regulären Schulzeit in einem Umfang von zwei Schulstunden statt. In zum Teil jahrgangsübergreifenden Gruppen von 4 bis 15 Schülerinnen und Schülern werden Themen aus mathematisch-naturwissenschaftlich-technischen, sprachlichen oder gesellschaftswissenschaftlichen Gebieten behandelt, wobei sich die Inhalte der Arbeitsgemeinschaft nicht mit denen des regulären Unterrichts überschneiden dürfen. Die Leitung liegt in der Hand von Lehrkräften, die sowohl für die Vorbereitung als auch für die Durchführung der Arbeitsgemeinschaft Entlastungsstunden erhalten. Im Schuljahr 2000/2001 nahmen insgesamt ca. 4.340 Schülerinnen und Schüler an 420 Arbeitsgemeinschaften teil. Die meisten Arbeitsgemeinschaften werden an Gymnasien und Realschulen angeboten, einige wenige aber auch an beruflichen Schulen und Hauptschulen. Die Funktion der Arbeitsgemeinschaften an den verschiedenen Schulformen ist unterschiedlich, so hat das Angebot an Haupt- und Realschulen vor allem eine leistungsmotivierende und persönlich aufwertende Bedeutung und trägt zur Präzisierung und Stärkung der beruflichen Vorstellungen und Ziele bei. Bei den Gymnasiasten haben die Arbeitsgemeinschafts hingegen kaum einen Einfluss auf die konkreten Berufsvorstellungen, jedoch ist auch bei ihnen ein positiver Effekt auf das Selbstbild zu verzeichnen.

Das Institut für Empirische Pädagogik und Pädagogische Psychologie der Universität München hat das Programm in den ersten sechs Jahren wissenschaftlich begleitet (Hany & Heller, 1992). Untersucht wurden die Merkmale des Aufnahmeverfahrens, Merkmale der Teilnehmerinnen und Teilnehmer, die Effekte der Teilnahme sowie Besonderheiten der Durchführung der Arbeitsgemeinschaften. Zum Einsatz kamen dabei standardisierte Testverfahren und Fragebögen, halbstandardisierte Fragebögen sowie offene Interviews und Beobachtungsmethoden. Im Folgenden werden die wichtigsten Ergebnisse kurz dargestellt.

Merkmale des Auswahlverfahrens

Die Auswahl der Teilnehmerinnen und Teilnehmer für die Arbeitsgemeinschaften erfolgt durch Selbst- oder Lehrernomination. 30 % der Teilnehmerinnen und Teilnehmer werden durch ihre Klassenlehrerinnen oder -lehrer nominiert, weitere 30 % durch ihre Fachlehrkräfte. 17 % der Schülerinnen und Schüler melden sich selbst an, weitere 17 % werden aufgrund eines persönlichen Gesprächs mit der Kursleitung ausgewählt. Vereinzelt wird eine Auswahl durch die Schulleitung aufgrund der Schülerakte vorgenommen. Bei der Teilnehmernominierung berücksichtigen die Lehrerinnen und Lehrer vor allem das Interesse, die fachspezifische Begabung und die fachspezifische Leistung des jeweiligen Schülers bzw. der jeweiligen Schülerin. Weniger Beachtung finden demgegenüber die Leistungsmotivation und Kreativität sowie Symptome von Unterforderung im regulären Unterricht. In Bezug auf die allgemeine Intelligenz der Teilnehmerinnen und Teilnehmer und ihre späteren Leistungen in den Kursen erwies sich die Lehrernomination als weitaus valider als die Selbstnomination. Bei Schülerinnen und Schülern mit sehr spezifischer Begabung gewinnt allerdings die Selbstnomination an Bedeutung. In solchen Fällen bietet sich in der Schule oftmals keine Gelegenheit, diese Fähigkeiten auch zeigen zu können. Somit werden spezifische Stärken schnell übersehen, wenn der Schüler oder die Schülerin nicht selbst die Initiative ergreift. Insgesamt sind nur eingeschränkte Aussagen über die Güte der Teilnehmerauswahl möglich. So bleibt unklar, wie viele der tatsächlich besonders begabten Schülerinnen und Schüler wirklich erkannt und für die Arbeitsgemeinschaften vorgeschlagen wurden oder ob nicht viele übersehen wurden (Frage der *Effektivität*). Außerdem finden sich in der Gruppe der Teilnehmerinnen und Teilnehmer auch einige mit einer nur durchschnittlichen Begabung (Frage der *Effizienz*). Der Großteil der an den Arbeitsgemeinschaften teilnehmenden Schülerinnen und Schüler weist allerdings ein überdurchschnittliches Begabungsniveau auf, so dass Hany und Heller (1992) den Schluss ziehen, dass die Lehrernomination im Falle der Arbeitsgemeinschaften in Baden-Württemberg zu sinnvollen Aufnahmeentscheidungen führt. Sie schlagen allerdings vor, bei der Auswahl auch die Intelligenz, die Motivation und die Leistungsbereitschaft der Schülerinnen und Schüler zu beachten, da die Ausprägung dieser Merkmale nach Ansicht der Kursleiter maßgeblich über den Erfolg der Teilnehmerinnen und Teilnehmer in den Kursen entscheidet.

Merkmale der teilnehmenden Schülerinnen und Schüler

Die Intelligenz der Teilnehmerinnen und Teilnehmer der Arbeitsgemeinschaften liegt im Vergleich mit gleichaltrigen Schülerinnen und Schülern im Bereich der oberen 20 % der Intelligenzverteilung. Dabei zeigen sich kursspezifische Begabungsprofile, das heißt es besteht in den meisten Fällen eine Passung zwischen dem Kursthema und der besonderen Begabung. Im Vergleich zu ihren Klassenkameraden wiesen die Teilnehmerinnen und Teilnehmer in der Untersuchung von Hany und Heller (1992) eine etwas stärker ausgeprägte Leistungsmotivation auf. Ebenso lagen die Noten im leicht überdurchschnittlichen Bereich. Im Themenbereich der besuchten Arbeitsgemeinschaft zeigten die Teilnehmer in der Regel auch im regulären Unterricht deutlich überdurchschnittliche Leistungen.

Auswirkungen der Teilnahme an der Arbeitsgemeinschaft

Die kurz- und langfristigen Effekte der Teilnahme wurden mittels Fragebögen und Selbsteinschätzung der Teilnehmerinnen und Teilnehmer ermittelt. Es sind daher keine objektiven Aussagen über die Leistungsentwicklungen möglich. Insgesamt wurden die Arbeitsgemeinschaften sehr positiv bewertet. Die Teilnehmerinnen und

Teilnehmer schätzten vor allem den fachlich-inhaltlichen Gewinn, die Möglichkeit zu selbstständigem und praktischem Arbeiten, den Anregungscharakter der Arbeitsgemeinschaften, die Möglichkeit, in Gruppen zu arbeiten sowie die angenehme Atmosphäre in den Kursen. Im Hinblick auf folgende Merkmale bewerteten sie den Unterricht in den Arbeitsgemeinschaften positiver als den Regelunterricht:

- bessere Qualität der Beziehung und Zusammenarbeit zwischen Lehrkraft und Schülerinnen und Schülern,
- stärkeres Engagement und größeres fachliches Interesse auf Lehrer- wie auf Schülerseite,
- geringer ausgeprägte kompetitive Haltung der Schülerinnen und Schüler,
- geringerer durch die Lehrkräfte ausgeübter Leistungsdruck und
- weniger ausgeprägte Strenge der Lehrerinnen und Lehrer sowie geringere Strenge der Verhaltensnormen.

Die Hälfte der Teilnehmerinnen und Teilnehmer zeigte sich hoch zufrieden mit den Arbeitsgemeinschaften. Auch langfristig berichteten die Befragten positive Effekte. Förderlich habe sich die Teilnahme vor allem auf die Entwicklung von Persönlichkeitsmerkmalen wie Selbständigkeit, Selbstsicherheit und soziale Kompetenz ausgewirkt. Die eigene Ausbildungs- oder Berufslaufbahn habe die Teilnahme dagegen jedoch kaum beeinflusst.

Nach Aussage der Lehrkräfte profitierten Schülerinnen und Schüler mit besseren kognitiven Fähigkeiten und schulischen Leistungen stärker von der Teilnahme als ihre leistungsschwächeren Mitschüler. Dies gelte allerdings nicht für Arbeitsgemeinschaften aus sozial- und geisteswissenschaftlichen Themengebieten. In diesem Fall sei im Gegenteil der Profit – im Sinne von gezeigtem Engagement und erbrachter Leistung – für die intellektuell durchschnittlich Begabten größer als für die überdurchschnittlich Begabten. Insgesamt bewerteten die befragten Schülerinnen und Schüler die Arbeitsgemeinschaften für besonders Begabte günstiger als reguläre Arbeitsgemeinschaften, da im Fall der Begabtenarbeitsgemeinschaften Freizeit und Leistung miteinander verbunden werden können.

Geschlechtsspezifische Unterschiede

Insgesamt nahmen etwas mehr Jungen an den Arbeitsgemeinschaften für intellektuell besonders Begabte teil. Während in den meisten geistes- und sozialwissenschaftlichen Arbeitsgemeinschaften ein ausgeglichenes Geschlechterverhältnis vorherrscht, dominieren die Jungen in den mathematisch-naturwissenschaftlichen Kursen. Entsprechende Unterschiede in den Interessenschwerpunkten von Mädchen und Jungen sind durch eine Vielzahl an Studien gut belegt (z. B. Achter, Lubinski & Benbow, 1996; Schmidt, Lubinski & Benbow, 1998).

Die kognitiven Fähigkeiten der teilnehmenden Jungen und Mädchen unterscheiden sich nicht. Somit scheint das Intelligenzniveau einen Einfluss auf die Entscheidung zu haben, überhaupt eine Arbeitsgemeinschaft zu besuchen oder nicht. Die Auswahl der Arbeitsgemeinschaft wird dann oftmals eher durch geschlechtsspezifische Interessen bestimmt. Obwohl innerhalb der Arbeitsgemeinschaften keine Leistungsunterschiede zwischen Mädchen und Jungen gefunden werden konnten, trauten die Lehrkräfte den Mädchen zu Beginn der Arbeitsgemeinschaften weniger zu und schätzten ihre Erfolge in der Arbeitsgemeinschaft tendenziell geringer ein. Vor diesem Hintergrund erscheint die Thematisierung und Überprüfung der Lehrererwartungen unbedingt notwendig.

4.4.2 Fazit und Empfehlungen zu Arbeitsgemeinschaften und Kursen

Insgesamt konnten für Arbeitsgemeinschaften und spezielle Kurse für besonders befähigte und leistungsstarke Schülerinnen und Schüler – trotz der noch eher spärlichen Befundlage – eine Vielzahl positiver Effekte aufgezeigt werden. So sprechen die Teilnehmerinnen und Teilnehmer den Arbeitsgemeinschaften und Kursen fast durchgängig eine hohe Attraktivität zu. Obwohl die Schülerinnen und Schüler für die Teilnahme einen Teil ihrer Freizeit investieren müssen, ist die Nachfrage groß und die Abbrecherquote gering. Vor allem auf die Entwicklung verschiedener Persönlichkeitsmerkmale scheint sich die Teilnahme an diesen extracurricularen Enrichmentmaßnahmen positiv auszuwirken. So konnte vielfach ein förderlicher Effekt auf die sozialen Kompetenzen der begabten Schülerinnen und Schüler nachgewiesen werden, der vermutlich nicht zuletzt auf das Zusammensein mit ähnlich interessierten und befähigten Gleichaltrigen zurückzuführen ist. Darüber hinaus bieten Arbeitsgemeinschaften und Kurse gute Möglichkeiten, eigene Arbeitstechniken zu optimieren und tragen zur Aufrechterhaltung von Interessen und Lernfreude bei. Die interessanten und anregenden Inhalte, das hohe Anspruchsniveau und der fehlende äußere Leistungsdruck scheinen dem Lernstil Hochbegabter entgegenzukommen. Trotz dieser positiven Effekte werfen die Ergebnisse der Evaluationsstudien jedoch auch Licht auf bisherige Schwachpunkte in den Programmen. Zur Behebung dieser Schwachpunkte lassen sich folgende Verbesserungsvorschläge anführen:

- In vielen Fällen bedarf die Teilnehmerauswahl einer Optimierung. Beispielsweise würde der Einsatz von standardisierten Fähigkeitstests zu einer Objektivierung der Auswahl beitragen und darüber hinaus die Entdeckung von Underachievern wahrscheinlicher machen.
- Durch gezielte Vorbereitung und Weiterbildung der Kursleiterinnen und Kursleiter könnte die Qualität der Enrichmentmaßnahmen weiter verbessert werden.
- In einigen Fällen erscheint es sinnvoll, die kreative Entfaltung der Schülerinnen und Schüler stärker in den Vordergrund zu stellen und ihnen mehr Gelegenheiten zu innovativem Problemlösen zu geben. Dies kann beispielsweise durch eine geringere Vorstrukturierung der Inhalte geschehen.
- Durch die vorhergehende Vermittlung eines tiefer gehenden, thematischen Interesses und von Techniken des wissenschaftlichen Arbeitens könnte das Angebot optimiert werden. Derzeit wird die Kenntnis von Arbeitstechniken meist vorausgesetzt. Dies erschwert es z. B. Schülerinnen und Schüler mit bildungsfernem Hintergrund, gewinnbringend an den Arbeitsgemeinschaften teilzunehmen.

Zusammenfassend bewerten Hany und Heller (1992) außerschulische Enrichmentan-
gebote als Fazit aus ihrer Evaluationsstudie zu den Arbeitsgemeinschaften in Baden-
Württemberg wie folgt: „Enrichment-Programme wie die Arbeitsgemeinschaften für
besonders befähigte Schülerinnen und Schüler sind nicht für alle Begabungen gleichermaßen geeignet; sie sprechen den leistungswilligen, vielseitig interessierten Jugendlichen an und bieten ihm – wenn er dazu bereit ist – ein interessantes und breites
Betätigungsfeld. Für Talente, die ihren Gleichaltrigen einfach weit voraus sind, bieten solche AGs nur Spielwiesen, die manchmal nicht sehr nützlich sind, außer dass
sie von langweiligem Unterricht ablenken. Für diese Schülerinnen und Schüler müssen andere Förderformen gefunden werden, die auch eine Verkürzung der Schulzeit
nicht ausschließen" (Hany & Heller, 1992, S. 77).

4.5   Schülerwettbewerbe

Im Gegensatz zu Sommerprogrammen und Arbeitsgemeinschaften stellen Schülerwettbewerbe eine eher punktuelle Enrichmentmaßnahme dar. Im Prinzip stehen sie
nicht nur hochbegabten Schülerinnen und Schülern offen, sondern bieten Kindern
und Jugendlichen mit Stärken auf unterschiedlichem Niveau und in verschiedenen
Gebieten ein vielseitiges Angebot. Einige Wettbewerbe sind allerdings gezielt auf die
Förderung von Spitzenbegabungen gerichtet. Dazu gehören „Jugend musiziert", „Jugend trainiert", der „Mehrsprachen-Wettbewerb", der „Bundeswettbewerb Mathematik" und darüber hinaus alle als „Internationale Olympiaden" bezeichneten Wettbewerbe (siehe auch Hertel, 2000). Das Ziel von Schülerwettbewerben ist es, Schülerinnen und Schüler zu einem vertieften Engagement in ihren persönlichen Interes-
sens- und Begabungsgebieten anzuleiten und sowohl Kreativität und Leistungsbereitschaft als auch Problembewusstsein und Problemlösefähigkeiten zu fördern. Darüber
hinaus soll die Wettbewerbsteilnahme einen Beitrag zur Entwicklung eines guten
Selbstbewusstseins liefern und den Teilnehmerinnen und Teilnehmern eine Gelegenheit bieten, in Zusammenarbeit mit anderen soziale Erfahrungen zu machen. Schülerwettbewerbe stellen nicht zuletzt auch eine Möglichkeit dar, intellektuell hochbegabte Schülerinnen und Schüler zu entdecken.

Im Allgemeinen erfolgt die Vorbereitung der Wettbewerbsteilnehmer durch Lehrkräfte an den Schulen. Optimalerweise informieren die Lehrerinnen und Lehrer ihre
Schülerinnen und Schüler über die Wettbewerbe oder sprechen einige direkt auf eine
Teilnahme an. Leider geschieht dies noch viel zu selten und oftmals erfahren Schülerinnen und Schüler nichts über die angebotenen Wettbewerbe.

Im Folgenden werden die Ergebnisse von zwei groß angelegten Studien zu Auswirkungen der Teilnahme an Schülerwettbewerben dargestellt. Eindeutige Aussagen
über Effekte der Wettbewerbsteilnahme sind allerdings nur eingeschränkt möglich,
da in der Regel keine Kontrollgruppe einbezogen wurde und jegliche Entwicklungen
somit nicht eindeutig auf die Teilnahme zurückgeführt werden können.

Heilmann (1999) untersuchte die Preisträgerinnen und Preisträger des mehrstufi-
gen *Bundeswettbewerbs Mathematik der Jahre 1972-1995*. Am Bundeswettbewerb
nahmen im Jahre 2003 nahmen an der ersten Wettbewerbsrunde 1.146 und an der

zweiten Runde 244 Schülerinnen und Schüler teil. In der dritten Runde wurden schließlich die 16 Bundessiegerinnen und -sieger ermittelt. Diese erhielten ein Studienstipendium und weitere Unterstützungsangebote im Studium durch die Studienstiftung des Deutschen Volkes. Heilmann konnte in ihrer Studie zeigen, dass erfolgreiche Wettbewerbsteilnehmer ein großes Interesse und Freude an der Mathematik aufwiesen. Sie widmeten dem Fach viele Stunden am Tag und wurden darin durch ihre Umwelt unterstützt. 72 % nahmen in Folge des Wettbewerbs ein Mathematikstudium auf und zeigten im Allgemeinen sehr gute Studienleistungen. Ein großer Teil zeigte sich frühzeitig wissenschaftlich engagiert und viele strebten eine Promotion, einige auch eine Habilitation an. Nach Heilmann zeigten sich bei den Teilnehmerinnen und Teilnehmern der letzten beiden Runden allerdings kaum Unterschiede in Bezug auf ihren Ausbildungs- und Berufserfolg, weshalb sie vorschlägt, nicht nur die Sieger, sondern auch die Teilnehmerinnen und Teilnehmer der Endrunde in die Studienstiftung des Deutschen Volkes aufzunehmen. Aus den Ergebnissen kann der Schluss gezogen werden, dass durch den Bundeswettbewerb Mathematik tatsächlich mathematisch begabte Schülerinnen und Schüler angesprochen bzw. identifiziert werden.

Heller und Lengfelder (2004) führten eine Evaluationsstudie zu den *Internationalen Schülerolympiaden in Mathematik, Physik und Chemie* der Jahre 1977 bis 1997 durch. Ihre Studie war Teil einer internationalen retrospektiven Befragung der Vor- und Endrundenteilnehmer der Schülerolympiaden. Bei der Interpretation der Ergebnisse muss beachtet werden, dass die Rücklaufquote in der deutschen Studie lediglich 40 % betrug. Insgesamt nahmen an der Befragung 100 Endrundenteilnehmer und 135 Vorrundenteilnehmer teil, die zum Befragungszeitpunkt zwischen 19 und 42 Jahre alt waren (Durchschnittsalter: 27,8 Jahre). Nur sechs der Befragten waren weiblich.

Wie bei vielen Fördermaßnahmen für besonders Begabte stammte auch ein Großteil der Vorrunden- und Olympiateilnehmer aus Familien mit hohem Bildungsniveau, in denen die Eltern mittlere bis hohe berufliche Positionen bekleideten. In den meisten Fällen waren die Eltern auf die besondere Begabung ihres Kindes aufmerksam geworden als es etwa zwischen sieben und acht Jahre alt war. Die Motivation, an Wettbewerben teilzunehmen, war in der Untersuchungsstichprobe insgesamt groß, denn über 75 % der Schülerinnen und Schüler meldete sich nach der ersten Teilnahme zu mindestens einem weiteren Wettbewerb an. Bei den Teilnehmerinnen und Teilnehmern bestand die Tendenz, Leistung stärker auf Begabung als auf Anstrengung zurückzuführen. Motiviert wurden sie durch die Hoffnung auf Erfolg, weniger durch Furcht vor Misserfolg. Nach Faktoren gefragt die ihre Begabung gefördert hätten, nannten die Teilnehmerinnen und Teilnehmer vor allem eine unterstützende Atmosphäre in der Familie sowie die Verfügbarkeit von Büchern.

Die Schülerinnen und Schüler, die an der Vor- oder Endrunde teilgenommen hatten, erreichten vor allem in ihrer Olympiadisziplin hervorragende Abiturnoten (Durchschnitt 1,04), aber auch insgesamt absolvierten sie ein sehr gutes Abitur (Durchschnittsnote 1,44). Dreiviertel der Vorrundenteilnehmer und 82 % der Olympioniken gehörten zu den zehn Besten ihres Abiturjahrgangs. Auch nach dem Abitur setzte sich der hervorragende Leistungsverlauf der Teilnehmer fort, wobei ähnlich wie bei der Schulleistung kaum Unterschiede zwischen Vorrunden- und Endrundenteilnehmern festzustellen waren. 21 % aller Teilnehmerinnen und Teilnehmer gewannen im Studium Auszeichnungen und Preise. Knapp ein Drittel der Teilnehmerinnen und Teilnehmer schlug eine Universitätskarriere ein, ungefähr 40 % der Studierenden hatten promoviert, 3 % hatten sich zum Befragungszeitpunkt bereits habilitiert. Im Vergleich zur Gesamtgruppe der deutschen Studierenden hatte ein relativ großer Anteil der Befragten einen Teil des Studiums im Ausland absolviert.

Etwas mehr als ein Drittel der Vorrundenteilnehmer und gut die Hälfte der Olympiateilnehmer ging zum Zeitpunkt der Befragung einer Tätigkeit nach, die ganz oder teilweise mit der Olympiadisziplin im Zusammenhang stand. Deutlich unterhalb des Bevölkerungsdurchschnitts lag der Anteil der Vorrunden- und Endrundenteilnehmer, der geheiratet hatte. Die Autoren interpretieren dies als einen Hinweis auf eine stärkere Karriereorientierung bzw. eine später einsetzende Familienorientierung. Wie bereits erwähnt, fanden Heller und Lengfelder (2004) keine Unterschiede zwischen den Vorrunden- und Endrundenteilnehmern, weder in Bezug auf die schulische Leistung noch auf die erreichte berufliche Position. Diese Ergebnisse decken sich mit den Befunden von Heilmann (1999), die ebenfalls keine Unterschiede zwischen den Teilnehmerinnen und Teilnehmern der letzten beiden Runden des Bundeswettbewerbs Mathematik feststellen konnte. Auffällig in der Studie von Heller und Lengfelder ist der geringe Anteil von Mädchen, die an den Olympiaden teilnahmen. Die Autoren sehen die Ursache in den gängigen gesellschaftlichen Rollenzuschreibungen und in einer Tendenz von Schülerinnen, sich weniger gern Wettbewerbssituationen auszusetzen.

Zusammenfassend verbanden fast alle befragten ehemaligen Teilnehmerinnen und Teilnehmer der Schülerolympiaden positive Effekte mit der Teilnahme. Sie gaben an, der Wettbewerb habe ihr Begabungsselbstkonzept gestärkt und die damit verbundenen eigenen, aber auch sozialen Karriereerwartungen. Weder Eltern noch Lehrkräfte berichteten von negativen Effekten der Olympiateilnahme, wie beispielsweise Überforderung der Jugendlichen oder negative Reaktionen von anderen. Es erscheint aber notwendig, Mädchen stärker zur Teilnahme zu ermutigen.

Wie bereits erwähnt, muss bei der Interpretation der Evaluationsergebnisse berücksichtigt werden, dass 60 % der angeschriebenen ehemaligen Teilnehmerinnen und Teilnehmer den Fragebogen nicht zurücksandten. Verzerrungseffekte dahingehend, dass eher diejenigen nicht antworteten, die weniger erfolgreich waren, können daher nicht ausgeschlossen werden. Ähnlich wie in der Studie von Heilmann (1999) zeigen die Ergebnisse aber, dass Schülerolympiaden Leistungsträgerinnen und Leistungsträger in den jeweiligen Disziplinen erreichen und einen gewissen Beitrag dazu liefern, dass die Teilnehmer eine Laufbahn in dem Fachgebiet anstreben, und zwar unabhängig davon, ob sie aus dem Wettbewerb als Siegerin oder Sieger hervorgehen oder nicht. Inwieweit der Ausbildungs- und berufliche Weg auch ohne die Vor- bzw. Endrundenteilnahme ebenso erfolgreich verlaufen wäre, kann aus den Studien nicht abgeleitet werden.

4.5.1 Fazit und Empfehlungen zu Schülerwettbewerben

Bei der Interpretation der vorliegenden Studien zu den Auswirkungen von Schülerwettbewerben ist zu beachten, dass es sich in allen Fällen um rückblickende Befragungen mit eher geringen Rücklaufquoten handelt. Für die Schülerinnen und Schüler, die sich an den Studien beteiligt haben, zeigen die Befunde jedoch, dass sich die
Wettbewerbsteilnahme sehr positiv ausgewirkt hat.

Die Teilnahme an einem Wettbewerb stärkt nach den Aussagen der Teilnehmerinnen und Teilnehmer das Selbstkonzept der eigenen Fähigkeit und Begabung und
die damit verknüpften Karriereerwartungen. Weder Lehrkräfte noch Eltern berichteten von negativen Folgen der Teilnahme.

Ein Großteil der Wettbewerbsteilnehmerinnen und -teilnehmern erwies sich im
Nachhinein als sehr erfolgreich in Ausbildung und Beruf, unabhängig davon, ob sie
als Siegerin oder Sieger aus den Wettbewerben hervorgingen oder in der letzten Runden ausschieden. Vor diesem Hintergrund sollte gegebenenfalls darüber nachgedacht
werden, nicht nur den Siegerinnen und Siegern von Schülerolympiaden, sondern
auch den Teilnehmerinnen und Teilnehmern, die die Endrunde nicht mehr erreicht
haben, eine weitere Förderung zukommen zu lassen.

Wettbewerbe scheinen eine gute Möglichkeit darzustellen, vor allem Jungen mit
besonderen Begabungen zu identifizieren. Dagegen werden begabte Mädchen und
Underachiever seltener von ihren Lehrerinnen und Lehrern auf eine Teilnahme angesprochen. Daraus ergibt sich die Empfehlung, dass Lehrkräfte verstärkt Mädchen zur
Teilnahme an Schülerwettbewerben motivieren sollten. Auch Underachiever sollten
bewusster berücksichtigt werden, da Wettbewerbe gerade für sie eine gute Möglichkeit darstellen, Herausforderungen zu erleben und Leistung zu zeigen.

Teil III – Voraussetzungen erfolgreicher Begabtenförderung

In Teil II dieses Buches wurde die Befundlage zur Wirksamkeit verschiedener Begabtenfördermaßnahmen dargestellt. Dabei wurde an verschiedenen Stellen bereits auf Voraussetzungen eingegangen, die erfüllt sein müssen, damit eine Fördermaßnahme erfolgreich verlaufen und positive Auswirkungen haben kann. Neben diesen maßnahmenspezifischen Voraussetzungen gibt es jedoch generelle Voraussetzungen für schulische Begabtenfördermaßnahmen, die den Erfolg ganz unterschiedlicher Fördermaßnahmen beeinflussen.

Teil III befasst sich nun mit zwei Themenbereichen, die maßnahmenübergreifend wichtige Voraussetzungen für erfolgreiche Fördermaßnahmen darstellen: Dies ist zum einen eine möglichst sorgfältige und dem jeweiligen Angebot angemessene Auswahl von geeigneten Teilnehmerinnen und Teilnehmern, die in Kapitel 5 thematisiert wird. Ein weiterer maßnahmenübergreifender Faktor, der für den Erfolg von Fördermaßnahmen relevant ist, bezieht sich auf Wissen, Einstellungen und Qualifikationen der an Förderprogrammen beteiligten Lehrerinnen und Lehrer. Mit der Lehreraus- und -fortbildung für die Förderung besonders begabter Schülerinnen und Schüler beschäftigt sich Kapitel 6.

5   Auswahl von Schülerinnen und Schülern für Begabtenfördermaßnahmen

Bei vielen Förderprogrammen für intellektuell besonders Begabte muss eine Auswahl aus einer Gruppe potentieller Teilnehmerinnen und Teilnehmer getroffen werden. Dies kann zum Beispiel der Fall sein, wenn sich mehr Schülerinnen und Schüler für die Aufnahme in eine Spezialschule bewerben als freie Plätze zu vergeben sind oder wenn in einer Schule ein Enrichmentprogramm für besonders begabte und leistungsstarke Schülerinnen und Schüler eingerichtet werden soll. Zusätzlich ist es bei vielen Förderprogrammen unerlässlich, nicht nur potentiell geeignete Teilnehmerinnen und Teilnehmern aus einer Gruppe von Bewerbern auszuwählen, sondern – unabhängig vom Bewerberaufkommen – für jedes einzelne Kind bzw. jeden Jugendlichen die Erfüllung bestimmter Kriterien zu überprüfen, bevor eine bestimmte Fördermaßnahme eingeleitet wird, um Überforderung und Misserfolge zu verhindern. Insbesondere ist dies relevant bei relativ einschneidenden Maßnahmen wie z. B. einer vorzeitigen Einschulung oder dem Überspringen einer Klasse. Auch bei systematischen „Talentsuchen", in denen die besonders begabten Schülerinnen und Schüler aus einer großen Schülergruppe (z. B. alle Schülerinnen und Schülern einer Schule oder einer Stadt) aufgespürt werden sollen, sind Auswahlverfahren erforderlich. In der Regel durchlaufen hier zunächst alle Schülerinnen und Schüler ein Screening-Verfahren, anschließend werden diejenigen, die im Screening besonders gut abgeschnitten haben, ausführlicher untersucht. Auf der Grundlage der zweiten Untersuchung werden dann schließlich die besonders talentierten Schülerinnen und Schüler ausgewählt (siehe z. B. Lubinski & Benbow, 1994).

Welche Kriterien sollten nun angelegt werden, um zu entscheiden, welche Schülerinnen und Schüler in eine bestimmte Fördermaßnahme aufgenommen werden und welche nicht? Diese Frage lässt sich nicht allgemeingültig beantworten. Es gibt verschiedene Gründe dafür, dass je nach Förderprogramm ganz unterschiedliche Kriterien sinnvoll sein können.

Ein erster Grund ist, dass es in der Begabungsforschung keinen Konsens über ein Hochbegabungskonzept gibt, verschiedene Modellvorstellungen von intellektueller Hochbegabung stehen nebeneinander (für einen Überblick siehe z. B. Holling & Kanning, 1999). Einige Ansätze gehen davon aus, dass sich intellektuelle Hochbegabung über ausgeprägte kognitive Fähigkeiten konstituiert, entsprechend wäre bei der Auswahl von Schülerinnen und Schülern für eine spezielle Fördermaßnahme vor allem ein hohes Intelligenzniveau das ausschlaggebende Auswahlkriterium (z. B. Rost, 2000). Andere Ansätze konzipieren Begabung als ein mehrdimensionales Konzept, das neben der starken Betonung überdurchschnittlicher allgemeiner und/oder

spezieller kognitiver Fähigkeiten auch Personmerkmale wie Motivation, Lernstrategien oder Kreativität umfasst (z. B. Heller, Perleth & Hany, 1994; Ziegler & Heller,
2000). Je nach Begabungskonzept, das einem Förderprogramm zugrunde liegt, wird
das Auswahlverfahren anders ausfallen.

Ein weiterer wesentlicher Grund, der keine allgemeingültigen Lösungen für eine
Teilnehmerauswahl zulässt, ist das Anliegen, nicht nur konstruktbezogene, das heißt
von einem bestimmten Begabungsmodell ausgehende, sondern auch kriteriumsbezo-
gene, das heißt von den Anforderung der jeweiligen Maßnahme ausgehende Kriterien zu erfassen. Je nach dem, welche Fähigkeiten in einer Fördermaßnahme vorausgesetzt und gefördert werden sollen, werden optimalerweise andere Gruppen von
Schülerinnen und Schüler auszuwählen sein (z. B. Jugendliche mit einer besonderen
mathematischen Begabung für ein Enrichmentprogramm in Mathematik).

Einheitliche Empfehlungen für die Verwendung bestimmter Auswahlkriterien
verbieten sich somit schon aufgrund der unterschiedlichen generellen und spezifischen Ziele, die die Förderprogramme verfolgen. So sind zum Beispiel unterschiedliche kognitive Fähigkeiten besonders relevant, je nach dem ob es sich um eine Maßnahme zur Förderung mathematisch-technischer oder aber sprachlicher Fähigkeiten
handelt. Denkbar ist auch, dass bei Enrichmentmaßnahmen, die in der Freizeit der
Schülerinnen und Schüler stattfinden, der Motivation und den Interessen eine besondere Bedeutung für die erfolgreiche Teilnahme zukommt. Jedes Auswahlverfahren
sollte die speziellen intellektuellen Fähigkeiten und Begabungen berücksichtigen, die
im jeweiligen Förderprogramm einerseits in besonderem Maße erforderlich sind und
die andererseits durch das Programm besonders gefördert werden sollen. Das Auswahlverfahren muss somit für jedes Programm maßgeschneidert werden (Mills &
Tissot, 1995). Die Auswahl von Schülerinnen und Schülern für bestimmte Förderprogramme sollte, vereinfacht dargestellt, optimalerweise in den folgenden Schritten
erfolgen:

1. Aufbauend auf der genauen Zieldefinition des Programms ist die Zielpopulation
   zu bestimmen (Wer soll gefördert werden?).
2. Anschließend werden diejenigen Auswahlmethoden ausgewählt, die geeignet
   sind, die Zielpopulation zu identifizieren (Auswahl von Kriterien und Erhe-
   bungsmethoden/Datenquellen).
3. Schülerinnen und Schüler durchlaufen das Auswahlverfahren.
4. Die Daten, die mit Hilfe verschiedener Methoden erhoben wurden, werden zusammengefasst und
5. schließlich werden Auswahlentscheidungen getroffen.

Dieses Vorgehen setzt die Beantwortung dreier wichtiger Fragen voraus:

1. Welche Kriterien sind für die Eignung für eine bestimmte Fördermaßnahme entscheidend und sollen daher erhoben und für die Auswahlentscheidung herangezogen werden?
2. Welche konkreten Auswahlmethoden sollen zum Einsatz kommen?
3. Wie sollen die Daten aus mehreren Quellen zusammengefasst werden? In welchem Maße müssen die einzelnen Kriterien erfüllt sein?

Im Folgenden wird auf diese Fragen näher eingegangen. Da eine effektive Teilnehmerauswahl eine wichtige Voraussetzung für den Erfolg einer Fördermaßnahme darstellt, sollte bei der Evaluation eines Programms die Auswahl als Teil der Inputevaluation Evaluationsgegenstand sein (Neber & Heller, 2002; Feldhusen & Jarwan,
2000).

5.1   Relevanz einer sorgfältigen Auswahl

In jedem Förderprogramm für intellektuell hochbegabte Schülerinnen und Schüler
spielt die Auswahl der geeigneten Kandidatinnen und Kandidaten eine wesentliche
Rolle und entscheidet mit über den Gesamterfolg des Programms. Für eine sorgfältige und gut durchdachte Teilnehmerauswahl sprechen verschiedene Gründe: Ein
Hauptgrund ist, dass entsprechende Programme explizit einen bestimmten Teil der
Schülerpopulation fördern wollen, nämlich den intellektuell sehr begabten Teil.
Wird, insbesondere bei Enrichmentangeboten (die für eine große Zahl von Schülerinnen und Schülern sehr attraktiv sein können) oder bei Fähigkeitsgruppierungen,
keine oder eine wenig effiziente Auswahl durchgeführt, verzichtet man auf Aspekte,
die positive Wirkungen auf die besonders Begabten haben können. Darunter fallen
z. B. die Möglichkeiten für die Teilnehmerinnen und Teilnehmer, mit gleich befähigten Kindern und Jugendlichen zusammenzutreffen und ein intellektuell sehr anspruchsvolles und forderndes Programm zu erhalten. Eine Gefahr wäre in diesem
Fall, dass es zu einem Absinken des Anforderungsniveaus der Veranstaltungen
kommt. Auch ist zu berücksichtigen, wie begrenzte finanzielle und personelle Ressourcen am besten und am ehesten Erfolg versprechend eingesetzt werden können.
Ein Beispiel hierfür ist der starke Teilnehmerzuwachs, den die *Advanced Placement*-
Programme in den USA (s. Abschnitt 3.1) in den letzten Jahren erfahren haben, so
dass inzwischen etwa ein Drittel aller Schülerinnen und Schüler, die später das College besuchen wollen, einen AP-Kurs belegen. Verschiedentlich wurde wegen des
großen Teilnehmerzustroms bereits ein Absinken des Niveaus der Kurse befürchtet
und der Mangel an gut qualifizierten Lehrkräften, die für AP-Kurse zur Verfügung
stehen, wird gravierender (National Research Council, 2002; Lichten, 2000).

Ein weiterer Grund für eine sorgfältige Auswahl ist, dass vor allem akzelerierende
Maßnahmen für Schülerinnen und Schüler, die nicht überdurchschnittlich befähigt
und/oder nicht überdurchschnittlich motiviert sind, wenig geeignet sind und unter
Umständen sogar schädlich sein können (z. B. Heller & Rindermann, 1997; Zydatiß,
1999). Die Ressourcen für spezielle Programme sollten möglichst für solche Teilnehmerinnen und Teilnehmer verwendet werden, die wahrscheinlich auch von ihnen
profitieren können. Auch in Spezialkursen, -klassen oder -schulen mit einem speziellen Programm für intellektuell Hochbegabte ist eine gute Auswahl zentral, um Überforderung und damit einhergehende Leistungs- und Motivationseinbrüche zu vermeiden, wie eine Untersuchung von Hany (2002) zeigt.

Hany (2002) untersuchte das Auswahlverfahren für mathematisch-physikalische
Spezialklassen der Jahrgangsstufen 9 bis 12 eines Gymnasiums in Jena. Im Rahmen
des Aufnahmeverfahrens der Schule wurden mit Hilfe verschiedener Leistungstests,

fachspezifischer Hausaufgaben und einer Erhebung des aktuellen Leistungsstandes in Mathematik und Physik die mathematisch-naturwissenschaftlichen Kenntnisse und Fähigkeiten der ca. 90 Bewerberinnen und Bewerber erfasst. Zusätzlich wurden für die wissenschaftliche Begleitung des Auswahlverfahrens verschiedene Fragebögen zur Erhebung des schulbezogenen Fähigkeitsselbstkonzepts, der Anstrengungsbereit-schaft, des naturwissenschaftlichen Interesses sowie des Umfangs mathematisch-naturwissenschaftlicher Freizeitaktivitäten der Schülerinnen und Schüler eingesetzt. Weiterhin wurde die mathematische und die nicht verbale Intelligenz anhand des KFT 4-13+ (Heller, Gaedike & Weinländer, 1985) erfasst. Am Ende der Jahrgangs-stufe 9 wurden verschiedene Leistungsindikatoren der 40 in die Spezialklassen auf-genommenen Schülerinnen und Schüler erhoben (es gab keine Kontrollgruppe): die Schulnoten, eine Lehrerbeurteilung sowie die Leistung bei einer regionalen Mathe-matikolympiade. Mittels einer Clusteranalyse wurden die Personen daraufhin auf der Basis ihrer Leistungen in drei Gruppen eingeteilt („starke Schüler", „Mittelfeld", „schwache Schüler"). Darüber hinaus wurden die psychologischen Merkmale, die bereits bei der Auswahl erfasst worden waren (z. B. Interesse, Fähigkeitsselbstkon-zept), einmal kurz nach dem Eintritt in die Spezialklasse und noch einmal nach dem ersten Jahr in der Spezialklasse erneut erhoben. Es zeigte sich, dass die erfassten Merkmale in den drei Gruppen deutlich unterschiedlichen Veränderungen unterla-gen. Während die Spitzengruppe ihr von vornherein etwas höheres Interesse, ihr aus-geprägtes Fähigkeitsselbstkonzept und ihre höhere Anstrengungsbereitschaft auf-rechterhalten konnte, sank die Ausprägung dieser Merkmale bei den schwächeren Schülerinnen und Schülern deutlich ab. Schülerinnen und Schüler der starken Gruppe konnten ihre Motivation also stabilisieren, während die Mitglieder der schwachen Gruppe im Verlauf immer weniger Interesse und Leistungsbemühen zeigten. Ein ähnlicher Schereneffekt ergab sich auch bei der Entwicklung der mathematischen Intelligenz. Während die starken Schülerinnen und Schüler einen Anstieg verzeich-neten, sank die Testleistung der schwachen Schülerinnen und Schüler deutlich ab. Hany folgert daraus, dass sich Spezialklassen nur für sehr leistungsstarke Schülerin-nen und Schüler eignen. Alle anderen geraten schnell an ihre Grenzen, was sowohl die Lernfreude als auch die Selbstsicherheit gefährden kann. Eine sorgfältige Bewer-berauswahl nach strengen Kriterien kann vielen Schülerinnen und Schülern derartige Frustrationserlebnisse ersparen, vor allem vor dem Hintergrund, dass in Spezialschu-len oder -klassen nicht intensiv auf Schwächen von Schülerinnen und Schülern ein-gegangen wird (Hany, 2002, 2004). Die Qualität des Auswahlverfahrens ist daher von großer Bedeutung für den Erfolg einer Fördermaßnahme.

5.2   Klärung der Zielsetzung

Bereits in der Planungsphase einer Fördermaßnahme sollten die Ziele des Pro-gramms möglichst konkret definiert werden. Daraus ergeben sich dann die Kriterien für das Auswahlverfahren, mit dem geeignete Schülerinnen und Schüler identifiziert werden. Erst wenn die Programmziele klar sind und definiert ist, welche Fähigkeiten von den Teilnehmerinnen und Teilnehmern erwartet werden und welche Fähigkeiten im Programm entwickelt werden sollen, kann eine vernünftige Auswahlstrategie entworfen werden. In der Praxis wird jedoch häufig nicht so vorgegangen, sondern es werden Testverfahren und andere Methoden verwendet, die nicht auf die Programmziele abgestimmt sind (Hansen & Linden, 1990; Callahan, Tomlinson, Hunsaker, Bland & Moon, 1995). In diesem Fall können jedoch auch die besten Testverfahren und Instrumente unter Umständen nur irrelevante oder ungültige Informationen erbringen.

Generelle mögliche Zielstellungen eines Förderprogramms für intellektuell besonders begabte Schülerinnen und Schüler können z. B. sein:

- Die Entwicklung herausragender akademischer und/oder beruflicher Leistungen im Jugend- und Erwachsenenalter, generell oder in einer bestimmten Domäne (z. B. Lubinski et al., 2001),
- die Förderung derjenigen Schülerinnen und Schüler, die für ihre schulische und akademische Ausbildung am meisten von einem Förderprogramm profitieren würden (z. B. Lohman, 2005),
- die Prävention von Motivationsverlust, Leistungsabfall und psychischer Beeinträchtigung, die durch andauernde starke schulische Unterforderung entstehen können,
- die Herstellung von Gerechtigkeit im Schulsystem, da die Haltung vertreten wird, dass alle Schülerinnen und Schüler einen Anspruch auf eine ihren Fähigkeiten angemessene schulische Förderung haben und sich jedes Individuum möglichst optimal entfalten können soll,
- eine optimale Entwicklung des „humanen Kapitals" einer Gesellschaft, so dass künftige Aufgaben in der Gesellschaft möglichst gut bearbeitet werden können (siehe z. B. Bleske-Rechek et al., 2004).

Spezifischere Ziele können sich z. B. auf die im Programm geförderte Domäne (z. B. Mathematik, Naturwissenschaften, Literatur etc.) und/oder auf spezielle Kompetenzen (z. B. Kommunikationsfähigkeiten, Techniken wissenschaftlichen Arbeitens, soziale Kompetenzen) beziehen. Je nach angestrebten Zielen variiert auch die Zielpopulation. Die Frage, wer mit dem Programm gefördert werden soll, wird je nach Programmzielen unterschiedlich zu beantworten sein. Da es sich stets um Programme für intellektuell Hochbegabte handelt, sollten intellektuelle Fähigkeiten (etwa die allgemeine Intelligenz und/oder spezifische intellektuelle Fähigkeiten, z. B. sprachliche, räumliche oder mathematische Intelligenz) immer einen Bestandteil des Auswahlverfahrens bilden.

Wenn das Programm insgesamt auf eine möglichst optimale Leistungsentwicklung oder die bestmögliche Entwicklung von vorhandenen Ressourcen in einer Gesellschaft abzielt, ist zunächst eine Auswahl nach intellektuellen Fähigkeiten sinnvoll, da Menschen mit hoher Intelligenz nachgewiesenermaßen eine deutlich erhöhte Wahrscheinlichkeit aufweisen, akademisch und beruflich leistungsstark zu sein (z. B. Lubinski, Webb, Morelock & Benbow, 2001). Hier ist jedoch zu beachten, dass ein vielfach gut abgesicherter Befund der Begabungsforschung besagt, dass hohe intellektuelle Fähigkeiten für eine erfolgreiche schulische, akademische und berufliche

Entwicklung zwar erforderlich, jedoch nicht hinreichend sind. Weitere Faktoren müssen, je nach Gebiet, auf dem hohe Leistungen erzielt werden sollen, hinzukommen, z. B. Leistungsmotivation, Kreativität, soziale Kompetenzen und Kommunikationsfähigkeiten. Letztlich spielen auch Faktoren wie das erfahrene Ausmaß an Unterstützung durch die Familie und die Schule, Lerngelegenheiten, gesellschaftliche Bedingungen und einfach Zufall oder Glück eine Rolle bei der Entwicklung herausragender Leistungen (Vock & Holling, im Druck; Preckel & Holling, 2006). Diese komplexen Wechselwirkungen werden auch in verschiedenen Hochbegabungsmodellen, z. B. dem Münchner Hochbegabungsmodell (Heller, Perleth & Hany, 1994), beschrieben. Die Ergebnisse aus der Expertiseforschung zeigen zudem, dass sich außergewöhnlich erfolgreiche Personen durch ein enormes Maß an Ausdauer und Ehrgeiz (Trost & Sieglen, 1992) sowie eine jahrelange intensive Beschäftigung mit ihrem Themenbereich (Ericson & Charness, 1995) auszeichnen, ihre Leistungen somit in starkem Maße auch auf motivationale Faktoren und die Qualität des Vorwissens zurückzuführen sind (vgl. auch Hagen, 1989; Renzulli, 1978).

Aus diesen Erkenntnissen lassen sich unterschiedliche Schlussfolgerungen für ein Begabungsprogramm und die Auswahl von Teilnehmerinnen und Teilnehmern ziehen. Eine Möglichkeit ist es, besonders intelligente Schülerinnen und Schüler auszuwählen und ihnen ein intellektuell anspruchsvolles Förderprogramm anzubieten. Weitere Aspekte, die für die Leistungsentwicklung relevant sind, werden dann neben den kognitiven Fähigkeiten im Programm zusätzlich gezielt gefördert. Falls Defizite vorhanden sind, kann daran gearbeitet werden, diese möglichst abzubauen oder Wege zu finden, wie diese Defizite durch andere Fähigkeiten kompensiert werden können. Ein Beispiel für dieses Vorgehen ist ein Pull-out-Programm von Cohen et al. (1994), in dem neben der intellektuellen Förderung auch die Förderung sozialer Kompetenzen einen wichtigen Stellenwert einnimmt (s. Abschnitt 4.2).

Ein anderer Weg ist, gezielt solche Schülerinnen und Schüler auszuwählen, die neben intellektuellen Fähigkeiten weitere für die Leistungsentwicklung förderliche Eigenschaften bereits aufweisen. Auf diese Weise wird zum Beispiel im Sächsischen Landesgymnasium St. Afra verfahren, in dem besonders intelligente und leistungsstarke Schülerinnen und Schüler gefördert werden. Insbesondere ist bei diesem Weg an bisher gezeigte schulische und ggf. außerschulische Leistungen zu denken, denn frühere Leistungen sind ein besonders valider Indikator für spätere Leistungen (z. B. Walberg & Paik, 2005). Wenn neben der Intelligenz noch weitere Kriterien angelegt werden sollen, z. B. hohe Leistungen, besondere Kreativität oder ausgeprägte soziale Kompetenz, werden bei gleichem Cut-off-Score für die intellektuelle Begabung (z. B. IQ > 120) naturgemäß weniger Schülerinnen und Schüler ausgewählt werden, da das Zusammentreffen hoher Ausprägungen bei unterschiedlichen Kriterien deutlich seltener vorkommt. Es ist somit daher auch entscheidend, *wie viele* Schülerinnen und Schüler mit den vorhandenen Ressourcen besonders gefördert sollen bzw. können. Je nach angestrebter Teilnehmerzahl kann daher auch die Höhe des Cut-off-Scores verschoben werden.

Steht im Vordergrund eines Förderprogramms das Ziel der Prävention von psychischen Beeinträchtigungen, die bei anhaltender Unterforderung entstehen können, so sind weitere Aspekte bei der Auswahl zu berücksichtigen. Insbesondere ist in diesem Fall darauf zu achten, nicht diejenigen Schülerinnen und Schüler zu übersehen, denen es nicht gelingt, ihre intellektuellen Fähigkeiten in angemessene schulische Leistungen umzusetzen (so genannte „Underachiever"). Dies wäre insbesondere dann der Fall, wenn die Auswahl vor allem auf Schulnoten und Lehrerurteilen beruhen würde. Neben der Fähigkeitsdiagnostik kann es hier zusätzlich relevant sein, die aktuelle Situation und die Bedürfnisse einer Schülerin oder eines Schülers zu erfassen, denn ein wenig fordernder Unterricht hat längst nicht für jeden Schüler negative Auswirkungen auf die Motivation und die Leistungen.

Auch hinsichtlich der spezifischeren Ziele, die mit einem Programm verfolgt werden, können unterschiedliche Zielpopulationen relevant sein. Wenn zum Beispiel ein Programm entwickelt werden soll, das eine Akzeleration in Mathematik beinhaltet, wäre eine Auswahl der Kandidaten nach ihrer mathematischen Begabung und ggf. auch bereits gezeigten Leistungen in Mathematik sinnvoll. Wenn hingegen eine Klasse zusammengestellt werden soll, die eine Anreicherung des gesamten Curriculums erfährt, wäre zum Beispiel eine Auswahl der Kandidatinnen und Kandidaten im Hinblick auf ihre allgemeine Intelligenz ein Erfolg versprechendes Vorgehen. Lohman (2005) schlägt vor, unterschiedliche Förderprogramme anzubieten einerseits für solche Schülerinnen und Schüler, die sich in einem Fach bereits als sehr leistungsstark erwiesen haben und andererseits für solche Schülerinnen und Schüler, die nicht unbedingt leistungsstark sind, aber ein hohes intellektuelles Potential haben. Akzelerationsmaßnahmen wie das Überspringen einer Klasse empfiehlt Lohman (2005) eher für die Gruppe der leistungsstarken Schülerinnen und Schüler; Programme, in denen auf leicht fortgeschrittenem Niveau unterrichtet wird, hingegen für die Gruppe derjenigen mit hohem intellektuellen Potential.

Zusammenfassend lässt sich festhalten, dass es kein einheitliches Vorgehen bei der Talentsuche geben kann, da es keine allgemeingültigen Kriterien gibt, sondern diese vielmehr je nach Förderintention spezifisch definiert werden müssen. Je nach Ziel und Zielpopulation können somit verschiedene Auswahlkriterien verwendet werden. Diese Kriterien können dann für einzelne Schülerinnen und Schüler anhand verschiedener Datenquellen überprüft werden. Basierend auf mehrdimensionalen Begabungskonzepten empfiehlt sich generell ein multimethodales und multimodales Vorgehen, das sowohl begabungs- wie auch anforderungsspezifische Merkmale berücksichtigt (Richert, Alvion & McDonnel, 1982; Feldhusen, 1989; McLeod & Cropley, 1989). Es ist allerdings zu beachten, dass die Erhebung multipler Kriterien an sich noch keine optimale Auswahlentscheidung garantieren kann. Entscheidend ist nicht die Anzahl der erfassten Merkmale, sondern inwieweit eine Information dazu beiträgt, valide und reliable Entscheidungen zu treffen. Dies kann nur gegeben sein, wenn die Definition der Kriterien auf einer sorgfältigen Anforderungsanalyse beruht. Die Erfassung vieler beliebig ausgewählter Kriterien wäre hingegen eine Verschwendung zeitlicher und materieller Ressourcen (Feldhusen & Jarwan, 2000).

5.3   Auswahl der Kriterien

Wenn die Ziele des Förderprogramms und die Zielpopulation des Programms festgelegt sind, müssen die konkreten Kriterien für die Auswahl der Teilnehmerinnen und Teilnehmer festgelegt werden. Für die meisten Förderprogramme wird es sinnvoll sein, mehrere Kriterien für die Auswahl heranzuziehen.

Wenn intellektuell hochbegabte Schülerinnen und Schüler gefördert werden sollen, sind in Auswahlverfahren Maße für intellektuelle Fähigkeiten unverzichtbar. Welche Komponenten der intellektuellen Fähigkeiten hierzu jedoch herangezogen werden, kann sich unterscheiden. In den in der Literatur beschriebenen Förderprogrammen werden entsprechend verschiedene Kriterien für die intellektuelle Begabung verwendet. Häufig werden, je nach inhaltlichem Förderziel des Programms, die verbale oder die mathematische Begabung erfasst (Shea, Lubinski & Benbow, 2001). Bei der Auswahl von Schülerinnen und Schülern für eine Spezialschule für Sprachen wurde beispielsweise die verbale Intelligenz untersucht (Hany, 2004), bei der Auswahl für spezielle Mathematikklassen wurden hingegen die kristalline mathematische Intelligenz und die fluide figurale Intelligenz untersucht (Hany, 2002). Studien mit intellektuell hochbegabten Jugendlichen konnten zeigen, dass die mathematische und verbale Intelligenz auch für diese Begabungsgruppe eine differentielle prädiktive Validität aufweisen (Achter et al., 1999).

Seltener wird in Auswahlverfahren auch die räumliche Begabung der Schülerinnen und Schüler erfasst. Während räumliche Fähigkeiten für die Vorhersage von Schulerfolg häufig nur eine nachgeordnete Rolle spielen, weil sprachliche Fähigkeiten und der Umgang mit Zahlen in der Schule besonders wichtig sind, haben sie eine bedeutsame prädiktive Validität für verschiedene Studiengänge und Berufe, insbesondere in den Naturwissenschaften, den Ingenieurwissenschaften und der Architektur (z. B. Humphreys, Lubinski & Yao, 1993). Shea et al. (2001) konnten zeigen, dass die Messung räumlicher Fähigkeiten in einer Gruppe sehr intelligenter Probanden einen zusätzlichen Beitrag zur Vorhersage des weiteren Ausbildungswegs und der beruflichen Entwicklung lieferte, der über den Vorhersagewert der eher sprachlich orientierten Tests hinausging. Die Autoren dieser Studie argumentieren, dass ein bedeutsamer Teil begabter Schülerinnen und Schüler mit einem Begabungsschwerpunkt auf räumlichen Fähigkeiten bei Talentsuchen übersehen wird, wenn verbale und mathematische Fähigkeiten im Fokus der Untersuchung stehen. Die Analysen von Humphreys et al. (1993) zeigen, dass bei einer Begabtenauswahl auf der Basis einer großen repräsentativen Stichprobe von amerikanischen Schülerinnen und Schülern über die Hälfte der räumlich höchstbegabten Jugendlichen (Top 1 %) übersehen wird, wenn allein nach der verbalen und mathematischen Begabung (Top 3 %) ausgewählt wird. Je nach Zielsetzung des Förderprogramms (s. o.), kann es somit zentral sein, auch die räumlichen Fähigkeiten bei der Auswahl zu berücksichtigen. Wenn ein Förderprogramm etwa auf die Vorbereitung der Entwicklung hoher Leistungen im Erwachsenenalter in verschiedenen Domänen abzielt, kann die zusätzliche Messung räumlicher Fähigkeiten sinnvoll sein.

Lohman (2005) weist jedoch darauf hin, dass die Diagnose räumlicher Fähigkeiten keinesfalls eine Diagnose verbaler und mathematischer Fähigkeiten ersetzen, sondern lediglich als zusätzliche Informationsquelle herangezogen werden sollte. Er argumentiert, dass Tests zur Erfassung räumlicher Fähigkeiten mit sprachfreiem, figuralem Aufgabenmaterial zwar, ebenso wie andere Intelligenztests, die allgemeine Intelligenz erfassten. Die spezifisch räumliche Komponente hingegen, die diese Tests über die allgemeine Intelligenz hinaus noch erfassen, wird für die Leistungen, die in der Schule erbracht werden müssen, kaum gebraucht. Bei Tests zur Messung verbaler oder mathematischer Fähigkeiten ist jedoch auch die jeweils testspezifische Komponente, z. B. die verbalen Fähigkeiten in verbalen Intelligenztests, für schulische Leistungen relevant. Besonders stark ausgeprägte räumliche Fähigkeiten können sogar mit einer Beeinträchtigung des schulischen Lernens einhergehen: Schülerinnen und Schüler mit einer besondere Stärke im räumlichem Bereich haben oft besondere Schwächen in verschiedenen, insbesondere sprachlichen schulischen Leistungsbereichen (Lohman, 2005). Dies ist hingegen nicht der Fall bei Schülerinnen und Schülern mit vergleichbaren mathematischen und verbalen Fähigkeiten, die aber keine besondere Stärke im räumlichen Denken aufweisen (s. a. Gohm, Humphreys & Yao, 1998).

Als Ziel einer Begabtenförderung versteht Lohman (2005) die Förderung derjenigen Schülerinnen und Schüler, die bereits herausragende schulische Leistungen zeigen, da diese am meisten von einer intensiven Förderung profitieren. Würden hingegen Schülerinnen und Schüler aufgrund ihrer hohen räumlichen Fähigkeiten – die eher ein Prädiktor für berufliche Leistungen sind – für ein Förderprogramm ausgewählt, bestehe die Gefahr, dass diese Schülergruppe von einem anspruchsvollen akademischen Programm nicht hinreichend profitieren kann.

Auch hier scheint wieder die Zielsetzung des Förderprogramms ausschlaggebend zu sein: Wenn das Hauptziel darin besteht, diejenigen Schülerinnen und Schüler zu fördern, die von einem Programm für ihre weitere schulische und akademische Entwicklung besonders profitieren, sollten vor allem Schülerinnen und Schüler mit hohen mathematischen und verbalen Fähigkeiten ausgewählt werden. Wird hingegen eine längerfristige Entwicklung in den Blick genommen, die über die in der Schule notwendigen Fähigkeiten hinausgeht und spätere berufliche Leistungen in verschiedenen Berufsfeldern mit einbezieht, so sollte die Diagnose auch räumliche Fähigkeiten mit einbeziehen (wenn das Förderprogramm einen inhaltlichen Bezug zu diesem Begabungsbereich aufweist).

Neben der intellektuellen Begabung und den schulischen Leistungen können – je nach zugrunde gelegtem Begabungsmodell und angestrebtem Förderziel – verschiedene nicht kognitive Merkmale wie Leistungsmotivation, das Fähigkeitsselbstkonzept und Persönlichkeit in das Auswahlverfahren mit einbezogen werden. Zusätzlich bietet sich eine Erhebung des Interessenprofils der Bewerberinnen und Bewerber an, denn eine Förderung ist dann besonders effektiv, wenn sowohl die Fähigkeiten als auch die Interessenstruktur zum jeweiligen Angebot passen (vgl. Ackerman, 1996; Lubinski & Benbow, 2000).

5.4   Auswahl der Datenquellen

An die Auswahl der zu erhebenden Kriterien schließt sich nun die Entscheidung für bestimmte Erhebungsmethoden an. Es gibt eine Vielzahl an Möglichkeiten, eine Auswahl von potentiellen Teilnehmerinnen und Teilnehmern vorzunehmen. Solche Entscheidungen können anhand von standardisierten Testverfahren (z. B. Intelligenztests, Leistungstests, Persönlichkeitstests), Schulnoten oder besonderen Leistungen vorgenommen werden. Alternativ kann auf standardisierte oder unstandardisierte Einschätzungen der Lehrerinnen und Lehrer (*Lehrernomination*), der Eltern (*Elternnomination*), der Mitschülerinnen und Mitschüler (*Peernomination*) oder der Schülerin oder des Schülers selbst (*Selbstnomination*) zurückgegriffen werden. Darüber hinaus finden oftmals Interviews mit den Bewerberinnen und Bewerbern statt. Nicht selten kommt eine mehr oder weniger aufwändige Kombination der genannten Methoden zum Einsatz, so z. B. bei den Auswahlverfahren in vielen Spezialschulen für Hochbegabte oder bei der Prüfung der Eignung für das Überspringen von Klassen (z. B. Assouline et al., 1998).

Entscheidend ist, dass die eingesetzten Verfahren geeignet sind, die ausgewählten Kriterien zu erfassen und dass sie möglichst valide, reliable und objektive Informationen erbringen. Die Erfüllung dieser Gütekriterien ist bei den oben aufgeführten Methoden in unterschiedlichem Maße gegeben. Darüber hinaus ist es wichtig, diejenigen Personen, die die Auswahl durchführen, im Einsatz der Verfahren intensiv zu schulen, um ein einheitliches Vorgehen zu sichern und sie für mögliche Fehlerquellen zu sensibilisieren. Im Folgenden werden die Vor- und Nachteile einiger der genannten Methoden näher beleuchtet. Darüber hinaus werden Erkenntnisse aus wissenschaftlichen Untersuchungen vorgestellt.

5.4.1   Standardisierte Tests

Der herausragende Vorteil standardisierter Tests besteht darin, dass die Verfahren in der Regel wissenschaftlich fundiert sind und empirisch belegte Angaben zu den Gütekriterien vorliegen. Die Testverfahren wurden an großen Stichproben erprobt und es liegen Vergleichswerte für Testleistungen in Form von Normentabellen vor.

Intelligenztests

Intelligenztestverfahren, die den heutigen Standards für psychologische Testverfahren entsprechen, haben verschiedene klare Vorteile gegenüber anderen Datenquellen wie zum Beispiel Selbst- oder Fremdeinschätzungen durch Eltern- oder Lehrerurteile: Intelligenztests sind in der Regel theoretisch fundiert und ermöglichen objektive, reliable, valide und zeitökonomische Messungen. Intelligenztests gelten als die bei weitem effektivsten Verfahren zur Erfassung kognitiver Fähigkeiten (Borland, 1989; Snyderman & Rothman, 1988).

Ein weiterer Vorteil von Intelligenztests ist, dass sie eine genauere Unterscheidung verschiedener intellektueller Dimensionen erlauben (z. B. des schlussfolgernden Denkens oder des verbalen Gedächtnisses), als dies durch Beobachtungs- oder schulische Leistungsdaten möglich ist. Häufig kristallisieren sich im Falle einer hohen intellektuellen Begabung schon frühzeitig bestimmte Begabungsschwerpunkte heraus (Hany, 2001; Heller, 2000), wie z. B. eine besondere verbale oder mathematische Begabung (z. B. Benbow & Minor, 1990). Eine Erfassung dieser Begabungsschwerpunkte ist am effektivsten mit Hilfe von Intelligenztests zu leisten, da sie verschiedene intellektuelle Dimensionen (z. B. numerische Verarbeitungskapazität und verbales Gedächtnis) genauer beschreiben. Werden also etwa geeignete Kandidatinnen und Kandidaten für eine mathematische Spezialschule gesucht, kann mit Hilfe eines entsprechenden Intelligenztests bestimmt werden, bei welchen Bewerberinnen und Bewerbern tatsächlich eine hohe Begabung im mathematischen Bereich vorliegt.

Darüber hinaus ermöglichen Intelligenztests sowohl einen inter- als auch einen intraindividuellen Vergleich der Ergebnisse, was ihren Einsatz im Rahmen eines Auswahlverfahrens ebenfalls attraktiv macht. Da die Verfahren darauf abzielen, Fähigkeitspotentiale zu erfassen, eignen sie sich ebenfalls dazu, Minderleister bzw. Underachiever sowie hochbegabte Schülerinnen und Schüler mit Lernschwierigkeiten zu identifizieren (Davis & Rimm, 1985; Kaufman & Harrison, 1986).

Bei der Interpretation von Intelligenztestergebnissen sind jedoch stets einige Einschränkungen zu beachten: Zunächst erfassen Intelligenztests immer nur einen bestimmten Ausschnitt aus dem Spektrum intellektueller Fähigkeiten. Verschiedene Intelligenztestverfahren basieren auf unterschiedlichen Intelligenzmodellen und messen teilweise identische, teilweise aber auch verschiedene Fähigkeitsdimensionen mit jeweils unterschiedlicher Validität. Diese Unterschiede zwischen den verschiedenen Tests führen dazu, dass verschiedene Intelligenztests in der Regel nur moderat miteinander korrelieren.

Weiterhin ist zu berücksichtigen, dass sich die Intelligenz einer Person auch mit qualitativ hochwertigen Intelligenztests nicht mit 100-prozentiger Sicherheit feststellen lässt, da jedes Testergebnis immer mit einem bestimmten Messfehler behaftet ist. Ein Testergebnis kann daher stets nur eine Annäherung an die wahre Ausprägung der Fähigkeit einer Person sein. Der Messfehler von Intelligenztests lässt sich jedoch abschätzen und mit seiner Hilfe kann ein Vertrauens- oder Konfidenzintervalls bestimmt werden, das den wahren Wert überdeckt. Die Ergebnisse einer Intelligenztestung stellen darüber hinaus stets nur eine Statusdiagnostik des aktuellen Fähigkeits- und Entwicklungsstands dar. Insbesondere bei jungen Kindern ist die Intelligenz meist noch nicht sehr stabil. Bei Kindern im Vorschulalter erlaubt eine Intelligenztestung noch keine sicheren längerfristigen Prognosen (Holling, Preckel & Vock, 2004).

Eine weitere Schwierigkeit besteht darin, dass die Normen vieler in der Praxis üblicher Intelligenztests veraltet sind und sie daher zu einer Überschätzung der Fähigkeiten der Testpersonen führen können (Flynn, 1987). Außerdem sind die vorhandenen Normen für Personen im hohen Begabungsbereich in der Regel nicht repräsentativ. Die meisten Intelligenztests messen zwar recht genau im mittleren Leistungsbereich, enthalten aber zu wenig schwierige Aufgaben, um auch für den hohen Begabungsbereich möglichst sichere Aussagen zu erlauben. Gibt es nur sehr wenige anspruchsvolle Aufgaben, löst eine sehr begabte Person möglicherweise alle Aufgaben. Die Testperson stößt mit ihren Leistungen gewissermaßen an die „Testdecke" (so genannter Deckeneffekt), so dass die Feststellung der tatsächlichen Höhe der Fähigkeit nicht möglich ist. Die Messgenauigkeit im hohen Begabungsbereich verringert sich, da die Messung auf weniger Informationen beruht (Preckel, 2003). Es kann davon ausgegangen werden, dass die meisten üblicherweise verwendeten Intelligenztests Deckeneffekte aufweisen (Heller, 2000). Dies trifft z. B. auch auf die Advanced Progressive Matrices (APM; Raven, 1962) zu, die eigens für die Erfassung hoher Intelligenz konstruiert wurden. Eine Untersuchung von Preckel (2003) mit 60 Schülerinnen und Schülern einer Spezialschule für mathematisch-naturwissenschaftlich Begabte ergab einen deutlichen Deckeneffekt für die APM. Dokumentierte Deckeneffekte im oberen Intelligenzbereich finden sich auch für den K-ABC (Van Melis-Wright & Stone, 1986) und für die Skalen der amerikanischen Versionen der Wechsler-Tests (Verbalteil: Ross-Reynolds & Reschly, 1983; Untertests: Kaplan, 1992). Bekannt sind ebenfalls Deckeneffekte bei der Testung hoher Intelligenz mit dem CFT 20 (z. B. Baving, 2002); in der revidierten Version CFT 20-R (Weiß, 2006) soll dieses Problem, dem Testautor zufolge, jedoch ausgeräumt worden sein. Im Handbuch des deutschen Hamburg-Wechsler-Intelligenztests für Kinder (HAWIK-III) wird explizit auf das Auftreten von Deckeneffekten hingewiesen (Tewes, Rossmann & Schallberger, 2000).

Für viele praktische Zwecke wird zunächst die möglichst genaue Erfassung eines bestimmten Grenzwerts (z. B. ein IQ von 130) ausreichen, um vernünftige Selektionsentscheidungen treffen zu können. Soll hingegen ein Profil der intellektuellen Begabung erstellt werden, so ist es wünschenswert, die einzelnen Intelligenzdimensionen möglichst exakt messen zu können, um Aussagen über bestimmte Begabungsschwerpunkte verlässlich treffen zu können. Bei bestimmten Fragestellungen im Rahmen einer Evaluationsstudie kann es zudem hilfreich sein, eine möglichst differenzierte Fähigkeitsschätzung im hohen Intelligenzbereich vornehmen zu können, das heißt zum Beispiel, auch im Bereich der Intelligenz zwischen einem IQ von 130 und etwa 160 noch differenzieren zu können (siehe z. B. Lubinski, Webb, Morelock & Benbow, 2001).

Für eine exaktere Messung auch im hohen Begabungsbereich gibt es zwei Möglichkeiten: Die eine Möglichkeit besteht darin, ein Testverfahren zu verwenden, das für eine Gruppe älterer Probandinnen und Probanden entwickelt wurde. Legt man diese Testaufgaben jüngeren potentiell sehr intelligenten Kindern oder Jugendlichen vor, können Deckeneffekte vermieden werden, weil diese Aufgaben für die Jüngeren sehr schwierig sind. Dieses so genannte *out-of-level-testing* oder *above-level-testing* ist für die Individualdiagnostik nur bedingt verwendbar, da keine für die jüngere Altersgruppe adäquaten Normen vorliegen. Bei Gruppenuntersuchungen kann jedoch eine auf die Stichprobe bezogene Norm erstellt werden, anhand derer die einzelnen Bewerberinnen und Bewerber in eine Rangreihe gestellt werden und dann diejenigen mit einem Testergebnis oberhalb eines bestimmten Cut-off-Scores ausgewählt werden können.

In den USA wurde dieses Vorgehen zum Beispiel im Rahmen der *Study of Mathematically Precocious Youth* (SMPY; Lubinski & Benbow, 1994) angewandt. Hier wurden die Probandinnen und Probanden über ein zweistufiges Verfahren ausgewählt. Im ersten Schritt kamen alle die Schülerinnen und Schüler in die engere Auswahl, die in der siebten oder achten Klasse in dem standardisierten Fähigkeitstest, der regulär in ihrer Schule durchgeführt wurde, einen Prozentrang von mindestens 97 erreichten. Im zweiten Schritt nahmen diese Schülerinnen und Schüler im Rahmen einer Talentsuche an den regulären College Board Scholastic Aptitude Tests (SAT) für Schülerinnen und Schüler der Klassen 11 und 12 teil. Diese Tests messen Reasoning-Fähigkeiten im mathematischen Bereich (SAT-M) und im verbalen Bereich (SAT-V), welche für ein Universitätsstudium relevant sind. Der SAT-M und der SAT-V wurden für überdurchschnittlich leistungsstarke Schülerinnen und Schüler entwickelt, die die letzten Schuljahre der Highschool besuchen und die in ein College aufgenommen werden möchten. Die SAT-Gesamtleistung und Verteilung der Scores der jüngeren Schülerinnen und Schüler entsprach in etwa den Ergebnissen der eigentlichen Zielpopulation des SAT. Für eine Teilnahme an der SMPY wurden schließlich alle Schülerinnen und Schüler ausgewählt, deren Leistungen im SAT mindestens einem Prozentrang von 99 entsprachen. Durch die Methode des out-of-level-testing resultierte eine immer noch breite Fähigkeitsvarianz innerhalb der nun nach intellektuellen Fähigkeiten hochselektierten Stichprobe. Die Testergebnisse der aufgenommenen Teilnehmerinnen und Teilnehmer konnten somit nicht nur als ein hinreichend verlässliches Auswahlkriterien verwendet werden, sondern waren auch für die interindividuelle Differenzierung innerhalb der Stichprobe von Nutzen. Dies ist zum Beispiel dann relevant, wenn im Rahmen einer Evaluationsstudie bestimmte mögliche Effekte des Förderprogramms (z. B. Lernerfolge) zu den bereits vor Programmbeginn vorhandenen Fähigkeitsunterschieden in Beziehung gesetzt werden sollen.

Über Verwendung des out-of-level-testing in Deutschland berichtet z. B. Hany (2004): Bei einem Auswahlverfahren für eine Spezialschule für Sprachen wurden Kinder der vierten Klasse mit verschiedenen Untertests des Kognitiven Fähigkeitstests (KFT 4-12+R) von Heller und Perleth (2000) untersucht. Dabei wurden solche Aufgaben verwendet, die für ältere Kinder, die die sechste bzw. siebte Jahrgangsstufe besuchten, konzipiert worden waren.

Eine zweite Möglichkeit zu exakten Fähigkeitsschätzungen auch im oberen Fähigkeitsbereich zu kommen, besteht darin, spezielle Tests zu verwenden, die gezielt für die Hochbegabungsdiagnostik entwickelt wurden. In den USA gibt es mehrere entsprechende Testverfahren auf dem Markt, z. B. das *Screening Assessment for Gifted Elementary and Middle School Students – Second Edition* (SAGES-2) von Johnsen und Corn (2001) und den *Test of Mathematical Abilities for Gifted Students* (TOMAGS) von Ryser und Johnsen (1998). Der SAGES-2 misst einerseits das schulische Wissen im mathematisch-naturwissenschaftlichen sowie im sprachlichen und sozialwissenschaftlichen Bereich und andererseits Reasoning-Fähigkeiten über bildliche Analogieaufgaben. Der TOMAGS erfasst hohe mathematische Fähigkeiten bei Kindern zwischen sechs und zwölf Jahren.

In Deutschland gibt es den *Berliner Intelligenzstruktur-Test für Jugendliche: Begabungs- und Hochbegabungsdiagnostik* (BIS-HB) von Jäger et al. (2006), der speziell für die Hochbegabungsdiagnostik entwickelt und auch an hochbegabten Jugendlichen normiert wurde. Das Auftreten von Deckeneffekten wurde verhindert, indem gezielt sehr schwierige Aufgaben integriert wurden. Der Test kann bei Kindern und Jugendlichen zwischen 12 und 16 Jahren eingesetzt werden und erfasst sämtliche Fähigkeiten, die im Berliner Intelligenz Strukturmodell von Jäger (1982, 1984) spezifiziert sind. Es handelt sich dabei um vier „operative" Fähigkeiten (Verarbeitungskapazität, Einfallsreichtum, Merkfähigkeit und Bearbeitungsgeschwindigkeit) sowie um drei „inhaltsgebundene" Fähigkeiten (sprachgebundenes Denken, zahlengebundenes Denken und anschauungsgebundenes, figural-bildhaftes Denken). Aus der Gesamtheit dieser Fähigkeiten lässt sich die allgemeine Intelligenz errechnen. Der BIS-HB deckt somit ein vergleichsweise breites Spektrum intellektueller Fähigkeiten ab. Eine Besonderheit des BIS-HB ist zudem, dass über die Skala „Einfallsreichtum" auch Aspekte kreativer Fähigkeiten im Sinne von divergentem Denken berücksichtigt werden. Vergleichbare Tests für Kinder unter zwölf Jahren fehlen in Deutschland derzeit noch.

Für eine Auswahl von Bewerberinnen und Bewerbern für ein Förderprogramm müssen schließlich bestimmte Grenzwerte oder Cut-off-Scores festgelegt werden, ab denen eine Aufnahme erfolgt. Üblicherweise wird intellektuelle Hochbegabung bei Vorliegen eines Ergebnisses im Intelligenztest definiert, welches mindestens zwei Standardabweichungen über dem Mittelwert liegt (dies entspricht einem IQ von 130 oder höher bzw. einem Prozentrang von mindestens 98). Für Auswahlverfahren lässt sich jedoch keine allgemeingültige notwendige Mindesthöhe intellektueller Fähigkeiten festlegen. Die Grenzwerte sollten zum einen von der Zieldefinition des Programms und der entsprechenden Zielpopulation abhängig gemacht werden, zum anderen ist in der Praxis meist auch das Verhältnis von Interessenten bzw. Bewerberinnen und Bewerbern und den verfügbaren Plätzen zu berücksichtigen. Bei relativ wenigen Plätzen und vielen Bewerberinnen und Bewerbern kann das Kriterium höher angesetzt werden, bei einem umgekehrten Verhältnis wird man das Kriterium eher niedriger wählen. Bei Grenzwertsetzungen ist stets auch die Messgenauigkeit des Verfahrens zu berücksichtigen: Je geringer die Reliabilität des Tests, desto größer fällt das Vertrauensintervall aus. Die Länge der Konfidenzintervalle um den gemessenen IQ-Wert herum kann dabei bis zu 20 IQ-Punkte betragen.

Kreativitätstests

Verschiedene Hochbegabungsmodelle enthalten das Konstrukt der Kreativität. In einigen dieser Modelle wird Kreativität als entscheidende Einflussvariable für die Entwicklung kognitiver Fähigkeiten zu tatsächlich außergewöhnlichen Leistungen verstanden („creative productive giftedness" versus „schoolhouse giftedness"; Renzulli, 1986). Andere Modelle enthalten Kreativität als eigenen Begabungsbereich, welcher keine Voraussetzung für die Leistungsentwicklung in anderen Begabungsbereichen darstellen muss (z. B. Gagné, 1993). Kreative Hochbegabung wird hier von intellektueller Hochbegabung unterschieden (Neihart & Olenchak, 2002; Winner & Martino, 2003).

Das Konstrukt der Kreativität ist eher unscharf und entsprechend schwer zu messen (z. B. Davis, 2003; Sternberg, 1999). Die verfügbaren Testverfahren erfassen als personenbezogene Komponente der Kreativität zumeist das divergente Denken, welches als kognitive Fähigkeit positiv mit anderen Intelligenzmaßen korreliert ist (Carroll, 1993). Die Mehrzahl der Testverfahren erfasst divergentes Denkens im figuralen und/oder verbalen Bereich. Lediglich der BIS-HB (Jäger et al., 2006, s.o.) erfasst zusätzlich das divergente Denken im numerischen Bereich (einen Überblick über Methoden der Kreativitätsmessung geben Krampen, 1993, oder Sternberg, 1999).

Die Validität von Tests zur Erfassung divergenter Denkfähigkeiten im Hinblick auf die Vorhersage kreativer Leistungen ist eher gering (Cropley, 2000; Davis, 2003; zu Schulnoten bestehen positive Korrelationen in mittlerer Höhe; Jäger et al., 2006). Für das Erkennen hochkreativer Kinder wird daher zumeist ein multimethodales Vorgehen empfohlen, welches Tests des divergenten Denkens mit biografischen Informationen, Persönlichkeits- und Motivationstests sowie Selbst- und Fremdeinschätzungen kombiniert (Davis, 2003).

Spezielle Leistungstests

Zusätzlich zu den Intelligenztests bietet sich bei vielen Auswahlverfahren der Einsatz *spezieller Leistungstests* an (z. B. Rechentests oder Lese- und Rechtschreibtests). Im Falle der Auswahl für ein Programm zur Förderung einer spezifischen Begabung (z. B. in Form einer Mathematik-Arbeitsgemeinschaft), kann mit ihrer Hilfe beispielsweise zusätzlich überprüft werden, ob im jeweiligen Leistungsbereich tatsächlich eine überdurchschnittliche Leistungsfähigkeit vorliegt. Darüber hinaus können diese Tests zur Abklärung bestimmter Defizite herangezogen werden, die einer erfolgreichen Teilnahme an einer Fördermaßnahme entgegenstehen könnten.

Leistungstests weisen ähnliche Vorteile und Einschränkungen auf wie sie oben für Intelligenztests beschrieben wurden. So kommen auch hier Deckeneffekte vor und häufig sind die Normen der Verfahren veraltet. Ebenso wie bei Intelligenztests bietet sich bei besonders begabten Schülerinnen und Schülern ein out-of-level-testing (s. o.) an, um Deckeneffekte zu vermeiden. Bei Akzelerationsmaßnahmen wie dem Überspringen einer Klasse kann der Leistungsstand der Schülerin oder des Schülers mit standardisierten Aufgaben geprüft werden, die für die Klassenstufe konzipiert wurden, in die das Kind im Rahmen der Maßnahme wechseln soll. Zukünftig können zu diesem Zweck in bestimmten Fällen auch standardisierte Aufgaben verwendet werden, die derzeit auf der Basis der länderübergreifenden Bildungsstandards entwickelt werden (siehe z. B. Rupp & Vock, im Druck). Diese Aufgaben erfassen, entsprechend den Bildungsstandards für verschiedene Fächer, die Kompetenzen, die Schülerinnen und Schüler zu bestimmten Zeitpunkten in ihrer Schullaufbahn erworben haben sollen. Löst etwa eine Schülerin der dritten Klasse viele solcher Mathematik-Aufgaben zur Erfassung der mathematischen Kompetenzen, die am Ende der vierten Jahrgangsstufe erreicht worden sein sollen, so kann dies als ein Beleg dafür gewertet werden, dass sie aller Voraussicht nach bereits jetzt erfolgreich am Mathematikunterricht der vierten Klasse teilnehmen könnte.

Spezielle schulbezogene Leistungstests erfassen stärker als Intelligenztests vorhandene Kenntnisse und Fertigkeiten und damit weniger das Potential eines Kindes, solche Kenntnisse zu erwerben. Beim Einsatz spezieller schulbezogener Leistungstests ist somit zu beachten, dass all diejenigen Hochbegabten übersehen werden, die nur geringe oder mittelmäßige schulbezogene Kenntnisse und Fertigkeiten aufweisen. Der Nutzen spezieller schulbezogener Leistungstests liegt vorwiegend darin, Diskrepanzen zwischen intellektuellem Potential und vorhandenem Schulwissen sichtbar zu machen (Underachievementdiagnostik) und Informationen über den

Kenntnisstand einer Schülerin oder eines Schülers zu erhalten, so dass die Förderung darauf abgestimmt werden kann.

Weitere standardisierte Tests

Wie oben bereits ausgeführt, spielen auch bestimmte Persönlichkeitsmerkmale wie Anstrengungsbereitschaft oder Motivation eine wichtige Rolle bei der Vorhersage schulischer Leistungen. Darüber hinaus profitieren intellektuell begabte Schülerinnen und Schüler von bestimmten Fördermaßnahmen (z. B. dem Überspringen einer Klasse) vor allem dann, wenn sie ein gewisses Maß an Belastbarkeit, emotionale Stabilität sowie Kontaktfähigkeit mitbringen. Diese Merkmale können mit Hilfe von Persönlichkeitstests abgeklärt werden. Insbesondere bei Enrichmentangeboten kann es auch sinnvoll sein, die Interessenprofile der Schülerinnen und Schüler zu erheben (siehe z. B. Pruisken, 2004; Rost, 2000). Da bei Persönlichkeits- und Interessentests, anders als bei Intelligenz- und Leistungstests, in der Regel Selbsteinschätzungen der Testpersonen erfragt werden, kann nicht ausgeschlossen werden, dass die Ergebnisse aufgrund von Tendenzen zur positiven Selbstdarstellung oder im Sinne sozialer Erwünschtheit verzerrt sind.

Zusammenfassend kann festgehalten werden, dass standardisierte Testverfahren bei der Auswahl von Kandidatinnen und Kandidaten für Begabtenförderprogramme wertvolle Informationen liefern. Angemerkt sei allerdings, dass ihre Anwendung, Auswertung und Interpretation in der Regel grundlegende psychologische Kenntnisse und eine fundierte Ausbildung in psychologischer Testdiagnostik voraussetzt.

5.4.2 Schulnoten

Ein bewährtes und häufig verwendetes Vorgehen bei jeglicher Art von Eignungsdiagnostik ist der Schluss von vergangenem auf zukünftiges Verhalten. So ist davon auszugehen, dass bislang erbrachte Schulleistungen eine relativ gute Vorhersage zukünftiger Leistungen in der Schule erlauben (Hagen, 1989). Es konnte empirisch vielfach gezeigt werden, dass Schulnoten gut dazu geeignet sind, Schulnoten in späteren Schuljahren vorherzusagen. Der Rückgriff auf Schulnoten für diese Prognose späterer Leistungen in einem Begabtenförderprogramm ist daher zunächst einmal nahe liegend. Schulnoten sind in quantifizierter Form vorliegende Leistungskennwerte, die den Vorteil haben, dass sie auf einem längeren Beobachtungsprozess beruhen und keinen weiteren Erhebungsaufwand erfordern, und somit auch keine zusätzliche Belastung für die Bewerberinnen und Bewerber darstellen (Hany, 1987; Jüling & Lehmann, 1997).

Gleichzeitig ist die Teilnehmerauswahl auf der Grundlage von Schulnoten jedoch mit einer Reihe von Schwierigkeiten verbunden. So unterliegen Lehrerbeurteilungen vielfachen Verzerrungen, beispielsweise orientieren sich Lehrerinnen und Lehrer häufig an einem klasseninternen Bezugssystem bzw. an einer sozialen Bezugsnorm (Ingenkamp, 1971). In einem solchen Fall orientiert sich der Lehrer bei der Beurteilung der Leistung eines Schülers an der durchschnittlichen Leistung der Schülerinnen und Schüler in der jeweiligen Klasse. Das kann dazu führen, dass ein- und dieselbe Leistung in verschiedenen Klassen ganz unterschiedlich benotet wird, je nachdem wie leistungsstark die jeweilige Klasse insgesamt ist.

Die Vergaben von Schulnoten durch Lehrkräfte unterliegt zudem systematischen Fehlern der Beobachtung, Erinnerung oder Beurteilung. Ein Beispiel ist der so genannte Halo-Effekt. Dabei kann einem Beurteiler ein besonders hervorstechendes Merkmal einer Person (z. B. eine sehr gute Einzelleistung) als so gewichtig erscheinen, dass es die Person wie ein Heiligenschein (englisch: *halo*) überstrahlt und alle anderen Attribute (z. B. weniger gute Leistungen) in den Schatten stellt. Ein Merkmal, das besonders schnell einen Halo-Effekt hervorruft, ist zum Beispiel die Attraktivität einer Person. So konnte gezeigt werden, dass Lehrkräfte attraktive Schülerinnen und Schüler als interessierter und intelligenter einstufen als ihre weniger attraktiven Mitschülerinnen und Mitschüler. Des Weiteren bewerten Lehrerinnen und Lehrer Aufsätze von Schülerinnen und Schülern, die sie als hübsch empfinden, besser und geben ihnen insgesamt bessere Zensuren (Rost, 1993b). Auch negativ bewertete Eigenschaften können einen Halo-Effekt hervorrufen; so kann zum Beispiel ein bestimmtes wahrgenommenes Defizit dazu führen, dass gute Leistungen desselben Schülers oder derselben Schülerin in anderen Bereichen übersehen werden. Weitere Beispiele für Urteilsfehler sind verschiedene Attributionsfehler, die die Ursachenzuschreibung von beobachteten Verhaltensweisen betreffen, oder die erwartungsgeleitete Urteilsbildung, bei der bevorzugt solche Informationen über eine Person wahrgenommen werden, die die eigenen Hypothesen über die Person stützen (für einen Überblick siehe Kanning, 2004).

Weitere Nachteile bei der Auswahl von Teilnehmerinnen und Teilnehmern aufgrund der bisherigen Schulnoten sind, dass kreative Fähigkeiten nur geringe Berücksichtigung finden und Underachiever auf diese Weise überhaupt nicht identifiziert werden. Schließlich erfüllen Noten häufig noch andere pädagogische Funktionen (z. B. Motivierung oder Sanktionierung des Schülers) und stellen nicht immer nur den Versuch einer objektiven Leistungsbeschreibung dar. Alles in allem gelten Zensuren als relativ wenig objektive, reliable und valide Maße für die Leistungen von Schülerinnen und Schülern (Schrader, 2006). Aggregierte Maße für schulische Leistungen wie z. B. der Mittelwert der Noten der Hauptfächer im Zeugnis oder der Abiturnotenschnitt weisen in der Regel jedoch eine deutlich bessere Messgüte auf, da diese Maße viele einzelne Beobachtungen verschiedener Leistungen zu verschiedenen Zeitpunkten eingegangen sind, die jeweils von unterschiedlichen Lehrerinnen und Lehrern bewertet wurden.

5.4.3 Einschätzungen durch die Lehrkräfte

Die Verwendung der Einschätzungen von Lehrerinnen und Lehrern *(Lehrernomination)* ist eine in der Praxis in Deutschland häufig eingesetzte Methode zur Identifizierung von Teilnehmerinnen und Teilnehmern für Begabtenfördermaßnahmen. Bei der Lehrernomination handelt es sich um eine Form der informellen Diagnostik. Herangezogen werden hier implizite subjektive Urteile, Einschätzungen und Erwartungen der Lehrkräfte, die zumeist eher beiläufig und unsystematisch im schulischen Alltag entstanden sind (Schrader & Helmke, 2001; Schrader, 2006). Prinzipiell können Lehrernominationen auf Urteilen der Lehrkräfte über die Leistungen, die intellektuelle Begabung oder verschiedene nicht kognitive Merkmale (z. B. Leistungsmotivation) der Schülerinnen und Schüler beruhen. Auf welcher Basis die Lehrerinnen und Lehrer ihre Nominierungen vornehmen sollen, hängt von den Programmzielen ab (s. o.).

Die oben beschriebenen Verzerrungen bei der Leistungsbeurteilung durch Notengebung treffen generell auch für die Nomination von Kandidatinnen und Kandidaten für Förderprogramme durch Lehrkräfte zu. Auch hier wirken implizite interne Klassennormen, Halo-Effekte und andere Verzerrungen, die bei der Einschätzungen anderer Menschen typischerweise auftreten (z. B. verschiedene Attributionsfehler, erwartungsgeleitete Urteilsbildung; für einen Überblick siehe Kanning, 2004).

Eine weitere Verzerrung bei der Lehrernomination zeigt sich beispielsweise in der vielfach nachgewiesenen unterschiedlichen Quote von Jungen und Mädchen, bei denen eine besondere Begabung angenommen wird. In aller Regel schätzen Lehrerinnen und Lehrer deutlich mehr Jungen als Mädchen als intellektuell hochbegabt ein (Relation 2:1 bis hin zu 3:1, siehe z. B. Heller, Senfter & Reimann, 2003). De facto lassen sich jedoch keine signifikanten geschlechtsspezifischen Unterschiede im allgemeinen Intelligenzniveau nachweisen (vgl. Holling, Preckel & Vock, 2004). Es werden verschiedene Ursachen für diese verzerrte Einschätzung vermutet. Zum einen wird angenommen, dass sich typisches geschlechtsspezifisches Verhalten auf die Einschätzung der Lehrkräfte auswirkt. So verhalten sich hochbegabte Jungen im Unterricht häufig insgesamt auffälliger als Mädchen. Zum anderen werden bestimmte subjektive Theorien von Lehrkräften für diesen Geschlechter-Bias verantwortlich gemacht (vgl. Boedecker & Fritz, 2002).

Zur Prüfung der diagnostischen Qualität von Lehrerurteilen werden diese häufig den Ergebnissen aus Leistungstests gegenüber gestellt. Für verschiedene Arten von Lehrerurteilen berichten Hoge und Coladarci (1989) in ihrer Metaanalyse einen Median von $r = .69$ für Korrelationen zwischen Lehrerurteil und Testleistung, die Korrelationen streuen jedoch sehr breit ($r = .28$ bis .92). Insgesamt neigen Lehrerinnen und Lehrer zu einer systematischen Überschätzung der Leistungen ihrer Schülerinnen und Schüler, was bei einer Betrachtung der Mittelwerte von Einschätzung und Testleistung deutlich wird (vgl. Spinath, 2005).

Im Rahmen des Marburger Hochbegabungsprojekts analysierte Wild (1991) die Einschätzungen der Lehrkräfte hinsichtlich der Intelligenz ihrer Schülerinnen und Schüler in der dritten Jahrgangsstufe. Die Einschätzung der allgemeinen Intelligenz gelang den Lehrerinnen und Lehrern dabei etwas besser ($r = .67$) als die Einschätzung spezifischer Intelligenzkomponenten ($r = .45$ bis .61). Generell zeigte sich eine Tendenz zur Homogenisierung der Einschätzung bei den Lehrkräften: Die eingeschätzten Werte für die einzelnen Intelligenzdimensionen korrelierten deutlich stärker als die im Test gemessenen Werte für dieselben Dimensionen.

Spinath (2005) untersuchte die Akkuratheit von Lehrereinschätzungen in Bezug auf die Intelligenz, die Fähigkeitsselbstwahrnehmung, die Lernmotivation und die Leistungsängstlichkeit von Schülerinnen und Schülern. Gegenstand der Untersuchung waren 723 Kinder der Klassenstufen 1 bis 4 und ihre 43 Lehrerinnen und Lehrer. Die Intelligenz der Schülerinnen und Schüler wurde in den Klassen 1 bis 3 mit dem CFT 1 (Weiß & Osterland, 1997) und in den vierten Klassen mit dem CFT 20

(Weiß, 1998) erhoben; die anderen Merkmale wurden von den Schülerinnen und Schülern auf Ratingskalen erfragt. Die Lehrerinnen und Lehrer schätzten auf fünfstufigen Ratingskalen die Ausprägung der gleichen Merkmale bei ihren Schülerinnen und Schülern ein. Als Vorbereitung für die Intelligenzeinschätzungen wurden den Lehrkräften vorab der Intelligenztest und die einzelnen Aufgabentypen ausführlich vorgestellt. Außerdem wurden die Lehrerinnen und Lehrer über die Verteilung der Intelligenz in der Bevölkerung informiert, zudem wurden die fünf Skalenpunkte mit den Prozentsätzen aus der Gesamtbevölkerung gekennzeichnet. Für die erste Kategorie („deutlich unterdurchschnittliche Intelligenz") wurde beispielsweise angegeben, dass sie für ca. 9 % aller Schülerinnen und Schüler in der Gesamtbevölkerung zutreffend ist, und für die dritte die Kategorie („durchschnittliche Intelligenz"), war angegeben, dass ca. 50 % der Gesamtbevölkerung so zu klassifizieren seien. Spinath berechnete für jedes Merkmal drei Diagnosekennwerte: die Niveaukomponente (Tendenz der Lehrkräfte, die Ausprägung des Merkmals zu über- oder unterschätzen), die Differenzierungskomponente (Tendenz der Lehrkräfte, die Streuung des Merkmals zu über- oder unterschätzen) und die Rangkomponente (Tendenz der Lehrkräfte, die Rangreihe der Schülerinnen und Schüler hinsichtlich einer Merkmalsausprägung in ihren Urteilen korrekt abzubilden).

Insgesamt konnten die Lehrkräfte die Höhe der Merkmalsausprägung (Niveaukomponente) für Intelligenz bei ihren Schülerinnen und Schülern im Mittel relativ zutreffend einschätzen, das Ausmaß der Ängstlichkeit wurde überschätzt und die Fähigkeitsselbstwahrnehmung und die Motivation wurden unterschätzt. Die Streuung unterschätzten die Lehrkräfte im Mittel leicht für die Merkmale Intelligenz und Ängstlichkeit, sie überschätzten sie hingegen deutlich für die Fähigkeitsselbstwahrnehmung und die Motivation. Die Korrelationen zwischen Lehrereinschätzung und Testergebnis bzw. Schülereinschätzung (Rangkomponente) lagen im Mittel in einem eher niedrigen Bereich für die Intelligenz ($r = .40$) und die Fähigkeitsselbstwahrnehmung ($r = .39$) und fielen noch einmal deutlich geringer aus für die Lernmotivation ($r = .20$) und die Ängstlichkeit ($r = .15$). Zwischen den verschiedenen Diagnosekennwerten ergaben sich überwiegend nur geringe Korrelationen, was die Autorin als einen weiteren Beleg für die insgesamt nur geringe Akkuratheit der Lehrereinschätzungen interpretiert. Spinath kommt insgesamt zu dem Schluss, dass die Urteilsgenauigkeit der Lehrerinnen und Lehrer überraschend gering ausfällt. Dies gilt insbesondere angesichts von Befunden aus Studien, die zeigen konnten, dass Versuchspersonen auch die Intelligenz von ihnen völlig unbekannten Personen, die sie nur auf einem Foto oder Video sehen, mit einer gewissen Validität einschätzen konnten (z. B. $r = .37$; Murphy, Hall & Colvin, 2003).

Bei der Untersuchung der diagnostischen Qualität von Lehrerurteilen wurden häufig auch die *Effektivität* und die *Effizienz* von Lehrerurteilen überprüft. Diese beiden gebräuchlichen Gütekriterien für Lehrernominationen wurden von Pegnato und Birch (1959) eingeführt. Die Effektivität beschreibt den Anteil der durch Lehrkräfte nominierten Schüler an der Gesamtzahl der nach Testkriterien tatsächlich hochbegabten und potentiell nominierbaren Personen. Eine geringe Effektivität bedeutet, dass Lehrkräfte viele Hochbegabte übersehen haben (so genannter *β-Fehler*). Effizient sind Lehrerurteile dann, wenn alle nominierten Schülerinnen und Schüler auch tatsächlich hochbegabt sind. Eine geringe Effizienz bedeutet also, dass Lehrkräfte viele Schülerinnen und Schüler nominiert haben, die auf der Basis eines standardisierten Tests nicht als hochbegabt klassifiziert werden würden (so genannter *α-Fehler*). In einer Überblicksarbeit fasste Gear (1976) Ergebnisse aus verschiedenen, teilweise recht umfangreichen Untersuchungen zur Lehrernomination zusammen und konnte zeigen, dass die Effektivität insgesamt bei 45 % und die Effizienz zwischen 30 % und 50 % lag. Zu vergleichbar ungünstigen Ergebnissen kam u. a. auch Lowenstein (1982), der berichtet, dass Lehrer das Begabungsniveau ihrer Schüler zu 50 % über- oder unterschätzen. Diese Ergebnisse zeigen, dass Lehrer eher weniger gut dazu in der Lage sind, hochbegabte Schülerinnen und Schüler sicher zu erkennen. Dies mag teilweise durch Befunde erklärbar sein, die zeigen, dass es Lehrerinnen und Lehrern schwer fällt, Begabung als Leistungspotential zu diagnostizieren (Rost & Hanses, 1997), also zwischen tatsächlich gezeigter Leistung und zugrunde liegender Kompetenz zu unterscheiden. Lehrerurteile werden demnach vor allem durch Performanzfaktoren, das heißden erbrachten schulischen Leistungen, beeinflusst und diese werden bei der Beurteilung weiterer Schülermerkmale häufig übergeneralisiert (vgl. Neber, 2004).

Zu ähnlichen Ergebnissen kamen auch Heller, Reimann und Senfter (2005). Sie untersuchten im Auftrag des Bayerischen Kultusministeriums unter anderem die Handlungskompetenz bayerischer Grundschullehrkräfte im Hinblick auf die Erkennung von Hochbegabung (vgl. Kapitel 6). An fünf Grundschulen wurden Lehrerinnen und Lehrer gebeten, die jeweils 10 % intelligentesten, kreativsten und sozial kompetentesten Schülerinnen und Schüler in den Schulklassen der Jahrgangsstufen 3 und 4 zu identifizieren und diese anhand einer Checkliste hinsichtlich verschiedener Merkmale zu beschreiben. Unabhängig davon wurden alle Schülerinnen und Schüler testdiagnostisch untersucht, wobei die *Münchner Hochbegabungstestbatterie* (MHBT; Heller & Perleth, in Vorb.) eingesetzt wurde, die neben Skalen zur Messung kognitiver Fähigkeiten auch solche zur Erfassung sozialer und kreativer Begabung enthält. Die Untersuchungsfrage war nun, inwieweit Lehrerurteil und Testergebnis im Hinblick auf intellektuelle, kreative und soziale Hochbegabung übereinstimmen.

Insgesamt fielen die Zusammenhänge zwischen Lehrereinschätzung und Testergebnis gering bis moderat aus. Die relativ größte Übereinstimmung ergab sich für die Intelligenzdimensionen (r_{bis} = .27 bis .43), wobei sich höhere Korrelationskoeffizienten für die verbale und quantitative als für die nonverbale Denkfähigkeit ergaben. Den Erwartungen entsprechend fielen die Koeffizienten für die Kreativität und die soziale Kompetenz noch einmal deutlich niedriger aus (r_{bis} = .05 bis .11). Diese geringe Übereinstimmung ist zumindest zum Teil jedoch auch durch die wenig zufrieden stellende Operationalisierung der beiden Konstrukte sowie durch die relativ niedrigen Reliabilitätswerte der eingesetzten Testskalen bedingt.

Die Effektivität und Effizienz der Lehrerurteile in der Studie von Heller et al. (2005) fiel für die Intelligenzeinschätzungen weitaus besser aus als für die Einschätzung der Kreativität und der sozialen Kompetenz. In der dritten Jahrgangsstufe wurden 60 % der 10 % Testbesten durch die Lehrkräfte als intellektuell hochbegabt eingestuft. Die Effektivität ist damit zufrieden stellend, allerdings erwiesen sich die Lehrerurteile als weit weniger effizient: Nur bei knapp 38 % der durch die Lehrerinnen und Lehrer als hochbegabt eingeschätzten Grundschulkinder konnte das Urteil durch den Test bestätigt werden. Für die vierte Jahrgangsstufe ergaben sich eine Effektivität von 47 % und eine Effizienz von 36,5 % bei der Intelligenzeinschätzung.

Für die Kreativitätseinschätzungen zeigten sich Effektivitätswerte zwischen 23 % (dritte Klasse) und 20,5 % (vierte Klasse). Die Effizienz lag bei 18 % für die dritte Klasse und bei 19,5 % für die vierte Klasse. Noch niedriger fielen die Werte für die Einschätzung der Sozialkompetenz aus. In der dritten Klasse identifizierten die Lehrkräfte nur 18 % der nach Testkriterien als besonders sozial begabt identifizierten Kinder, in der vierten Klasse sogar nur 8 %. Die Effizienzwerte lagen für die Einschätzung der Sozialkompetenz ebenfalls lediglich zwischen 15 % (dritte Klasse) und 7 % (vierte Klasse). Warum die Werte für die Jahrgangsstufe 4 konstant niedriger ausfallen, kann anhand der Ergebnisse nicht plausibel erklärt werden. Die Autoren vermuten einen Mildeeffekt bei der Einschätzung der Viertklässler, also eine Tendenz der Lehrerinnen und Lehrer, aus bestimmten Gründen (z. B. dem Wunsch, den Schülerinnen und Schülern zum Ende ihrer Grundschulzeit kein schlechtes Zeugnis auszustellen) die Leistungen der Schülerinnen und Schüler besser zu bewerten als sie sie eigentlich wahrgenommen haben.

Aus den Ergebnissen lässt sich also das Fazit ziehen, dass die Einschätzungen der Grundschullehrkräfte in Bezug auf die kreative und soziale Kompetenz von Grundschulkindern nur wenig mit den entsprechenden Testergebnissen übereinstimmen, wobei die gefundenen niedrigen Zusammenhänge zwischen Lehrereinschätzung und Testurteil vermutlich teilweise auch auf Schwächen der verwendeten Testskalen zurückzuführen sind. Geht es darum, intellektuell hochbegabte Kinder zu identifizieren, gelingt es den Lehrerinnen und Lehrern etwas besser. Dennoch werden bei reiner Lehrernomination 40 bis 50 % der nach einem Intelligenztest Hochbegabten schlichtweg übersehen. Dazu gehören mit großer Wahrscheinlichkeit auch viele so genannte Underachiever. Die Autoren ziehen daher den Schluss, dass der kombinierte Einsatz von Lehrerchecklisten und Testurteilen angezeigt ist, um optimale Hochbegabungsdiagnosen und Talentsuchen zu gewährleisten.

Eine Optimierung der Güte von Lehrernominierungen allein durch die zusätzliche Verwendung von Merkmals-Checklisten ist eher unwahrscheinlich, wie die Befunde von Heller et al. (2005) zeigen. Auch Jarosewich, Pfeiffer und Morris (2002) kamen bei einer Bewertung der psychometrischen Güte aktueller Lehrerchecklisten aus den USA zu eher ernüchternden Ergebnissen. Insbesondere fehlen Informationen zur Konstruktvalidität der Skalen und zur Testsensitivität. Dennoch kann der Einsatz von Lehrerchecklisten zu einer Sensibilisierung für besondere Merkmale Hochbegabter, zur Erweiterung des beachteten Merkmalsspektrums und zur besseren Vergleichbarkeit von Lehrernominierungen beitragen. Verschiedene Untersuchungen belegen, dass Lehrernominierungen durch die Vorgabe konkreter Merkmalsbereiche und durch Training verbessert werden können (Denton & Postlethwaite, 1985; Hansen & Feldhusen, 1994; Hany, 1997).

Auch bei der Auswahl von Kandidatinnen und Kandidaten für die *Deutsche SchülerAkademie* kommt eine Lehrernomination zum Einsatz (vgl. Abschnitt 4.3.1). Als Anforderungen der Deutschen SchülerAkademie stehen neben den spezifischen Merkmalen der einzelnen Kurse vor allem ein hohes Maß an Lernbereitschaft, Persistenz bei schwierigen Aufgaben, Abstraktionsfähigkeit sowie Bereitschaft zur Kommunikation und Kooperation im Vordergrund. 80 % der Bewerberinnen und Bewerber werden von ihren Lehrerinnen und Lehrern nominiert. Darüber hinaus besteht die Möglichkeit zur Selbstnominierung von Schülerinnen und Schülern. Die endgültige Auswahl der nominierten Gymnasiasten erfolgt durch die Veranstalter der Akademie, wobei keine weitere Fähigkeits- oder Begabungsdiagnostik erfolgt, sondern eher von der Begabung unabhängige Kriterien zur Entscheidung herangezogen werden. So wird zum Beispiel in den Akademien auf eine möglichst ausgewogene Verteilung von Jungen und Mädchen sowie von Schülerinnen und Schülern aus allen Bundesländern geachtet.

In einer simulierten Nominierungsstudie überprüfte Neber (2004) die Qualität der Lehrernominierungen für die Deutsche SchülerAkademie im Vergleich zu den Ergebnissen eines kognitiven Fähigkeitstests sowie zur Selbstbeurteilung von Gymnasiasten. Neber (2004) bat Lehrkräfte unterschiedlicher Gymnasien, zunächst potentiell geeignete Teilnahmekandidaten für das Enrichmentprogramm zu benennen und in einem zweiten Schritt diejenigen auszuwählen, die sie tatsächlich nominieren würden. Das Hauptanliegen bestand darin, gezielt zu überprüfen, welche Schülerinnen und Schüler nominiert werden und ob Lehrkräfte in der Lage sind, Unterschiede in einer bereits vorselektierten Schülergruppe noch wahrzunehmen. Darüber hinaus sollte bestimmt werden, durch welche Faktoren Lehrer- und Selbstbeurteilungen determiniert werden und welche Art der Entscheidung die bessere Auswahlvariante darstellt.

In der ersten Phase benannten 29 Lehrkräfte 218 potentiell geeignete Schülerinnen und Schüler, die daraufhin testpsychologisch untersucht wurden. Zum Einsatz kamen ein Instrument zur Messung kognitiver Fähigkeiten (KFT, Heller, Gaedike & Weinländer, 1985) sowie Verfahren zur Erhebung motivationaler und sozial-kommunikativer Merkmale (u. a. MSLQ; Pintrich & DeGroot, 1990). Zusätzlich wurden die Schülerinnen und Schüler aufgefordert, anhand mehrerer Einzelitems ihre eigenen Fähigkeiten zu beurteilen und anzugeben, ob sie sich zur Schülerakademie anmelden würden oder nicht. In einem weiteren Schritt bewerteten die Lehrkräfte schließlich die kognitiven, motivationalen und sozial-kommunikativen Eigenschaften und schätzten das Begabungs- und Schulleistungsniveau der von ihnen vorgeschlagenen Schülerinnen und Schüler anhand eines Fragebogens ein. Im Anschluss daran wurden die Lehrerinnen und Lehrer gebeten, für jede Schülerin bzw. für jeden Schüler endgültig zu bestimmen, ob sie sie bzw. ihn tatsächlich für die Schülerakademie vorschlagen würden. Dies traf auf gut zwei Drittel der Schülerinnen und Schüler der potentiell geeigneten Gruppe von 218 Personen zu ($N = 151$).

Ein erstes Ergebnis zeigte, dass die kognitiven Fähigkeiten der in der ersten Phase durch die Lehrkräfte ausgewählten Schülerinnen und Schüler erheblich variierten und keineswegs eindeutig über dem Mittelwert vergleichbarer Gymnasiasten lagen. Zwischen den Schülerinnen und Schülern, die die Lehrerinnen und Lehrer tatsächlich nominieren würden („Nominierte") und denen, die sie schließlich doch nicht vorgeschlagen hätten („Nicht-Nominierte"), ergaben sich deutliche Unterschiede. So zeigten die Nominierten überdurchschnittliche Testwerte im quantitativen Teil des KFT, sie beurteilten ihre eigenen Fähigkeiten und ihre Selbstwirksamkeit deutlich besser und wurden auch durch die Lehrkräfte als deutlich begabter eingeschätzt als die Nicht-Nominierten.

Ein Vergleich von Lehrernominierung und Selbstnominierung zeigte, dass die Auswahl durch die Lehrkräfte deutlich effektiver ist. Die Lehrerinnen und Lehrer hätten in der zweiten Phase alle entsprechend dem KFT als intellektuell hochbegabt identifizierten Schülerinnen und Schüler nominiert, von sich aus hätten sich jedoch bei weitem nicht alle diese Schülerinnen und Schüler zu einer Schülerakademie angemeldet. Keine Unterschiede ergaben sich allerdings hinsichtlich der Effizienz, die in beiden Fällen sehr gering ausfiel. Viele der durch die Lehrkräfte für die Schülerakademie vorgeschlagenen Schülerinnen und Schüler galten nach den Kriterien des eingesetzten Fähigkeitstests nicht als hochbegabt. Genauso äußerten viele derjenigen Schülerinnen und Schüler, die laut Testergebnis nicht hochbegabt waren, ihr Interesse an einer Teilnahme. Insgesamt sprechen die Ergebnisse also für die Überlegenheit der Lehrernominierung gegenüber der Selbstnominierung. Wenig effektiv erwiesen sich die Lehrkräfte allerdings darin, das allgemeine Begabungsniveau ihrer Schülerinnen und Schüler einzuschätzen. So diagnostizierten sie bei nur ungefähr der Hälfte der nach KFT hochbegabten Schülerinnen und Schülern ein entsprechend hohes Begabungsniveau. Vergleichbar schwach zeigte sich die Effizienz der Begabungsbeurteilungen durch die Lehrerinnen und Lehrer. Aussagen über die Effektivität der Lehrerurteile können in dieser Studie jedoch nur begrenzt gemacht werden, da nicht die ganzen Klassen testpsychologisch untersucht wurden, sondern lediglich die Schülerinnen und Schüler, die von ihren Lehrerinnen und Lehrern zunächst vorläufig nominiert worden waren. Möglicherweise hatten die Lehrkräfte einige intellektuell Hochbegabte bereits in der ersten Nominierungsrunde nicht benannt.

Wodurch werden die Entscheidungen der Lehrerinnen und Lehrer sowie der Schülerinnen und Schüler bestimmt? Über ein regressionsanalytisches Vorgehen wurde untersucht, inwiefern die verschiedenen Schülermerkmale die Nominierungsentscheidungen der Lehrkräfte vorhersagen konnten. Es zeigte sich, dass die Nominierungsentscheidung anhand der kognitiven Fähigkeiten der Schülerinnen und Schüler, dem Interesse an Schulfächern sowie den sozialen bzw. kommunikativen Merkmalen vorhergesagt werden konnten. Die Gesamtnote erwies sich dagegen nicht als valider Prädiktor für die Nominierungsentscheidung. Die Lehrerinnen und Lehrer scheinen sich in ihren Entscheidungen daher stärker an Begabungs- und Interessenfaktoren als an den Schulleistungen orientiert zu haben. Weniger eindeutig erklärbar war das Zustandekommen der Teilnahmebereitschaft der Schülerinnen und Schüler. Ein einigermaßen bedeutsamer Einfluss konnte lediglich für die selbst eingeschätzte akademiebezogene Selbstwirksamkeit sowie für die durch die Schülerinnen und Schüler selbst beurteilte Fähigkeit zur eigenständigen Problemformulierung nachgewiesen werden.

Neber (2004) zieht aus den Ergebnissen den Schluss, dass Nominierungen durch qualifizierte Lehrerinnen und Lehrer weitaus besser als ihr bisheriger Ruf seien und daher zur Identifizierung von Teilnehmerinnen und Teilnehmern eingesetzt werden können, vor allem da sie nicht allein durch Performanz-, sondern hauptsächlich durch multiple Kompetenzfaktoren (kognitive, motivationale sowie sozial-kommunikative Personenmerkmale) bestimmt würden. Eine abschließende Beurteilung der Güte von Lehrernominierungen erlauben allerdings auch die Ergebnisse dieser Studie nicht. So bleibt insbesondere unklar, wie effektiv Lehrernominierungen im Hinblick auf unausgelesene Schülergruppen sind. Dennoch scheinen sie im Vergleich zu einer reinen Selbstselektion der Schüler zu zutreffenderen Ergebnissen zu führen (vgl. Hany & Heller, 1992). Durch Lehrernominierungen werden jedoch vor allem solche Hochbegabte erkannt, deren Stärken in Bereichen liegen, die in der Schule abgefragt und gefördert werden, die eher allgemein begabt und sozial kompetent sind und deren Begabungsentwicklung durch die Familie und das Umfeld unterstützt wird. Je weniger von diesen Faktoren positiv ausgeprägt sind, desto eher werden Hochbegabte von Lehrkräften übersehen (Hany, 1998).

5.4.4   Einschätzungen durch die Eltern

Auch wenn Elternnominationen allein nur selten bei der Entscheidung für oder gegen die Aufnahme eines Kindes in ein Begabtenförderprogramm herangezogen werden, entscheidet implizit doch häufig die Einschätzung der Eltern darüber, ob ein Kind für besondere Förderprogramme angemeldet wird oder ob es überhaupt an einem Auswahlverfahren für ein Förderprogramm teilnehmen kann. Die Elternnomination fungiert insofern häufig als ein erstes informelles Screening-Verfahren. Bei verschiedenen Maßnahmen fließen die Einschätzungen der Eltern jedoch auch systematisch mit in Aufnahmeentscheidungen ein (z. B. bei der Entscheidung für das Überspringen einer Schulklasse; vgl. Assouline et al., 1998). Eltern haben gegenüber Lehrerinnen und Lehrern den Vorteil, dass sie die individuelle Entwicklungsgeschwindigkeit und die Fähigkeiten ihrer Kinder über die gesamte Lebensdauer und in vielen verschiedenen Situationen beobachten und einschätzen konnten. Lehrerinnen und Lehrer nehmen dagegen immer nur einen Ausschnitt des Gesamtverhaltens der Kinder wahr.

Studien, die die diagnostische Kompetenz von Eltern hinsichtlich des kognitiven Entwicklungsstands ihrer Kinder untersuchten, kommen zu dem Schluss, dass Eltern diesen insgesamt meist relativ gut einschätzen können. Die Korrelationen zwischen Elterneinschätzung und Testleistung streuen jedoch erheblich ($r = .20$ bis $r = .85$; Schrader, 2006). Bei der Einschätzung der schulischen Leistungen der Kinder durch die Eltern finden sich moderate Korrelationen mit den tatsächlichen Leistungen.

Insgesamt sollten Elternnominationen aber mit großer Vorsicht eingesetzt werden, da die Einschätzung der Begabung eines Kindes durch seine Eltern einer Reihe von Einschränkungen unterliegt. So sind Eltern weniger als z. B. Lehrkräfte in der Lage, die Fähigkeiten und Leistungen des Kindes im Vergleich zu denen Gleichaltriger zu sehen. Eltern tendieren eher dazu die Leistungsfähigkeit ihrer Kinder zu überschätzen (Schrader, 2006; Helmke & Schrader, 1989). Neiderer, Irwin, Irwin und Reilly (2003) untersuchten Elterneinschätzungen zu mathematischer Hochbegabung. Von den hochbegabten Schülerinnen und Schülern wurden 86 % durch die Eltern als hochbegabt erkannt (Lehrkräfte erkannten lediglich 50 % der Hochbegabten), jedoch wurden von den Eltern auch 53 % der nicht hochbegabten Schülerinnen und Schüler als hochbegabt eingeschätzt (Lehrkräfte benannten lediglich 17 % dieser Gruppe als hochbegabt). Ähnliche Befunde berichten Turner und Olzewski-Kubilius (2003). Durch Elternnominierungen scheinen demnach zwar mehr Hochbegabte erkannt zu werden, jedoch auch mehr Nicht-Hochbegabte fälschlicherweise als hochbegabt benannt zu werden als durch Lehrernominierungen.

Elterneinschätzungen unterliegen wie Lehrereinschätzungen auch deutlichen Geschlechtereffekten: Eltern tendieren dazu, ihren Söhnen etwa besondere abstrakte Denkfähigkeiten und Problemlösefähigkeiten zuzuschreiben, während sie ihren Töchtern eher einen großen Wortschatz bescheinigen (Johnson & Lewman, 1990).

Häufig werden durch Eltern auch mehr Jungen als Mädchen als hochbegabt benannt (Verhältnis von 2:1 bis zu 3:1; z. B. Freeman, 1991).

Gelegentlich werden zur Unterstützung des Elternurteils so genannte biographische Checklisten verwendet. Mit Hilfe dieser Checklisten werden Merkmale und Verhaltensweisen abgefragt, von denen angenommen wird, dass hochbegabte Kinder sie im Säuglings- oder Kleinkindalter charakteristischerweise zeigen. Leider handelt es sich bei den in der Praxis eingesetzten Checklisten in der Regel nicht um sorgfältig entwickelte Instrumente; üblicherweise wurden die Punkte relativ beliebig zusammengestellt (Feger, 1980). Es ist für die einzelnen Punkte auf Checklisten in der Regel nicht empirisch geprüft, inwiefern sie jeweils mit Intelligenz korrespondieren oder inwiefern sie eine außergewöhnliche Leistungsentwicklung prognostizieren können. Auch ist in Checklisten nicht spezifiziert, in welchem Ausmaß ein bestimmtes Verhalten auftreten muss, damit es diagnostisch relevant wird. Als Diagnoseinstrumente eignen sich Checklisten daher nicht.

5.4.5   Einschätzungen durch Peers

Peernomination bezieht sich in der Regel auf die Benennung Hochbegabter durch ihre Klassenkameradinnen und -kameraden. Insgesamt gibt nur sehr wenige und keine aktuellen Studien zur Validität von Peernominierungen für das Erkennen Hochbegabter (s. z. B. Banbury & Wellington, 1989; Gagné, 1989, 1995). Der Nutzen von Peernominierungen wird vor allem darin gesehen, dass Klassenkameradinnen und -kameraden sich untereinander auch in Bereichen und Situationen erleben, die Eltern und Lehrkräften eher verborgen bleiben. Somit verspricht man sich von Peernominationen Hinweise auf spezifische Begabungen wie kreative Fähigkeiten oder Führungspotential (Richert, 2003). Zudem sollen Peernominierungen das Erkennen Hochbegabter aus kulturellen Minderheiten oder aus Gruppen mit geringerem sozioökonomischen Status erleichtern (Davis & Rimm, 1998; Renzulli, 2003).

Peernominationen unterliegen, wie die anderen Nominierungsarten auch, Urteilsfehlern, die zum Beispiel durch Geschlechterstereotype verursacht sind. Gagné (1995) fand, dass Mädchen eher aufgrund von sprachlichen, künstlerischen oder sozialen Fähigkeiten nominiert wurden, während Jungen vor allem aufgrund technischer und sportlicher Fähigkeiten nominiert wurden.

Peernominationen sind zudem erst ab einem Alter von ca. zehn Jahren möglich. In der Regel begreifen jüngere Kinder Fähigkeiten noch nicht als stabiles Phänomen (Wild, 1991), beziehen ihr Urteil eher auf äußere Faktoren oder Freundschaften als auf Fähigkeiten (Banbury & Wellington, 1989; Wild, 1991) und überschätzen die eigene Begabung und die der anderen Kinder (Holling & Kanning, 1999). Gagné (1995) konnte durch die Vorgabe bestimmter Merkmalsbereiche die Güte von Peernominationen bei der Benennung Hochbegabter verbessern. In den genannten Bereichen hochleistende Klassenkameradinnen und -kameraden wurden gut erkannt. Die Entdeckung hochbegabter Underachiever durch Peernominierungen ist jedoch eher unwahrscheinlich (Freeman, 1998).

5.4.6 Selbsteinschätzungen

Die Verwendung von Selbsteinschätzungen für die Teilnehmerauswahl (Selbstnomi-nation) setzt voraus, dass Kinder und Jugendliche tatsächlich in der Lage sind, ihre eigenen Leistungen und Fähigkeiten realistisch einzuschätzen. Vor allem jüngere Schülerinnen und Schüler tendieren dazu, aufgrund ihrer noch nicht ausreichend aus-geprägten Abstraktionsfähigkeit die Einstellungen der Erwachsenen einfach zu über-nehmen (Heller, 1992). Im Allgemeinen wird davon ausgegangen, dass Kinder erst ab der dritten Klasse annähernd fähig sind, realistische Selbsteinschätzungen der eigenen intellektuellen Fähigkeiten vorzunehmen, die einen gewissen Zusammen-hang zu der im Test gemessenen Intelligenz aufweisen. Allerdings zeigen Studien, dass auch Selbsteinschätzungen von Jugendlichen und Erwachsenen nur bedingt mit ihren Ergebnissen in einem Intelligenztest übereinstimmen. Mabe und West (1982) fanden in ihrer Metaanalyse eine mittlere Korrelation von $r = .31$ zwischen selbst eingeschätzter und gemessener Intelligenz. Zumindest bei Erwachsenen unterliegt die Selbsteinschätzung der Intelligenz einem deutlichen Geschlechtereffekt, dahin-gehend, dass Männer ihre Intelligenz höher einschätzen als Frauen (Holling & Pre-ckel, 2005; Bennet, 1996; Zhang & Gong, 2001). Dies gilt vor allem für die mathe-matisch-logische und räumliche Intelligenz (Furnham, Fong & Martin, 1999; Rammstedt & Rammsayer, 2000, 2001; Bennett, 2000), wobei sich die unterschiedli-chen Einschätzungen nicht durch wahre Intelligenzunterschiede (Rammstedt & Rammsayer, 2002), sondern eher durch Sozialisationseffekte erklären lassen (Beloff, 1992). Die Selbstbeurteilung eigener intellektueller Fähigkeiten ist somit in jedem Fall problematisch und stellt keine Alternative zu Intelligenztests dar, wenn nach psychometrischen Kriterien valide Aussagen über die intellektuellen Fähigkeiten von Personen getroffen werden sollen (vgl. Holling, Preckel & Vock, 2004).

Bei Schülerinnen und Schülern mit Begabungen in einem sehr eng umgrenzten Bereich, der den Anforderungen eines bestimmten Förderprogramms entspricht, kann die Selbstnomination dennoch einen Beitrag leisten. Nicht immer bieten sich in der Schule Gelegenheiten, in denen Schülerinnen und Schüler ihre spezifischen Fä-higkeiten zeigen können und Lehrkräfte darauf aufmerksam werden. Wenn es also um Maßnahmen zur Förderung sehr spezifischer, in der Schule wenig berücksichtig-ter Begabungen geht, ist davon auszugehen, dass ergänzende Selbstnominationen die Effektivität von Lehrernominationen erhöhen können.

5.5   Synthetisierung der gewonnenen Daten

In Anlehnung an mehrdimensionale Begabungsmodelle haben sich multimodale und multimethodale Vorgehensweisen bei der Auswahl von Schülerinnen und Schülern für Begabtenfördermaßnahmen durchgesetzt. Beispielsweise werden bei der Aus-wahl von geeigneten Bewerberinnen und Bewerbern für eine Spezialschule häufig mehrere Fähigkeits- und Persönlichkeitsdimensionen erfasst, die über verschiedene Verfahren wie Tests, Lehrerurteil oder Verhaltensbeobachtung erhoben werden. Als Ergebnis liegt für jede Bewerberin und für jeden Bewerber eine Reihe von Daten vor, die zu einem Gesamturteil zusammengefasst werden. Doch welche Art der Datensynthetisierung ist sinnvoll? Wie sind Grenzwerte zu definieren, anhand derer die Entscheidungen über Annahme bzw. Ablehnung vorgenommen werden können?

Grundsätzlich kann es bei jeder Art der Personenselektion, also auch bei der Auswahl von begabten Schülerinnen und Schülern für ein Förderangebot, zu zwei Arten von Fehlern kommen. In ersten Fall werden Teilnehmer ausgewählt, die den Anforderungen gar nicht genügen. Man spricht dann von einem α-Fehler. Im zweiten Fall werden Befähigte „übersehen", für die die Maßnahme eine effektive Förderung darstellen würde. Dieser Fehler wird als β-Fehler bezeichnet. Beide Fehler stehen im Zusammenhang mit der Effektivität und Effizienz des Auswahlverfahrens (s. o.). Eine hohe Effektivität verringert den β-Fehler, eine hohe Effizienz den α-Fehler. Bei der Entscheidung für eine bestimmte Auswahlmethode und vor allem bei der Festlegung der Grenzwerte, die über Annahme bzw. Ablehnung eines Bewerbers entscheiden, ist die Folgenschwere dieser Fehler zu berücksichtigen. Je nachdem, was als bedenklicher angesehen wird – die Möglichkeit einer frustrierenden Überforderung oder ein Mangel an Förderung – ist ein niedriger oder ein hoher (strenger) Cut-off-Score zu wählen. Die Gefahr, Fehlentscheidungen zu treffen, vergrößert sich zudem, wenn nicht ausreichend reliable Verfahren eingesetzt werden. Besonders im Grenzbereich, also bei Schülerinnen und Schülern, deren Werte knapp über oder unter dem Cut-off-Score liegen, fällt die Entscheidung über Aufnahme bzw. Ablehnung dann fast per Zufall.

Wie hoch der Cut-off-Score angesetzt werden sollte, kann je nach Förderprogramm und Zielsetzung unterschiedlich sein. Verschiedene Autoren empfehlen bestimmte Cut-off-Scores für verschiedene Maßnahmen: Für Akzelerationsmaßnahmen beispielsweise wird als Cut-off-Score oft ein IQ von mindestens 130 (z. B. Gallagher, 1985) angeführt, solche generellen Empfehlungen sind jedoch nur bedingt sinnvoll. Neben der Frage der Zielsetzung eines Programms ist bei längerfristig implementierten Programmen die Höhe des Cut-off-Scores vor allem auch eine empirische Frage, da er von den Anforderungen, die das Programm stellt, abhängen sollte. Wie hoch muss die Begabung, Motivation etc. mindestens ausgeprägt sein, damit eine erfolgreiche Teilnahme gewährleistet ist? Dies kann überprüft werden, indem nach dem ersten Durchgang analysiert wird, welche Teilnehmerinnen und Teilnehmer mit welchen Voraussetzungen erfolgreich an der Maßnahme teilgenommen haben. In den Schulmodellversuchen zur Verkürzung der Schulzeit im Rahmen der BEGYS-Klassen und der G8-Klassen (siehe Abschnitte 3.5.1 und 3.5.2) beispielsweise konnte empirisch gezeigt werden, dass 20 bis 25 % eines Gymnasialjahrgangs die akzelerierten Klassen erfolgreich absolvieren konnten.

Im Folgenden werden drei Methoden vorgestellt, mit denen Daten aus verschiedenen Quellen zusammengefasst werden können: die kompensatorische Methode, die kombinatorische Methode und die Multiple-Regressions-Methode (vgl. Feldhusen & Jarwan, 2000; Jüling & Lehmann, 1997).

Bei der *kompensatorischen Methode* werden die erzielten Werte in allen eingesetzten Verfahren zu einem Gesamtwert additiv zusammengefasst. Ein bei einem Verfahren erzielter schwacher Wert kann also durch ein gutes Ergebnis in anderen Verfahren ausgeglichen werden. Voraussetzung für dieses Vorgehen ist, dass die Werte aller Einzelverfahren zunächst in standardisierte Werte transformiert werden

(z. B. *z*-Werte), um eine Vergleichbarkeit der Mittelwerte, Streuungen und Verteilungen zu gewährleisten (Guilford & Fruchter, 1973). Mit Hilfe dieser Standardskala kann für jeden Teilnehmer der Mittelwert aus all seinen Testergebnissen gebildet werden. Der Vergleich des Gesamtwertes mit dem vorher festgelegten Cut-off-Score bestimmt dann über Aufnahme bzw. Ablehnung des Bewerbers. Eine solche kompensatorische Zusammenfassung der Ergebnisse aus verschiedenen Verfahren erfolgt z. B. im Rahmen von Auswahlverfahrens für Spezialschulen (vgl. Hany, 2004). Die Methode ist dann sinnvoll, wenn angenommen werden kann, dass alle eingesetzten Verfahren ein und dasselbe Konstrukt erfassen (z. B. wenn die mathematische Begabung mit Hilfe eines Lehrerurteils, der Mathematiknote sowie eines Tests zur Erfassung der mathematisch-numerischen Intelligenz bestimmt werden soll). Bei dieser Vorgehensweise ergibt sich die Höhe des Cut-off-Scores in den meisten Fällen einfach aus der Tatsache, dass die Aufnahmekapazität für ein bestimmtes Förderprogramm bzw. eine Spezialschule oder -klasse in der Regel eine feste Größe ist. So können die Teilnehmer aufgrund ihrer erzielten Gesamtwerte in eine Rangfolge gebracht werden und die Anzahl der zu besetzenden Plätze bestimmt den Grenzwert. Aus rein pragmatischen Gründen wird diese Methode in der Praxis recht häufig herangezogen.

Bei der *kombinatorischen Methode* werden diejenigen Schülerinnen und Schüler für die Fördermaßnahme ausgewählt, die in jedem Verfahren einen bestimmten Mindestwert erreicht haben. Es wird dementsprechend ein Cut-off-Score für jedes eingesetzte Verfahren bestimmt. Ein Ausgleichen niedriger Werte in bestimmten Bereichen ist also nicht möglich. Diesem Vorgehen liegt die Überlegung zugrunde, dass eine ausgeprägte Begabung in einem bestimmten Bereich nicht mangelnde Fähigkeiten in anderen ausgleichen kann (Hills, 1971). Ein großes Problem bei dieser Methode stellt die Bestimmung der Grenzwerte dar, die häufig mehr oder weniger willkürlich gesetzt werden und nur selten empirisch begründet sind, indem sie mit Erfolgskriterien der Fördermaßnahme in Verbindung gesetzt werden.

Eine weitere Vorgehensweise ist die *Multiple Regressions-Methode* (vgl. Feldhusen & Jarwan, 2000). Sie stellt die methodisch aufwändigste, aber auch eleganteste und effektivste Art der Datensynthese dar. Gleichzeitig löst sie das Problem der Validierung, da hier die Effektivität des Auswahlverfahrens von vornherein unter Beweis gestellt wird. Es ist jedoch erforderlich, dass bereits Daten zu validen Kriterien vorliegen; bei der erstmaligen Implementierung einer Maßnahme kann sie somit nicht eingesetzt werden. Diesem Vorgehen liegt die Annahme zugrunde, dass die Zusammenfassung der Daten eine möglichst präzise Vorhersage der Leistung eines Schülers bzw. einer Schülerin erlauben soll. Daher wird die Vorhersagekraft der Einzelverfahren in Bezug auf die erzielten Leistungen am Ende der Fördermaßnahme ermittelt. Je nach Vorhersagewert (Korrelation der Einzelwerte mit Erfolgskriterien) kommt jedem Einzelverfahren ein entsprechendes Gewicht bei der Auswahl zu. Ergibt sich kein Zusammenhang, kann das Verfahren aus dem Auswahlprozess ausgeschlossen werden. Mit Hilfe der multiplen Regression wird also eine optimal gewichtete Kombination der einzelnen Auswahlmethoden ermittelt, die eine bestmögliche Erfolgsvorhersage erlaubt. Die Anwendung dieser Methode erfordert allerdings umfangreiche statistische Kenntnisse und Versiertheit im Umgang mit entsprechender Software.

5.6   Fazit und Empfehlungen zur Teilnehmerauswahl

Für den Erfolg einer Fördermaßnahme für besonders Begabte ist eine sorgfältige
Auswahl der Teilnehmerinnen und Teilnehmer von entscheidender Bedeutung. So
konnte gezeigt werden, dass akzelerierende Maßnahmen für nicht ausreichend begabte Schülerinnen und Schüler eine Überforderung darstellen und negative Auswirkungen auf ihre Lernfreude und Leistungsbereitschaft haben. Die Auswahl von Kandidatinnen und Kandidaten für Begabtenfördermaßnahmen ist allerdings mit einer
Reihe von Schwierigkeiten verbunden. So ist eine sehr frühe Prognose schwierig, da
sich Neigungen und Begabungsschwerpunkte noch ändern können. Welche Auswahlkriterien herangezogen werden sollen, kann nur in Abhängigkeit vom zugrunde
gelegten Begabungskonzept beantwortet werden. In den letzten Jahren haben sich
vor allem mehrdimensionale Modelle durchgesetzt, so dass eine Berücksichtigung
mehrerer Auswahlkriterien für die meisten Programme sinnvoll erscheint. Darüber
hinaus sollten bei der Auswahl der Kriterien auch die Anforderungen der Maßnahme
berücksichtigt werden.

Für die Teilnehmerauswahl können verschiedene Datenquellen herangezogen
werden, die jeweils unterschiedliche Vor- und Nachteile mit sich bringen. Schulnoten sind stets einfach verfügbar, sie beruhen allerdings auf Lehrerbeurteilungen, die
einer Reihe von Beurteilungsverzerrungen unterliegen. In vielen Fällen nominieren
Lehrkräfte ihre Schülerinnen und Schüler für bestimmte Fördermaßnahmen. Es
konnte gezeigt werden, dass diese Lehrerbeurteilungen zwar in der Regel effektiver
als Selbst- und Elternnominationen sind, aber dennoch nur eingeschränkt effizient
sind. So wählen Lehrkräfte häufig Schülerinnen und Schüler aus, die nach testdia-
gnostischen Kriterien nicht als hochbegabt zu bezeichnen sind. Die Selbstnomination
sowie die Begabungsbeurteilung durch die Eltern sind aufgrund ihrer Fehleranfällig-
keit generell als problematisch und wenig empfehlenswert anzusehen. Beide gewinnen in der Praxis allerdings dann an Bedeutung, wenn ein Schüler oder eine Schülerin über sehr spezifische Begabungen verfügt, auf die Lehrkräfte in der Schule nicht
aufmerksam werden. Der Einsatz standardisierter Fähigkeitstests bringt dagegen viele Vorteile mit sich. Nach wissenschaftlichen Kriterien entwickelte Tests sind allen
anderen Quellen in ihrer Objektivität, Reliabilität und Validität überlegen und ermöglichen es darüber hinaus, Underachiever zu identifizieren, da sie auf die Erfassung von Leistungspotentialen ausgerichtet sind. Einschränkungen der Messgüte
ergeben sich jedoch daraus, dass die Normen vieler Tests veraltet und für den hohen
Begabungsbereich nicht repräsentativ sind.

Werden bei der Teilnehmerauswahl mehrere Datenquellen genutzt, müssen Überlegungen angestellt werden, wie aufgrund multipler Daten eine Entscheidung zu fällen ist. Häufig wird ein kompensatorisches Vorgehen gewählt, bei dem alle Ergebnisse zusammengefasst werden und ein einziger Cut-off-Score bestimmt wird. Gute
Leistungen können schlechte Leistungen somit ausgleichen. Hinter dem kombinatorischen Vorgehen hingegen steht die Überlegung, dass sehr gute Leistungen Defizite
in anderen Bereichen nicht kompensieren können. Es werden somit für alle erhobenen Konstrukte Cut-off-Scores festgelegt. Bei der Multiplen-Regressions-Methode
wird die Vorhersagekraft der Einzelverfahren im Hinblick auf die Leistung am Ende
der Fördermaßnahme ermittelt und jedes Verfahren wird dementsprechend gewich-

tet. Dieses Vorgehen ermöglicht die bestmöglichste Vorhersage, die Entwicklung ist allerdings mit größerem Aufwand verbunden und setzt voraus, dass bereits empirische Daten über Voraussetzungen und Erfolge der Schülerinnen und Schüler in Förderprogrammen vorliegen.

Empirische Untersuchungen zu verschiedenen Förderprogrammen haben gezeigt, dass die Teilnehmerauswahl in den meisten Fällen verbesserungswürdig erscheint. Folgende Empfehlungen lassen sich aus den Studienergebnissen ableiten:

Es empfiehlt sich, bei der Auswahl verschiedene Dimensionen zu erfassen und neben den allgemeinen und speziellen kognitiven Fähigkeiten beispielsweise auch Personenmerkmale wie Motivation und Interessen der Bewerber zu berücksichtigen. Die Auswahlkriterien sollten aber nicht willkürlich eingesetzt werden, sondern sich aus den spezifischen Anforderungen ableiten, die die jeweilige Maßnahme an die Teilnehmerinnen und Teilnehmer stellt.

Bei der Datenerhebung ist ein multimethodales Vorgehen sinnvoll. Wichtig ist, dass die ausgewählten Instrumente möglichst objektive, gültige und zuverlässige Informationen liefern, was vor allem für standardisierte Tests gegeben ist. Die Personen, die die Teilnehmerauswahl vornehmen, sollten intensiv geschult werden. Testpsychologische Untersuchungen sollten nur von Personen durchgeführt werden, die über fundierte diagnostische Kenntnisse verfügen (z. B. Psychologinnen und Psychologen). Zur Klärung konkreter Fragestellungen sollten standardisierte Tests eingesetzt werden. Ist davon auszugehen, dass aufgrund von Deckeneffekten keine sicheren Aussagen über die Leistungen im überdurchschnittlichen Bereich möglich sind, empfiehlt sich das so genannte „out-of-level testing". Dabei wird zur Leistungserfassung ein Test herangezogen, der für ältere Schülerinnen und Schüler entwickelt wurde und daher in einem höheren Leistungsbereich besser differenziert. Vorraussetzung für die Anwendung ist natürlich, dass der Test keine Inhalte erfragt, die in der Schule noch nicht behandelt wurden.

Basiert die Auswahl der Kandidatinnen und Kandidaten auf Lehrernominationen, sollten die Lehrkräfte im Vorfeld intensiv geschult werden. Wichtig ist es, sie für mögliche Fehlerquellen zu sensibilisieren (z. B. Halo-Effekt, interne Klassennormen) und sie auf das Phänomen aufmerksam zu machen, dass Mädchen und Underachiever bei der Auswahl häufig übersehen werden. Um die Lehrernomination weiter zu objektivieren, empfiehlt sich ferner die Entwicklung von Instrumenten, welche die Lehrerinnen und Lehrer bei der Auswahl geeigneter Schülerinnen und Schüler nutzen können (z. B. Checklisten, die notwendige Voraussetzungen abfragen).

Bei der Entscheidung für ein kombinatorisches oder kompensatorisches Vorgehen sollte sich die Setzung der Cut-off-Scores jedoch möglichst nicht nur an der Teilnehmerzahl und den verfügbaren Plätzen, sondern insbesondere auch an den Anforderungen der Maßnahme orientieren. Optimalerweise sind die Informationen aus multiplen Datenquellen mittels der Multiplen-Regressions-Methode zusammenzufassen, dies ist jedoch erst dann möglich, wenn eine Fördermaßnahme bereits implementiert ist und die benötigten Daten vorliegen.

6 Lehreraus- und -fortbildung

In der wissenschaftlichen Literatur werden Lehrerinnen und Lehrer als ein zentraler Faktor in der Begabtenförderung gesehen. Ob eine Fördermaßnahme wirksam ist, ist nicht nur abhängig vom Aufbau und Inhalt der Maßnahme, sondern auch von der konkreten Umsetzung durch die Lehrerin oder den Lehrer. Daher wird oftmals eine umfassende Aus- und Weiterbildung von Lehrkräften, die das Thema besondere Begabung und Hochbegabung beinhaltet, gefordert (z. B. Feger & Prado, 1998; Cropley & McLeod, 1986; Perleth & Ziegler, 1996; Urban, 1996b; Wieczerkowski & Prado, 1994).

Diese Aus- und Fortbildungsmaßnahmen sollten unterschiedliche Aspekte und verschiedene Themen abdecken. So benötigen Lehrerinnen und Lehrer nicht nur die *Fähigkeit, Maßnahmen kompetent zu implementieren.* Evaluationsstudien zur Akzeleration (vor allem vorzeitige Einschulung und Überspringen von Klassenstufen) zeigen zudem, dass die Einstellung der Lehrerinnen und Lehrer maßgeblich dafür verantwortlich ist, ob eine entsprechende Maßnahme positiv für die betroffene Schülerin bzw. den betroffenen Schüler verläuft oder nicht. Die Haltung dürfte vor allem im Informationsstand der Lehrkraft begründet sein. Daher sollten Aus- und Weiterbildungsveranstaltungen eine *ausreichende Informationsvermittlung zum Thema Hochbegabung* enthalten. Den Lehrkräften sollten die grundlegenden Theorien sowie aktuelle Forschungsergebnisse vermittelt werden und sie sollten darüber aufgeklärt werden, welche Gefahren mit einer mangelnden Förderung hochbegabter Kinder verbunden sind.

Zentral erscheint aber vor allem die *Vermittlung begabungsdiagnostischer Kompetenzen.* Es konnte vielfach aufgezeigt werden, dass, wenn überhaupt, zumeist nur hoch leistende, nicht aber hochbegabte minderleistende Schülerinnen und Schüler erkannt werden bzw. eine besondere Förderung durch ihre Lehrerinnen und Lehrer erfahren (z. B. Rost & Hanses, 1997; Rost, 1993a, 2000). Auch dieser Umstand ist nicht unabhängig vom Kenntnisstand der Lehrkräfte, insbesondere in Bezug auf das Phänomen des Underachievements. Besonders Lehrkräfte, die nicht an einer Spezialschule für besonders Begabte unterrichten, sind auf Fortbildungen zu diesem Themenbereich angewiesen. Hany (1995, 1997) weist darauf hin, dass die Fähigkeit zum Erkennen einer intellektuellen Hochbegabung durch Lehrkräfte abhängig von ihrer Erfahrung mit hochbegabten Schülerinnen und Schülern im Unterricht ist. Da Lehrerinnen und Lehrer nur recht selten hochbegabte Schülerinnen und Schüler in ihren Klassen haben, bräuchten sie daher viele Jahre um hinreichendes Wissen über Hochbegabung zu sammeln. Häufig sind die Kenntnisse und Erfahrungen zudem auf Einzelfälle beschränkt. Generell scheint es fraglich, ob Lehrerinnen und Lehrer ohne spezifische Schulung hochbegabte Schülerinnen und Schüler in ausreichendem Maße erkennen und angemessen fördern können. Studien zu Lehrernominierungen zeigen, dass die Begabungsbeurteilungen von Lehrerinnen und Lehrer vielfachen Verzerrungen unterliegen (vgl. Abschnitt 5.4.3).

Heller, Reimann und Senfter (2005) untersuchten in der „Bayerischen Grundschulstudie", die sich von 2001 bis 2003 erstreckte, die Wissens- und Handlungskompetenzen bayerischer Grundschullehrerinnen und -lehrer im Hinblick auf das Erkennen und Fördern hochbegabter Grundschulkinder. Im Rahmen dieser Untersuchung verteilten sie Fragebögen an 50 % aller bayerischen Grundschulen (Rücklaufquote ca. 48 %). Die Fragebogenerhebung ergab, dass über 80 % der Grundschullehrerinnen und -lehrer das Gefühl hatten, keine ausreichenden Informationen über Hochbegabung während der Aus- und Weiterbildung erhalten zu haben. Lediglich 2 % hatten nach eigener Aussage bisher an speziellen Aus- und Fortbildungskursen teilgenommen. Als noch geringer stuften sie die Vermittlung praktischer Handlungskompetenzen im Studium, Referendariat oder in der Weiterbildung ein. Die im Fragebogen angeführten praxisnahen Publikationen zum Thema hochbegabte Kinder (z. B. Broschüre „Begabte Kinder finden und fördern" des BMBF oder das Medienpaket „HomoSuperSapiens" der BMW-Group) waren den befragten Lehrkräften zum überwiegenden Teil nicht bekannt, Verwertung fanden sie fast nie. Nach eigenen Angaben praktizierten ohnehin lediglich 15 % der Grundschullehrerinnen und -lehrer bisher Hochbegabtenförderung. Als Unterstützung für die praktische Arbeit mit hochbegabten Kindern wünschten sich die meisten der befragten Lehrkräfte Handlungsanleitungen zur Identifikation von Hochbegabung im Grundschulalter und Fördermaterialien für den regulären Unterricht sowie zur Einzelförderung begabter Kinder.

Die Studie konnte zwar zeigen, dass die jüngeren Grundschullehrkräfte im Gegensatz zu den älteren bereits einige Informationen zum Thema Hochbegabung in der ersten und zweiten Ausbildungsphase erhalten hatten. Darüber hinaus kann nicht ausgeschlossen werden, dass aufgrund der Tatsache, dass das Thema Hochbegabung zunehmend kein Tabuthema mehr ist und in jüngster Zeit immer stärker ins Bewusstsein der Lehrkräfte tritt, sich der Kenntnisstand der Lehrerinnen und -lehrer seit Abschluss der Studie etwas verbessert hat. Dennoch kann aus den Ergebnissen der Schluss gezogen werden, dass eine Ausweitung der Aus- und Fortbildungsangebote zum Thema Hochbegabung unbedingt erforderlich ist – und dies gilt sehr wahrscheinlich nicht nur für die Lehrkräfte der Primarstufe, sondern auch für Lehrerinnen und Lehrer der Sekundarstufen, für Schulleitungen sowie Schulpsychologinnen und -psychologen.

6.1   Besondere Fähigkeiten und Eigenschaften von Lehrkräften in der Begabtenförderung

Um die Ziele und Inhalte von Aus- und Fortbildungsveranstaltungen zum Thema Hochbegabung zu bestimmen ist es wichtig, die Anforderungen zu klären, die durch hochbegabte Schülerinnen und Schüler an Lehrerinnen und Lehrer gestellt werden.

In der wissenschaftlichen Literatur gibt es verschiedene Versuche, eine Antwort auf die Frage zu geben, was den erfolgreichen Lehrer oder die erfolgreiche Lehrerin hochbegabter Schülerinnen und Schüler ausmacht. Verfügt er oder sie über bestimmte Kenntnisse und Fähigkeiten? Bringt er vielleicht eine ganz bestimmte Einstellung mit? Oder zeichnet sie sich durch besondere Persönlichkeitsmerkmale aus? Ist er vielleicht selbst hochbegabt? In der Literatur finden sich Listen mit Kompetenzen, die Lehrerinnen und Lehrer von Hochbegabten aufweisen sollten (z. B. Hultgreen & Seeley, 1982; Nelson & Prindle, 1992; Story, 1985).

Vialle und Quigley (2002) haben die Befunde vieler Studien zusammengestellt, die analysierten, welche Eigenschaften für Lehrkräfte hochbegabter Schülerinnen und Schüler entweder als essentiell oder zumindest als sehr wünschenswert eingeschätzt werden. Die Datenquellen sind in den einzelnen Studien sehr unterschiedlich und umfassen die Einschätzungen von Expertinnen und Experten auf dem Feld der Begabtenförderung, von Lehrkräften, Schülerinnen und Schülern sowie von Eltern. Als Synthese aus vielen verschiedenen Studien (z. B. Bishop, 1980; Nelson & Prindle, 1992; Whitlock & DuCette, 1989) zählen Vialle und Quigley folgende Charakteristika effektiver Lehrerinnen und Lehrer für Hochbegabte auf:

Eine effektive Lehrkraft für Hochbegabte …

- erkennt die kognitiven, sozialen und emotionalen Bedürfnisse hochbegabter Schülerinnen und Schüler,
- hat die Fähigkeit, das Curriculum für hochbegabte Schülerinnen und Schüler zu differenzieren,
- verwendet Strategien, die zum Denken auf einem höheren Niveau anregen,
- ermutigt Schülerinnen und Schüler unabhängig zu lernen,
- stellt schüler-zentrierte Lerngelegenheiten zur Verfügung,
- handelt vorwiegend moderierend und begleitend,
- schafft eine nicht bedrohliche Lernumgebung,
- ist gut organisiert,
- besitzt tief greifendes Wissen im Fachgebiet,
- hat ein breites Interessenspektrum, das literarische und kulturelle Interessen umfasst,
- hat eine überdurchschnittliche Intelligenz,
- ist eine lebenslang lernende Person,
- denkt kreativ,
- besitzt exzellente kommunikative Fähigkeiten,
- ist bereit, auch einmal Fehler zu machen,
- besitzt Sinn für Humor und
- ist enthusiastisch.

Bei dieser Zusammenstellung fällt jedoch auf, dass viele dieser Merkmale prinzipiell für jeden Lehrer und jede Lehrerin und jeden Unterricht wichtig sind, nicht nur für das Unterrichten von Hochbegabten. Möglicherweise erfordert das Unterrichten hochbegabter Schülerinnen und Schüler ein stärkeres Ausmaß der aufgezählten Eigenschaften.

In anderen Studien wurden Schülerinnen und Schüler gefragt, welche Merkmale ein guter Lehrer oder eine gute Lehrerin für Hochbegabte aufweisen sollte. In einer Studie von Lewis (1982) nannten die Schülerinnen und Schüler insgesamt 22 wichtige Merkmale, die meisten davon bezogen sich auf persönliche Eigenschaften der Lehrkraft. So gaben sie unter anderem an, der Lehrer oder die Lehrerin solle kreativ, verständnisvoll, geduldig und ehrlich sein. Auch hier wird deutlich, dass es sich kaum um Eigenschaften handelt, die spezifisch für Lehrkräfte für Hochbegabte sind, sondern eher um generell wünschenswerte Merkmale von Lehrerinnen und Lehrern. Verschiedene weitere Studien konnten den Befund stützen, dass den hochbegabten Schülerinnen und Schülern vor allem die persönlichen und sozialen Eigenschaften ihrer Lehrerinnen und Lehrer wichtig sind, intellektuell-kognitive Eigenschaften hingegen eher nachgeordnet sind (z. B. Abel & Karnes, 1994; Maddux, Samples-Lachmann & Cummings, 1985; siehe aber auch Milgram, 1979). Interessanterweise glauben Lehrerinnen und Lehrer jedoch, ihren hochbegabten Schülerinnen und Schülern seien die intellektuell-kognitiven Eigenschaften eines Lehrers wichtiger als die persönlichen Eigenschaften (Dorhout, 1983).

Bishop (1980) untersuchte die Merkmale von Lehrkräften, die von ihren intellektuell hochbegabten und hoch leistenden Schülerinnen und Schülern als besonders erfolgreich eingeschätzt wurden. Er fand eine Mischung aus intellektuellen und persönlichen Merkmalen, die diese erfolgreichen Lehrkräfte ausmachten:

- Reife und Erfahrung,
- hohe intellektuelle Fähigkeiten,
- hohe Leistungsorientierung,
- Verpflichtung zu intellektueller Entwicklung,
- positive Haltung Schülerinnen und Schülern gegenüber,
- systematisches Vorgehen,
- Einfallsreichtum und
- intellektuelles Streben.

In der Folge wurde darauf hingewiesen, dass die von Bishop beschriebenen Merkmale im Grunde denen vieler hochbegabter Schülerinnen und Schüler selbst entsprechen (Howley et al., 1986), so dass die Frage nahe liegt, ob gute Lehrkräfte für hochbegabte Schülerinnen und Schüler selbst hochbegabt sein sollten.

Skipper (1970) verglich Lehrerinnen und Lehrer mit unterschiedlichen kognitiven Fähigkeiten. Als hochbegabt definierte er die Lehrerinnen und Lehrer, die im American College Test (ACT), einem Test zur Erfassung der studentischen Leistungen in den Bereichen Englisch, Mathematik, Lesen und wissenschaftliches Argumentieren, einen Prozentrang von ≥ 90 aufwiesen. Die Ergebnisse seiner Studie zeigten, dass hochbegabte Lehrerinnen und Lehrer gerne neue Fakten entdecken und ein starkes Interesse daran haben, ihre wissenschaftlichen Fertigkeiten weiter auszubauen. Darüber hinaus scheinen sie Schülerinnen und Schüler besser darin unterstützen zu können, Informationen zu verarbeiten und neue Ideen zu explorieren. Die Ergebnisse der Studie deuten jedoch ebenfalls darauf hin, dass die über den ACT als hochbegabt identifizierte Lehrkräfte ein viel geringeres Interesse an künstlerischen Themen zeigten als die anderen Lehrkräfte. Skipper zieht daraus den Schluss, dass hochbegabte Lehrkräfte intellektuell hochbegabten Kindern wahrscheinlich auf besondere Weise gerecht werden können, dass dies für hochbegabte Schülerinnen und Schüler im kreativen Bereich aber nicht unbedingt gelten muss.

Mills (2003) untersuchte die Rolle von Persönlichkeitsmerkmalen und kognitiven Stilen bei Lehrerinnen und Lehrern für die Fähigkeit, hochbegabte Schülerinnen und Schüler zu unterrichten. Es wurden 63 als sehr erfolgreich eingeschätzte Dozentinnen und Dozenten untersucht, die im Rahmen der Sommerprogramme des Begabtenzentrums (Center for Talented Youth, CTY) der Johns Hopkins Universität begabte Jugendliche unterrichten. Die Dozentinnen und Dozenten beantworteten einige demographische Fragen sowie Fragen zu ihrem pädagogischen Hintergrund und füllten den Myers-Briggs Typenindikator (MBTI) aus. Der MBTI ist ein Persönlichkeitsinventar, das auf der Typenlehre von C. G. Jung basiert. Er besteht aus 90 Items, die vier bipolaren Skalen (im MBTI Präferenzen) zugeordnet werden können: „Extraversion" versus „Introversion", „sinnliches Wahrnehmen" versus „intuitives Wahrnehmen", „analytisches Beurteilen" versus „gefühlsmäßiges Beurteilen" und „Beurteilung" versus „Wahrnehmung". Aus den Kombinationen der vier Präferenzen lassen sich 16 verschiedene Persönlichkeitstypen bestimmen. Auch über 1.000 der nach strengen Kriterien ausgewählten hochbegabten Schülerinnen und Schüler der Sommerakademie füllten den MBTI aus.

Die Fragebogenauswertung ergab, dass die durch Schülerurteile und Bewertungen der Sommerakademieveranstalter als besonders erfolgreich identifizierten Dozentinnen und Dozenten des CTY zum größten Teil nie eine Fortbildung zum Thema Hochbegabung besucht hatten. Viele hatten keine pädagogische Ausbildung absolviert, da sie an Universitäten unterrichteten. Im Durchschnitt hatten sie jedoch bereits mindestens acht Jahre mit hochbegabten Schülerinnen und Schülern gearbeitet. Darüber hinaus hatten die meisten Kursleiterinnen und Kursleiter einen Master- oder Doktorgrad in ihrem Arbeitsgebiet erzielt. Insgesamt zeichneten sich die in der Hochbegabtenförderung erfolgreichen Dozentinnen und Dozenten also durch eine relativ lange Erfahrung in der Arbeit mit Hochbegabten und einen hohen Ausbildungsgrad aus.

Die Ergebnisse des MBTI ergaben unter anderem, dass sich die erfolgreichen Dozentinnen und Dozenten vor allem auf der Dimension „sinnliches vs. intuitives Wahrnehmen" dahingehend von ihren weniger erfolgreichen Kollegen unterschieden, dass sie in stärkerem Maße intuitives Wahrnehmen bevorzugen. Gleichzeitig zeigten sich auf dieser Dimension die größten Übereinstimmungen mit den begabten Schülerinnen und Schülern. Mills zieht aus ihren Ergebnissen den Schluss, dass die erfolgreichen Dozentinnen und Dozenten ebenso wie ihre Schülerinnen und Schüler abstrakte Themen und Konzepte bevorzugen, sich durch Offenheit und Flexibilität auszeichnen und logische Analyse wertschätzen. Die Persönlichkeit und der von der Lehrkraft bevorzugte kognitive Stil scheinen also eine Rolle dabei zu spielen, wie effektiv sie begabte Schülerinnen und Schüler unterrichtet. Darüber hinaus deuten die Ergebnisse darauf hin, dass – zumindest im Setting eines Sommerprogramms – formale Fortbildungen zum Thema Hochbegabung weniger wichtig scheinen als Expertise und ein starkes Interesse für den Bereich, in dem die Lehrkraft unterrichtet. Dies sollte bei der Auswahl von Dozentinnen und Dozenten für entsprechende Programme berücksichtigt werden. Angezeigt erscheint zudem eher eine Sensibilisierung der Lehrkräfte für Unterschiede in den kognitiven Stilen zwischen den durchschnittlich und überdurchschnittlich begabten Schülerinnen und Schülern. Sind ihnen diese Unterschiede bewusst, sollten sie diese angemessen zu berücksichtigen lernen.

Zusammenfassend lässt sich festhalten, dass Lehrkräfte hochbegabter Schülerinnen und Schüler nicht unbedingt ebenfalls hochbegabt sein müssen. Wichtig hingegen scheint es zu sein, dass sie sowohl Expertise als auch großes Interesse für ihr Gebiet mitbringen. Darüber hinaus deuten Studienergebnisse darauf hin, dass bestimmte Persönlichkeitsmerkmale (z. B. Präferenz für intuitives Wahrnehmen) ein erfolgreiches Unterrichten wahrscheinlicher machen, wobei allerdings unklar bleibt, ob diese Merkmale an sich zum Erfolg führen oder aber die Tatsache, dass auch die meisten hochbegabten Schülerinnen und Schüler diese Präferenzen aufweisen, und es daher eherr auf eine gute Passung zwischen Lehrer und Schüler ankommt. Formale Trainings scheinen nicht die entscheidende Rolle zu spielen, können aber dennoch einen wichtigen Beitrag vor allem zur Unterstützung unerfahrener Lehrerinnen und Lehrer leisten. Im Rahmen von Trainings können wichtige Informationen, beispielsweise in Bezug auf Unterschiede in den kognitiven Stilen zwischen durchschnittlich begabten und hochbegabten Schülerinnen und Schülern, aber auch diagnostische Kompetenz vermittelt werden. Darüber hinaus konnte gezeigt werden, dass schon eintägige Fortbildungsveranstaltungen dazu beitragen, die Einstellung gegenüber Hochbegabungsförderung merklich zu ändern (vgl. Gross, 1997), welche einen entscheidenden Einfluss darauf haben kann, ob eine Maßnahme für einen Schüler oder eine Schülerin positiv verläuft oder nicht.

6.2   Qualifizierungsmaßnahmen für Lehrkräfte in der Begabtenförderung

Es gibt verschiedene Ansätze und Maßnahmen, Lehrerinnen und Lehrer für die Begabtenförderung weiterzubilden. Eine erste Qualifizierungsmöglichkeit stellt die Entwicklung von *Informationsbroschüren* dar, die optimalerweise flächendeckend an alle Lehrkräfte verteilt werden. Solche Informationsmaterialien liegen in unterschiedlicher Ausführlichkeit bereits in vielen Bundesländern vor (z. B. „Chancen – Konzepte zur Begabtenförderung in Nordrhein-Westfalen", Ministerium für Schule, Jugend und Kinder, 2002; „Potenziale erkennen – Begabungen fördern", Informationen für Eltern und Pädagogen zur Förderung hochbegabter Kinder und Jugendlicher im Saarland, Saarbrücken, 2003). Sie haben den Vorteil, dass mit ihrer Hilfe einer großen Zahl an Lehrkräften erstes Basiswissen vermittelt und somit eine verstärkte Sensibilität für das Thema Hochbegabung erreicht werden kann. Als hilfreich hat sich darüber hinaus die Veröffentlichung erprobter *didaktischer Materialien* erwiesen, die zur Förderung hochbegabter Schülerinnen und Schüler eingesetzt werden können. Eine Übersicht über einige bewährte didaktische Materialien findet sich im Anhang zu diesem Kapitel.

Solche ersten Maßnahmen sollten aber durch *Aus- und Fortbildungsveranstaltungen* für Lehrerinnen und Lehrer ergänzt werden, in denen sowohl theoretisches Wissen als auch praktische Handlungskompetenzen vermittelt werden und die die Möglichkeit zum Austausch und zur Diskussion bieten. In der Literatur werden unterschiedliche Vorschläge gemacht, wie entsprechende Fortbildungsveranstaltungen optimalerweise gestaltet werden können. Aus den Ergebnissen ihrer Bayerischen Grundschulstudie ziehen Heller et al. (2005) den Schluss, dass die Diagnose- und Förderkompetenz von (Beratungs-)Lehrkräften im Hinblick auf hochbegabte Grundschulkinder unbedingt einer Verbesserung bedarf. Gleiches fordern sie für Schulpsychologinnen und -psychologen. Sie schlagen ein Kompetenzstufenmodell vor, welches Qualifizierungsmaßnahmen im Grundschulbereich zugrunde gelegt werden kann. Es orientiert sich vor allem an den Bedürfnissen der an Fortbildungsangeboten interessierten Grundschul- und Beratungslehrkräfte.

Das vorgeschlagene Modell besteht aus drei Kompetenzstufen, wobei die jeweils höhere die Kompetenzen der unteren Stufen mit einschließt. Über die „Sockel-Kompetenzen" der Basisstufe A sollten alle Grundschullehrkräfte verfügen. Eine Qualifizierung auf dieser Stufe sollte unter anderem die folgenden Themen beinhalten: implizite versus explizite Begabungstheorien, Indikatoren, Formen bzw. Typen der Hochbegabung und Förderprinzipien wie Enrichment und Akzeleration. Beratungslehrkräfte sollten die Kompetenzstufe B, die die Inhalte der Basisstufe A mit einschließt, erreichen. Auf dieser Stufe ist die zusätzliche Vermittlung pädagogisch-psychologischer Kenntnisse und Handlungskompetenzen angezeigt. Themen, die auf dieser Stufe ebenfalls einer Bearbeitung bedürfen, sind beispielsweise entwicklungspsychologische, sozialisationstheoretische und kulturvergleichende Ergebnisse der Begabungsforschung als auch die Themen Talentsuche oder Elternberatung. Das Erreichen der Kompetenzstufe C wird als Voraussetzung für die an Beratungsstellen tätigen Schul- und Diplompsychologen gesehen. Dieser Personenkreis sollte neben den Kompetenzen der Stufen A und B unter anderem auch über fundiertes testtheoretisches Wissen verfügen und mit Erkenntniswissen der Grundlagenforschung, z. B. genetischen und neurowissenschaftlichen Aspekten von Begabung und Lernen, vertraut sein. Außerdem sollten sie in der Lage sein, Hochbegabungsdiagnosen im Rahmen von Einzelfallberatung zu stellen sowie Präventions- und Interventionsmaßnahmen zur Hochbegabtenförderung zu planen und durchzuführen.

Auch wenn in den letzten Jahren die meisten Bundesländer damit begonnen haben, Fortbildungsveranstaltungen zum Thema Hochbegabung anzubieten und den Bereich in der Lehrerausbildung zu verankern, scheint das vorhandene Angebot lange noch nicht auszureichen. Neben Heller et al. (2003) kamen auch Holling und Wittmann (2000) bei einer Befragung zu dem Ergebnis, dass nur ein sehr geringer Anteil der Lehrerinnen und Lehrer (in dieser Studie lediglich 8 %) bereits ein- oder mehrmals eine Fortbildung zum Thema Hochbegabung besucht oder eine entsprechende Beratung in Anspruch genommen hatte. Allerdings äußerten 85 % der Befragten den Wunsch nach derartigen Angeboten. Wenn Veranstaltungen stattfinden, richten sie sich zumeist nur an kleine Gruppe von Lehrerinnen und Lehrern.

Kompakte Weiterbildungsprogramme für Lehrkräfte sind bislang selten. Einige Programme sind zum Beispiel ein zweijähriges Weiterbildungsprogramm für hessische Lehrkräfte, der Masterstudiengang Begabungsförderung an der Pädagogischen Hochschule der Fachhochschule der Nordwestschweiz und der Ausbildungsgang zur Erlangung des ECHA-Diploms „Specialist in Gifted Education" an den Universitäten

Münster und Nimwegen. Diese Angebote wurden in den letzten Jahren entwickelt, weitere werden zukünftig sicherlich hinzukommen. Eine erschöpfende Darstellung aller Angebote ist hier nicht möglich. Publizierte Evaluationsergebnisse liegen in der Regel nicht vor; eine Ausnahme bildet der vom Schulpsychologischen Dienst der Stadt Köln (1993) gut dokumentierte Kölner Grundschulmodellversuch zur Begabtenförderung, der in Abschnitt 6.3 näher erläutert wird.

6.3   Effektivität von Qualifizierungsmaßnahmen

Wissenschaftliche Studien zu den in Deutschland durchgeführten Aus- und Fortbildungsmaßnahmen liegen zum heutigen Zeitpunkt kaum vor. Wenn überhaupt, wird im Anschluss an derartige Veranstaltungen über Fragebögen erfasst, wie die Teilnehmerinnen und Teilnehmer verschiedene Aspekte der Maßnahme bewerten und wie zufrieden sie mit der Veranstaltung sind. Eine sichere Effektivitätsabschätzung ist auf diese Weise allerdings nicht möglich.

6.3.1   Kölner Grundschulmodellversuch

Eine systematische Begleitforschung fand im Rahmen des Kölner Grundschulmodells zur Begabtenförderung statt (Schulpsychologischer Dienst der Stadt Köln, 1993). Der Kölner Grundschulmodellversuch diente der Entwicklung und Erprobung von Konzepten zur integrierten und individualisierten Förderung besonderer Begabungen. Dabei wurden die Lehrkräfte der beteiligten Grundschulen fortlaufend weitergebildet und beraten. Eine Begabungsförderung sollte allen Schülerinnen und Schülern in Form eines individualisierten und kreativitätsfördernden Unterrichts zuteil werden, das heißt, es fand keine Auswahl mit dem Ziel einer separierten Begabungsförderung hochbegabter Kinder statt. Das Programm für die Lehrkräfte umfasste eine Vielzahl an Maßnahmen. So wurden eine selbsterfahrungsgestützte Fortbildung zur sozialen Situation besonders begabter Kinder sowie Fortbildungen mit dem Ziel der Vermittlung begabungsfördernder Unterrichtskonzepte angeboten. Hinzu kam die Teilnahme an einer Supervisionsgruppe. Begleitend organisierte der Schulpsychologische Dienst Treffen zum gegenseitigen Erfahrungs- und Informationsaustausch auf Stadtteilebene. Den Lehrerinnen und Lehrern wurden außerdem Kurztestbögen vorgestellt, mit deren Hilfe sie die Lernausgangslage ihrer Schülerinnen und Schüler erfassen konnten. Der Einsatz dieser diagnostischen Instrumente demonstrierte den Lehrkräften die starke Heterogenität der bereits vorhandenen Fähigkeiten ihrer Schülerinnen und Schüler und zeigte die Notwendigkeit eines individualisierten Unterrichts auf.

Die Ergebnisse der Begleitforschung ergaben, dass die beteiligten Lehrkräfte alle Maßnahmen positiv beurteilten. Auch die zunächst vorhandenen Einwände gegen eine vermeintliche „Eliteförderung" konnten im Verlauf des Modellversuchs abgebaut werden. Vor allem das Erkennen der Begabungspotentiale ihrer Schülerinnen und Schüler erlebten viele Lehrkräfte als „Schlüsselerlebnis". Dennoch schätzten sie eine dauerhafte Umsetzung der Modellelemente im Unterrichtsalltag recht kritisch ein. Sie bezweifelten, ob sie den erhöhten Anforderungen, die ein individualisierter Unterricht an sie stellen würde, auf Dauer gewachsen sein würden. Für die Weiterführung wünschten sie sich vor allem kollegialen Austausch und gegenseitige Unterstützung.

Die Leistungsentwicklung der Schülerinnen und Schüler wurde mit einem standardisierten Rechtschreibtest untersucht. Die Rechtschreibleistungen aller Schülerinnen und Schüler der beteiligten Klassen verbesserten sich im Verlauf der Studie. Anzumerken ist allerdings, dass diese Leistungssteigerung nicht unbedingt auf die individualisierten Unterrichtseinheiten, sondern eventuell auch auf die gesteigerte Motivation der beteiligten Lehrkräfte während des Versuchs oder auf andere Faktoren zurückgeführt werden kann. Die Autoren der Studie schlussfolgern aus den Ergebnissen, dass sich vor allem zwei Angebotsschwerpunkte bewährt haben. Zum einen wurde die problemzentrierte Lehrerfortbildung und die Supervision positiv bewertet. Hierzu zählen die Vermittlung grundlegenden Wissens sowie die Sensibilisierung für besondere Begabungen von Schülerinnen und Schülern und die Förderung aktiv entdeckenden Lernens. Zum anderen wurden die unterrichtsbezogenen Lehrerfortbildungen und die Unterrichtsbegleitung als gewinnbringend eingeschätzt. Hierunter fallen die konkrete Anleitung zu individualisierten begabungsfördernden Unterrichtseinheiten, das Vorstellen diagnostischer Hilfen (z. B. zur Erfassung der Lernausgangslage), die Initiierung eines Erfahrungsaustauschs der Lehrerinnen und Lehrer sowie die Vermittlung gegenseitiger Unterstützung auf der Grundlage unterrichtsbegleitender Beobachtungen.

Um die Realisierung eines begabungsfördernden Unterrichts zu gewährleisten, betonen die Autoren des Weiteren die Relevanz einer flankierenden schulpsychologischen Einzelfallberatung. Ein solches Beratungsangebot dient vor allem der Entlastung der Lehrkräfte und sollte bereits im Vorfeld (z. B. bei einer Entscheidung über vorzeitige bzw. spätere Einschulung) oder im Schulverlauf (z. B. bei Verhaltensauffälligkeiten einzelner Kinder oder beim Überspringen von Klassen) ansetzen. Hinzu kommt das Bereitstellen außerschulischer Förderangebote. Der Kölner Modellversuch schließt demnach mit Empfehlungen für weitere Fortbildungsmaßnahmen für Grundschullehrkräfte ab.

6.3.2 Evaluationsstudie zur Qualifizierung von Lehrkräften für die innere Differenzierung

Johnsen, Haensly, Ryser und Ford (2002) führten in den USA eine recht aufwändige Evaluationsstudie durch. Untersucht wurde ein Projekt, dessen Ziel es war, Lehrkräfte darin zu trainieren, innerhalb des regulären Unterrichts den Lehrplan für begabte Schülerinnen und Schüler zu differenzieren. Dabei erhielt jede Lehrkraft intensive Unterstützung u. a. durch ihre Schulleitung, durch einen Lehrer, der als Mentor fungieren sollte und durch einen der Schule zugeordneten Projektassistenten. Die Begleitforschung des sich über zwei Jahre erstreckenden Projektes diente der Beantwortung folgender Fragestellungen: Welche Elemente verändern die Lehrkräfte in ihrem

Unterricht? Welche Faktoren, neben den Lehrkräften selbst, beeinflussen diese Veränderungen?

An der Studie nahmen acht Schulen aus verschieden Regionen und insgesamt 74
Lehrerinnen und Lehrer teil. 67 dieser Lehrkräfte, die die Wissenschaftlerinnen und
Wissenschaftler aufgrund von Nominierungen durch die Schulleitung auswählten,
wurden zwei Kohorten zugeordnet, die jeweils über ein Jahr trainiert und begleitet
wurden. Nur zwei der Lehrkräfte hatten vorher bereits Erfahrung mit Hochbegabungsförderung sammeln können. Insgesamt 17 Lehrerinnen und Lehrer nahmen in
der Rolle eines Mentors am Projekt teil. Ihre Aufgabe bestand darin, mit den Lehrkräften zusammenzuarbeiten und sie bei der Umsetzung der angestrebten Veränderung zu unterstützen. Daher sollten sie sich durch bestimmte Eigenschaften auszeichnen (z. B. gute kommunikative Fähigkeiten, Respekt vor den Ideen anderer
Lehrerinnen und Lehrer) und wurden neben der Nominierung durch die Schulleitung
auch aufgrund der Beurteilungen anderer Lehrkräfte ausgewählt.

Eine sowohl quantitative als auch qualitative Datenerhebung fand in drei Phasen
der Studie statt. Vor dem Training führten die Projektassistenten Interviews mit allen
Beteiligten (Lehrkräften, Schulleitern, Mentoren, Schülerinnen und Schülern der
betroffenen Klassen) und beobachteten das Lehrerverhalten im Unterricht mit Hilfe
der „Classroom Instructional Practices Sale" (CIPS, Johnsen, 1992). Bei der CIPS
handelt es sich um eine Checkliste, mit deren Hilfe erfasst wird, inwieweit Lehrkräfte in ihrem Unterricht auf Begabungsunterschiede eingehen. Beurteilt wird das Lehrerverhalten mit der CIPS in Bezug auf die folgenden vier Bereiche: die inhaltliche
Unterrichtsgestaltung, der flexible Umgang mit der Lernzeit, die Berücksichtigung
von Schülerpräferenzen und -interessen sowie die begabungsförderliche Gestaltung
der räumlichen Lernumwelt. Alle Daten wurden zusammengefasst, um die Aus-
gangslage des Lehrerverhaltens zu Beginn der Studie zu bestimmen.

Auf der Basis der erhobenen Informationen sowie einer umfangreichen Analyse
relevanter Literatur wurde ein Trainingskonzept entwickelt, das Einheiten zu verschiedenen Themen wie zum Beispiel Begabungsunterschiede, differenzierter Unterricht, Leistungsbewertung und Akzeleration enthielt. Die Schulleiterinnen und Schulleiter sowie die Mentorinnen und Mentoren wurden in einer dreitägigen Veranstaltung auf das Projekt vorbereitet. Den Kern dieser Qualifizierung bildete eine zehntä-
gige Sommerschulung, die sich vor allem dadurch auszeichnete, dass das Prinzip des
individualisierten Lernens bei dieser Maßnahme bereits umgesetzt wurde, die Lehrkräfte also einen differenzierten Unterricht „am eigenen Leib" erfahren konnten.
Darüber hinaus wurde mit Zielsetzungsmethoden gearbeitet, das heißt die Lehrerinnen und Lehrer konnten selbst bestimmen, an welchen Themen sie arbeiten wollten
und setzten sich kurz- und langfristige Ziele. Alle Ziele bezogen sich auf einen der
vier mit dem CIPS erfassbaren Bereiche. Die Lerneinheiten wurden flexibel gestaltet,
so dass die Teilnehmerinnen und Teilnehmer stets an den Einheiten teilnehmen
konnten, die ihrer Zielsetzung entsprachen.

Einige Monate nach dem Training wurden erneut Interviews mit den Beteiligten
geführt, um die erlebte Effektivität des Trainings zu erheben sowie die Notwendigkeit weiterer Unterstützung zu erfragen. Diese wurde den Lehrkräften in Form von
weiteren Materialien zuteil. Es wurden außerdem Computer zur Verfügung gestellt,
mit denen sich die an der Studie beteiligten Lehrkräfte unterschiedlicher Schulen

untereinander austauschen konnten. Darüber hinaus gab es verschiedene Materialien für die Mentorinnen und Mentoren und jede Projektlehrkraft bekam 100 $ zur Anschaffung von Unterrichtsmaterialien. Außerdem erhielten sie Ausgleichszahlungen für sechs Tage, die die Lehrkräfte beispielsweise dazu nutzen konnten, andere Projektschulen zu besuchen oder Materialien zu entwickeln. Einige Monate später folgte eine erneute Beobachtung mit Hilfe des CIPS, die in diesem Fall durch Aussagen der Lehrerinnen und Lehrer und Aussagen von drei Schülerinnen und Schülern ihrer Klassen verifiziert werden sollten.

Um zu bestimmen, ob es tatsächlich zu Veränderungen in der Unterrichtsgestaltung einer Kohorte gekommen war, wurden die Daten der verschiedenen Quellen (Beobachtungen, Interviews) zusammengefasst und die CIPS-Ergebnisse vor und nach dem Training wurden für beide Kohorten miteinander verglichen. Für die erste Kohorte wurde ferner ein Vergleich der CIPS-Beobachtungen im ersten und im zweiten Frühling nach dem Trainingsjahr angestellt. Zur Bestimmung der die Veränderungen beeinflussenden Faktoren wurden die Daten aller qualitativen Instrumente (Notizen, Interviews, Beobachtungen) mit Hilfe eines Softwarepakets ausgewertet. Schließlich fand eine ausführliche schriftliche Abschlussbefragung statt, die deskriptiv ausgewertet wurde.

Die Ergebnisse zeigen, dass fast alle Lehrerinnen und Lehrer die Gestaltung ihres Unterrichts aufgrund des Trainings in irgendeiner Weise veränderten. Vor dem Training hatten 45 % der Lehrkräfte allein das Lehrbuch genutzt, um den Unterricht zu organisieren. In knapp zwei Dritteln der Klassen hatten vor dem Training alle Schülerinnen und Schüler gleich viel Zeit erhalten, um neue Dinge zu lernen. Zwar erlaubten 61 % der Lehrer denjenigen Schülerinnen und Schülern, die ihre Aufgaben schneller erledigten, sich mit einer Extraaufgabe zu beschäftigen, diese hatte allerdings nur in seltenen Fällen etwas mit dem Unterrichtsthema zu tun. Nur gut ein Viertel der Lehrkräfte hatte Interaktionen zwischen den Schülerinnen und Schülern zugelassen. 18 % der Lehrerinnen und Lehrer hatten die Tische der Schülerinnen und Schüler so aufgestellt, dass eine Zusammenarbeit zwischen den Schülerinnen und Schülern erschwert war (z. B. in Reihen). Insgesamt zeichnete sich der Unterricht vor Projektbeginn in allen Klassen als hauptsächlich durch die Lehrkraft kontrolliert aus. Schülerinnen und Schüler hatten nur wenige Möglichkeiten, sich vom Lehrbuch zu lösen, um sich beispielsweise mit anreichernden Aufgaben zu beschäftigen. Eine Möglichkeit zur Akzeleration war nicht gegeben.

Im Projektverlauf veränderten 99 % der Lehrkräfte ihre Unterrichtsgestaltung, wobei sich der Großteil der Lehrkräfte für eine Veränderung in einem sprachlich-künstlerischen Fach entschied. Nur noch 16 % der Lehrkräfte orientierten sich bei der Unterrichtsgestaltung weiterhin allein am Lehrbuch. Ein Viertel der Lehrerinnen und Lehrer begann, auch andere Lehrmethoden einzusetzen, wie z. B. Problemlösen oder explorierende Methoden. Immerhin 7 % der Lehrerinnen und Lehrer erlaubten nun ihren Schülerinnen und Schülern, ihre spezifischen Interessen an einem Unterrichtsthema weiter zu verfolgen. Die Veränderungen traten im zweiten Jahr nach der Einführung der neuen Unterrichtskonzepte noch deutlicher zu Tage. Nun gestalteten 20 % der Lehrkräfte den Unterricht auch entsprechend den Interessen der Schülerinnen und Schüler. Knapp die Hälfte der Lehrerinnen und Lehrer begann, basierend auf ihren Leistungseinschätzungen, verschiedenen Schülerinnen und Schülern eine Akzeleration und/oder die Beschäftigung mit anreichernden oder vertiefenden Materialien zu ermöglichen.

Die Auswertung der CIPS-Daten ergab, dass beide Lehrerkohorten im Verlauf des Projektes signifikante Veränderungen in ihrer Unterrichtsgestaltung zeigten. Die Autoren unterscheiden in ihrer Studie zwischen transformatorischen Veränderungen, die sich in einer wirklich neuartigen Gestaltung des Unterrichts widerspiegeln, und eher konservativen Veränderungen, die keine größeren Änderungen erforderlich machen (z. B. Nutzung eines neuartigen Lehrbuches, das auf dieselbe Weise wie das alte genutzt wird). Der Großteil der Lehrerinnen und Lehrer zeigte transformatorische Veränderungen. Die meisten Veränderungen ergaben sich zunächst in den Bereichen „Berücksichtigung von Schülerpräferenzen und -interessen" sowie „begabungsförderliche Gestaltung der räumlichen Lernumwelt". Als mögliche Ursache führen die Autoren an, dass Lehrerinnen und Lehrern Aspekte in diesen Bereichen eventuell eher auffallen und Veränderungen leichter umzusetzen sind. Im zweiten Jahr zeigten sich dagegen vermehrt Veränderungen in den Bereichen „inhaltliche Unterrichtsgestaltung" und „flexibler Umgang mit der Lernzeit". Johnsen und ihre Kollegen mutmaßen, dass diese Veränderungen nur aufbauend auf Änderungen in den ersten beiden Bereichen vollzogen werden können.

Der Großteil der Beteiligten sah die Trainingseinheiten sowie die Unterstützung durch die Schulleitung, den Mentor oder die Mentorin sowie die Projektassistenten als unterstützend bis extrem unterstützend an. Im Rahmen des Trainings war es gelungen, vorher vorhandene Barrieren abzubauen, eine gemeinsame Vision zu erzeugen sowie mit jedem Beteiligten Veränderungsziele zu entwickeln. Auch die Reaktionen der Schülerinnen und Schüler wie gesteigerte Lernfreude und verbesserte Leistungen sowie die Kooperation der Lehrkräfte zwischen den Schulen scheinen die Lehrkräfte beeinflusst zu haben. Da sich die Lehrkräfte häufig durch mangelnde Zeit oder auch limitierte materielle Ressourcen „gebremst" fühlten, gaben sie an, sowohl von den 100 $ als auch von den freigestellten Tagen sehr profitiert zu haben.

Die Ergebnisse dieser Studie zeigen, dass es mit Hilfe von Personalentwicklung und gleichzeitiger intensiver Unterstützung möglich ist, Veränderungen im Unterricht zu implementieren. Dabei scheint es wichtig zu sein, dass viele Faktoren zusammenwirken (Unterstützung durch Schulleitung und Kollegen, materielle und zeitliche Ressourcen, Qualifizierungsmaßnahmen, etc.). Lediglich an einer Stelle anzusetzen (z. B. nur eine einmalige Fortbildung), wird in den meisten Fällen nicht ausreichen, deutliche und nachhaltige Veränderungen zu bewirken. Die Autoren ziehen aus ihrer und anderen Studien aber vor allem den Schluss, dass die angestrebten Veränderungen des Unterrichts nicht nur sehr komplex, sondern auch in hohem Maße abhängig von den jeweiligen Personen sind. Ohne die Einbeziehung der Lehrerinnen und Lehrer in den Veränderungsprozess wird keine Veränderung effektiv und lang anhaltend sein.

6.4   Fazit und Empfehlungen zur Lehreraus- und -fortbildung

Die dargestellten Studien zeigen deutlich die Notwendigkeit einer intensiven Aus- und Weiterbildung von Personen, die in der schulischen und außerschulischen Begabtenförderung tätig sind. Dieser Bedarf wird auch von den Lehrkräften selbst gesehen, die in Befragungen immer wieder den Wunsch äußern, stärker über das Thema Hochbegabung informiert zu werden.

In der Literatur wird vielfach darüber diskutiert, welche Fähigkeiten und Eigenschaften erfolgreiche Lehrerinnen und Lehrer von besonders begabten Schülerinnen und Schülern aufweisen sollten. Wichtig erscheint vor allem, dass sie über ein gutes fachliches Wissen und ein großes Interesse für ihr Fach verfügen. Darüber hinaus sollten sie wissen, wie ein Unterricht zu gestalten ist, der den Lernstilen besonders Begabter entgegen kommt. Als besonders relevanter Faktor erweist sich vor allem die Einstellung der Lehrerinnen und Lehrer der Hochbegabtenförderung gegenüber.

Aus- und Fortbildungsveranstaltungen sollten folgende Inhalte aufweisen: Wenn Lehrkräfte an der Teilnehmerauswahl für Fördermaßnahmen beteiligt sind, sollten ihnen umfassende begabungsdiagnostische Kompetenzen vermittelt werden. Sie sollten wissen, welche Begabungen und Fähigkeiten durch die spezifische Maßnahme gefördert werden sollen und wie diese zu erfassen sind. Wichtig ist ferner eine Sensibilisierung für typische Beurteilungsfehler und -verzerrungen (z. B. der Halo-Effekt oder die Vernachlässigung von Mädchen und Underachievern bei der Auswahl).

Zentral sollten die Vermittlung pädagogisch-didaktischer Kompetenzen und die Befähigung zur Anwendung einer spezifischen Hochbegabtendidaktik sein. Empfehlenswert erscheint der Erwerb von Kompetenzen, die für folgende Schritte einer Programmevaluation erforderlich sind: Dokumentation des Angebots, Explikation der Förderziele und Überprüfung des Erreichens der Ziele. Weiterhin sollten Kenntnisse über Möglichkeiten der Programmoptimierung entwickelt werden.

Bei der Durchführung von Qualifizierungsmaßnahmen sollten folgende Aspekte beachtet werden: Eine Weiterbildung von Lehrkräften sollte in fortlaufenden Veranstaltungen erfolgen, da dies einen regelmäßigen Erfahrungsaustausch ermöglicht. Fragen, die sich in der täglichen Arbeit ergeben, können gemeinsam besprochen werden. Zum anderen tragen wiederholte Treffen dazu bei, dass die Umsetzung des Gelernten verbindlicher wird. Der Transfer in die Praxis bedarf trotzdem unbedingt einer Überprüfung. Wichtig ist ferner eine ausgesprochene Praxisorientierung der Fortbildungen. Neben der Vermittlung theoretischen Wissens sollten auch die praktische Anwendung und Umsetzung des Wissens in der Schule und in der Arbeit mit besonders Begabten begleitet werden. Den Lehrkräften sollten verstärkt didaktische Materialien für die Arbeit mit besonders begabten Schülerinnen und Schülern zur Verfügung gestellt werden. In der Fortbildung müssen die Bedingungen im Schulalltag Berücksichtigung finden. So sollten Lehrkräfte darin unterstützt werden, im Rahmen ihrer Möglichkeiten und der der Schule optimale Fördermaßnahmen zu entwickeln und zu implementieren.

**Anhang: Literaturhinweise und didaktische Materialien für Lehrerinnen
und Lehrer**

Materialien für alle Klassenstufen:

Edgar, J. & Walcroft, E. (2002). *Hilfe, ich hab' einen Einstein in meiner Klasse! Wie organi-siere ich Begabtenförderung?* Mühlheim: Verlag an der Ruhr.
BMW-Group (2003). (Hrsg.). *Entdecke Chemie! Interaktive CD-ROM zur Förderung be-sonderer Begabungen in den Naturwissenschaften.* München: BMW Group.
Preckel, F. (2002). *Internetguide für begabte Kinder und Jugendliche.* Münster: Lit-Verlag.
Renzulli, J. S., Reis, S. M. & Stedtnitz, U. (2001). *Das schulische Enrichment Modell SEM: Begabungsförderung ohne Elitebildung.* Aarau: Sauerländer.
Renzulli, J. S., Reis, S. M. & Stedtnitz, U. (2001). *Begleitband zum Schulischen Enrichment Modell SEM.* Aarau: Sauerländer.

Materialien für die Primarstufe:

BMW-Group (2000). (Hrsg.). *HomoSuperSapiens. Hochbegabte Kinder in der Grundschule erkennen und fördern.* München: BMW Group.
BMW-Group (2000). (Hrsg.). *Kleine Kinder – Große Begabung. Hochbegabte Kinder er-kennen und fördern. Möglichkeiten und Grenzen des Kindergartens.* München: BMW Group.
Christiani, R. (Hrsg.). (1994). *Auch die leistungsstarken Kinder fördern.* Frankfurt (Main): Cornelsen Scriptor.
Bundesministerium für Bildung und Forschung. (Hrsg.). *Geometrisches Lehrmaterial für hochbegabte Grundschulkinder [online].* Verfügbar unter: http://www.dghkmuenchen bayern.de/material.htm [19.04.2007].
Anderski, Ch. (2002). *Neuland entdecken. Begabungsförderung in der Grundschule, Leitfa-den für Lehrer.* Düsseldorf: Alein-Verlag.
Schulte zu Berge, S. (2001). *Hochbegabte Kinder in der Grundschule: Erkennen – Verstehen – Im Unterricht berücksichtigen*: Münster: Lit-Verlag.

Publikation aus der Schweiz:

Huser, J. (2000). *Lichtblick für kluge Köpfe. Ein Wegweiser zur Erkennung und Förderung von hohen Fähigkeiten bei Kindern und Jugendlichen auf allen Schulstufen.* Kantons Zü-rich: Lehrmittelverlag.

7 Ausblick

Das Anliegen dieses Buches ist es, über die deutschen und internationalen Forschungsbefunde zur Wirksamkeit von verschiedenen schulischen Fördermaßnahmen für intellektuell hochbegabte Schülerinnen und Schüler zu berichten, sie kritisch einzuordnen und aus ihnen Schlussfolgerungen für den Einsatz verschiedener Maßnahmen zu ziehen. Damit verknüpft ist das Anliegen, für die Notwendigkeit systematischer Wirksamkeitsstudien im Sinne von Programmevaluationen für Begabtenförderprogramme zu sensibilisieren.

Die Forschungsbefunde, die in den Kapiteln dieses Buches referiert wurden, belegen in der Zusammenschau insgesamt die Wirksamkeit verschiedener schulischer Begabtenfördermaßnahmen. In einer Metaanalyse, welche die Effekte verschiedener Maßnahmen untersuchte, zeigten Akzelerationsmaßnahmen die relativ stärksten positiven Effekte, gefolgt von Enrichment-Programmen, Pull-out-Programmen und Spezialklassen für Hochbegabte (Lipsey & Wilson, 1993). Auch hat sich in verschiedenen Studien immer wieder gezeigt, dass sich das Unterlassen der Förderung negativ auf die leistungsbezogene und persönliche Entwicklung hochbegabter Schülerinnen und Schüler auswirken kann. Die Entwicklung von Spitzenleistungen erfordert zudem eine möglichst frühzeitige und gezielte Anregung und Anleitung.

Bei der Zusammenstellung der empirischen Befunde zeigte sich, dass die verschiedenen Ansätze der Begabtenförderung bisher noch recht unterschiedlich intensiv evaluiert worden sind. Eine bereits relativ lange Geschichte der Evaluation findet sich, zumindest im internationalen Rahmen, für verschiedene akzelerative Maßnahmen, insbesondere für das Überspringen von Klassen. Auch für das deutsche Schulsystem liegen hierzu bereits umfassende Studien vor (insbesondere von Heinbokel, 1996, 2004). Die in Teil II in Kapitel 3 dieses Buches referierten Studien und Metaanalysen belegen in der Gesamtschau eindrücklich, dass die Akzeleration von intellektuell hochbegabten Schülerinnen und Schülern unter bestimmten Voraussetzungen eine Maßnahme mit eindeutig positiven Effekten für die Entwicklung der Schülerin oder des Schülers darstellt. Auch über Faktoren jenseits der intellektuellen Fähigkeiten, die über Erfolg oder Misserfolg einer Akzeleration entscheiden, konnten die vorliegenden Studien Auskunft geben. Gerade gegenüber akzelerierenden Fördermaßnahmen bestehen jedoch sowohl in Deutschland als auch international häufig noch starke Vorbehalte, die nicht selten auf Befürchtungen und Ängsten beruhen. Immer noch werden eher wenige Kinder und Jugendliche auf diese relativ einfach zu organisierende und besonders ökonomische Weise gefördert (Heinbokel, 2004; Colangelo et al., 2004). Die Ergebnisse aus solide durchgeführten wissenschaftlichen Studien sind daher besonders wertvoll, um unbegründete Vorbehalte zu entkräften.

Fortlaufende schulische Enrichmentmaßnahmen wie Arbeitsgemeinschaften oder Pull-out-Programme wurden bisher in Deutschland noch selten oder nicht in ausreichendem Maße evaluiert. In Kapitel 4 konnten jedoch aus anderen Ländern vorliegende Evaluationsbefunde berichtet werden, die insgesamt eine positive Wirkung auf die Entwicklung der Schülerinnen und Schüler belegen (z. B. Vaughn et al., 1991). Anders sieht die Situation in Deutschland für eher punktuell wirkende Enrichmentmaßnahmen wie Schülerwettbewerbe und Ferienakademien aus, zu denen umfassende Evaluationsstudien durchgeführt und veröffentlicht wurden (z. B. Heilmann, 1999; Neber & Heller, 1996, 2002). Generell sind allgemeingültige Aussagen über die Wirksamkeit verschiedener Enrichmentansätze jedoch schwerer möglich als für Akzelerationsmaßnahmen, da sich Inhalte, Zielgruppen und Ausgestaltung der Maßnahmen deutlich unterscheiden können.

Wie die in Teil II dieses Buches berichteten Befunde zeigen konnten, ließen sich für alle zentralen schulischen Förderansätze positive Effekte auf die Entwicklung der Schülerinnen und Schüler nachweisen. Für Ansätze, für die auch im Hinblick auf das deutsche Schulsystem bereits Befunde aus mehreren Studien vorliegen (z. B. Akzeleration ganzer Klassen, Schülerwettbewerbe), bietet es sich an, die Daten zukünftig auch in Form von Metaanalysen aufzubereiten, um zu reliableren und generalisierbareren Aussagen und Empfehlungen kommen zu können. Studien, die die Wirksamkeit verschiedener Förderprogramme für Hochbegabte direkt miteinander vergleichen, sind bisher noch rar. Wenn Vergleichsgruppen herangezogen werden, dann werden Hochbegabte in Förderprogrammen lediglich mit solchen Hochbegabten verglichen, die nicht an einem besonderen Förderprogramm teilnehmen.

Eine bisher noch vernachlässigte Fragestellung für Programmevaluationen bezieht sich auf die differentielle Wirksamkeit von Fördermaßnahmen. Intellektuell hochbegabte Schülerinnen und Schüler sind hinsichtlich der Höhe ihrer intellektuellen Fähigkeiten und hinsichtlich ihrer Begabungsprofile und Interessen eine heterogene Gruppe. Es kann daher davon ausgegangen werden, dass verschiedene intellektuell hochbegabte Schülerinnen und Schüler auch deutlich unterschiedliche Förderbedürfnisse haben können und von unterschiedlichen Maßnahmen am besten profitieren würden. Keine Maßnahme wird daher für alle hochbegabten Schülerinnen und Schüler gleichermaßen passen. Befunde zur differentiellen Wirksamkeit verschiedener Fördermaßnahmen, welche über die allgemeine Aussage hinausgehen, dass eine möglichst optimale Passung von Personenmerkmalen und Förderangebot die Erfolgsaussichten einer Maßnahme erhöht, liegen bisher so gut wie nicht vor (Preckel, in Druck). Auch Alter und Entwicklungsstand der Schülerinnen und Schüler haben einen Einfluss darauf, ob und welche Maßnahme erfolgreich ist (Hany, 2000). Zukünftige Studien sollten daher ein größeres Augenmerk auf differentielle Wirksamkeitsnachweise legen, so dass Förderangebote stärker als bisher auf die Voraussetzungen und Bedürfnisse der Schülerinnen und Schüler abgestimmt werden können.

Für jegliche Förderprogramme hat sich die Auswahl der Teilnehmerinnen und Teilnehmer als zentraler Wirksamkeitsfaktor erwiesen. Je nach Förderprogramm wird eine optimale Teilnehmerauswahl anders aussehen, wie in Kapitel 5 ausgeführt wurde. Jede Auswahl steht und fällt jedoch mit der Qualität der eingesetzten Verfahren. Bei Intelligenztests besteht das Problem, dass sie üblicherweise nicht für eine genaue Bestimmung der Intelligenz im Hochbegabungsbereich geeignet sind. Schülerinnen und Schüler ab 12 Jahren können mit dem *Berliner Intelligenzstruktur-Test für Jugendliche: Begabungs- und Hochbegabungsdiagnostik* (BIS-HB; Jäger et al., 2006) untersucht werden, der gezielt für eine Diagnostik im oberen Intelligenzbereich entwickelt wurde und daher eine genaue Diagnose erlaubt. Für jüngere Schülerinnen und Schüler fehlen entsprechende Verfahren jedoch noch. Weitere Testentwicklungen wären daher für die Optimierung von Auswahlverfahren wünschenswert. Ein weiteres Forschungsdesiderat bezieht sich auf die Klärung der Frage, welche Intelligenzdimensionen (z. B. verbale, räumliche oder mathematische Intelligenz) für die Prognose welcher Leistungsbereiche in welchen Förderansätzen am besten geeignet sind (vgl. Lohman, 2005; Shea et al., 2001).

Bei der Schulleistungsdiagnostik könnte zukünftig neben Schulnoten und klassischen Schulleistungstests (z. B. Rechen- oder Rechtschreibtests) auch standardisierten Aufgabenbatterien, die auf den länderübergreifenden Bildungsstandards (Kultusministerkonferenz, 2003, 2004) basieren, eine wichtige Rolle zukommen. Solche Aufgabenbatterien erfassen die schulischen Kompetenzen in verschiedenen Schulfächern, die eine Schülerin oder ein Schüler zu einem bestimmten Zeitpunkt in der Schullaufbahn erworben hat. Auf diese Weise können die schulischen Kompetenzen eines Schülers oder einer Schülerin nicht nur mit den Kompetenzen der Mitschülerinnen und Mitschüler, sondern auch mit großen repräsentativen, bundesländerübergreifenden Stichproben verglichen werden (Institut zur Qualitätsentwicklung im Bildungswesen, 2006; Rupp & Vock, im Druck).

Die Förderung Hochbegabter in der Schule mit verschiedenen Maßnahmen und Programmen setzt in der Regel eine entsprechende Ausbildung der beteiligten Lehrkräfte voraus, denn die Qualifikation von Personen, die Begabtenfördermaßnahmen anbieten, ist ein zentraler Aspekt, der über den Erfolg der jeweiligen Maßnahme mitbestimmt. Spezifische Aus- und Weiterbildungsprogramme für Lehrerinnen und Lehrer zur Stärkung der diagnostischen Kompetenz zur Erkennung Hochbegabter sowie zu konkreten Fördermöglichkeiten sind in Deutschland bisher noch seltene Ausnahmen und sollten zukünftig weiter ausgebaut werden. Verknüpft werden sollte mit der Implementierung solcher Aus- und Weiterbildungsprogramme sogleich die Evaluation der Programme, da diese bisher noch kaum erfolgt ist.

Obwohl in den vorangegangenen Kapiteln umfangreiche Befunde zu verschiedenen prototypischen Fördermaßnahmen berichtet wurden, ist die Darstellung sicherlich nicht vollständig, und es konnten nicht alle Fördermöglichkeiten berücksichtigt werden. Zum Beispiel kann die Förderung intellektuell hochbegabter Schülerinnen und Schüler neben den hier vorgestellten Maßnahmen auch in Form von Mentorenmodellen oder distance learning (z. B. Korrespondenzzirkel, bei denen Aufgaben postalisch versandt werden; E-Learning-Angebote) erfolgen. Wichtiger Bestandteil der schulischen Förderung Hochbegabter ist zudem die curriculare Anpassung an Lernbesonderheiten und Lerntempo Hochbegabter (siehe z. B. *talent identification model*, Stanley, 1991; *integrated curriculum model*, Van Tassel-Baska, 2003; *curriculum compacting*, Renzulli & Reis, 2004; für einen Überblick siehe Van Tassel-Baska, 2000, 2003; Johnson & Kendrick, 2005).

Bei vielen der in diesem Buch berichteten Studien wurde eine Forschungsmethodik verwendet, die in vielerlei Hinsicht noch nicht optimal ist und oft nicht den Anforderungen an solide empirische Forschung entspricht. Im Folgenden werden abschließend einige der bedeutsamsten Schwachpunkte von Evaluationsstudien im Bereich der schulischen Begabtenförderung noch einmal beleuchtet und es werden Schlussfolgerungen für eine Optimierung des Vorgehens bei zukünftigen Studien gezogen.

Ein in diesem Buch bereits mehrfach thematisiertes Problem bezieht sich auf das häufige Fehlen von adäquaten Kontrollgruppen. Diese sind jedoch unabdingbar, wenn kausale Schlüsse (z. B. die Auswirkungen einer Fördermaßnahme auf die schulischen Leistungen) gezogen werden sollen. Auch werden aus untersuchungspraktischen Gründen oft nur kleine und stark vorselektierte Stichproben untersucht (Ziegler & Raul, 2000). Die Heterogenität innerhalb der Gruppe der intellektuell Hochbegabten und die daraus resultierenden differentiellen Effekte der Begabungsförderung werden bisher oft nicht berücksichtigt (Preckel, in Druck). Da intellektuell hochbegabte Kinder und Jugendliche definitionsgemäß immer eine kleine Minderheit sind, ist die Zusammenstellung hinreichend großer und repräsentativer Stichproben für wissenschaftliche Studien sehr aufwändig und oft nicht realisierbar. Die Generalisierbarkeit der Befunde auf die Gesamtgruppe der Hochbegabten ist daher jedoch häufig deutlich eingeschränkt. Es wird somit auch zukünftig erforderlich sein, die vorliegenden Befunde aus kleineren und größeren Studien, die die Förderung hochbegabter Schülerinnen und Schüler untersuchen, systematisch, ggf. auch in Form von Metaanalysen, aufzuarbeiten (siehe auch z. B. Neihart et al., 2002; Riley et al., 2004).

Auch sind in den meisten bisherigen Evaluationsstudien die Gütekriterien zur Validität von empirischen Studien nicht hinreichend beachtet worden. Hier sind die statistische, interne und externe Validität sowie die Konstruktvalidität zu unterscheiden (siehe z. B. Schulze & Holling, 2004). Exemplarisch sei hier nur die statistische Validität genauer betrachtet. Die Validität statistischer Schlüsse in empirischen Untersuchungen kann aufgrund verschiedener Faktoren gefährdet sein:

- niedrige Teststärke,
- Verletzung der Voraussetzungen statistischer Tests,
- Durchführung multipler statistischer Tests ohne Anpassung des Signifikanzniveaus,
- niedrige Reliabilität der Messinstrumente,
- Bereichseinschränkungen (restriction of range),
- niedrige Reliabilität der Maßnahmenimplementation,
- äußere Einwirkungen des Untersuchungskontexts, die zu einer Erhöhung der Fehlervarianz führen,
- (zufällige) Heterogenität der Versuchsteilnehmer, die zur Erhöhung der Fehlervarianz führt und
- ungenaue Effektstärkenschätzung, z. B. durch Verwendung falscher Zusammenhangsmaße.

Die ersten beiden Gefährdungen sollen kurz näher erläutert werden: Um einer zu geringen Teststärke vorzubeugen, sind Poweranalysen erforderlich, d. h. Analysen zur Berechnung der Stichprobenumfänge, die notwendig sind, um bestimmte Effekte

mit einer hinreichenden Wahrscheinlichkeit nachweisen zu können. Bisher sind Evaluationsstudien zu Begabtenfördermaßnahmen, in denen Poweranalysen eingesetzt
werden, aber noch die Ausnahme.

Auch die zweite Gefährdungsart, die Verletzung der Voraussetzungen statistischer
Tests, ist insbesondere bei Evaluationsstudien zu Begabtenfördermaßnahmen zu beachten. Fördermaßnahmen finden nicht selten in hierarchischen Kontexten statt, d. h.
in Kontexten, in denen relevante Daten auf mehreren Ebenen erhoben werden (z. B.
die Daten von Schülerinnen und Schülern in mehreren Klassen innerhalb einer Schule). Die Anwendung der klassischen statistischen Verfahren, wie Varianz- oder Regressionsanalysen, stellen damit in vielen Situationen keine geeigneten Auswertungsverfahren dar, da ihre Voraussetzungen verletzt sind und bestimmte Erkenntnisse
nicht zulassen.

Mehrebenenanalysen (siehe z. B. Goldstein, 2003) erlauben es dagegen, die auf
mehreren (hierarchisch) angeordneten Ebenen erhobenen Variablen simultan zu berücksichtigen und so z. B. die Auswirkungen von Interventionen auf höheren Ebenen
auf Variablen der unteren Ebenen zu erfassen. So mögen im Rahmen der Analyse der
Auswirkung von neuen Unterrichtsformen für besonders begabte Schülerinnen und
Schüler auf den Lernerfolg die folgenden Ebenen unterschieden werden: (1) die individuelle Ebene der einzelnen Schülerinnen und Schüler, (2) die Ebene der Schulklassen sowie (3) die Ebene der Schulen. Analysiert man den Zusammenhang der beiden
Variablen simultan auf allen Ebenen, resultieren Erkenntnisse mit einem höheren
Informationsgehalt gegenüber Analysen, die lediglich auf einzelnen Ebenen separat
oder gemittelt über alle Ebenen durchgeführt werden. Damit beugen sie Fehlschlüs-
sen vor, die ansonsten bei der Anwendung klassischer Regressionsanalysen leicht
auftreten können. So ist häufig nach der Aggregierung von Daten z. B. von der Ebene der einzelnen Schüler auf die Ebene der Schulklassen ein beträchtlicher Anstieg
der Zusammenhänge festzustellen. Auch der umgekehrte Effekt kann auftreten, ebenso mögen unterschiedliche Vorzeichen für die Zusammenhänge auf zwei unterschiedlichen Ebenen resultieren. Solche Effekte wurden z. B. bei der Analyse der
Auswirkung von Lehrstilen oder Intelligenz auf den Unterrichtserfolg gefunden
(Cronbach & Webb, 1975; Aitkin & Longford, 1986).

Würde man nun alle unabhängigen Variablen in eine gemeinsame klassische multiple Regression auf der individuellen Ebene einbeziehen, wären elementare statistische Voraussetzungen verletzt, da in aller Regel innerhalb der verschiedenen Klassen
eine höhere Homogenität vorliegt als zwischen unterschiedlichen Klassen. So sind
z. B. die Schulleistung oder die Zufriedenheit mit dem Unterricht innerhalb einer
Klasse homogener als über die Schülerinnen und Schüler verschiedener Klassen
hinweg, insbesondere dann, wenn sie aus Schulen unterschiedlicher Bundesländer
stammen. Die unterschiedliche Homogenität entsteht also durch die Einführung systematischer gruppenspezifischer Fehleranteile und führt damit zu einer Verletzung
der wechselseitigen Unabhängigkeit der Fehlerterme sowie der Annahme von iden-
tisch verteilten Fehlertermen, wie sie in klassischen multiplen Regressionsanalysen
zwingend gefordert wird.

Die obigen Ausführungen, die sich nur auf zwei Gefährdungen der statistischen
Validität beziehen, dürften die Notwendigkeit aufgezeigt haben, konsequent auf die
Einhaltung der Gütekriterien zur Validität generell zu achten. Dazu gilt es u. a. die

entsprechenden Erkenntnisse bzw. Verfahren aus der Versuchsplanung (siehe z. B. Shadish, Cook & Campbell, 2002) oder Statistik (siehe z. B. Holling & Schulze, 2004) anzuwenden.

Die Forschungsbefunde, über die in diesem Buch berichtet wurde, haben gezeigt, dass es bereits eine große Vielfalt an Förderansätzen und eine beeindruckende Anzahl an Studien mit überwiegend sehr ermutigenden Befunden gibt. Die Darstellung der Förderprogramme und ihrer Wirksamkeit hat jedoch auch einige Schwächen und „blinde Flecken" der Begabtenförderung und ihrer Evaluation deutlich gemacht (Preckel, in Druck). So bleibt nach der Aufarbeitung der wissenschaftlichen Literatur der Eindruck bestehen, dass viele Förderansätze und -programme bisher noch recht unzureichend dokumentiert und evaluiert sind. Auch fällt auf, dass eine Einbettung der Untersuchungen und Fördermaßnahmen in vorhandene und etablierte pädagogische und psychologische Theorien und Wissensbestände noch zu selten erfolgt und daher insgesamt noch verbesserungswürdig erscheint. Auch ist in vielen Förderansätzen und in den begleitenden Wirksamkeitsstudien das jeweils zugrunde gelegte Begabungskonzept nur unzureichend geklärt oder es finden in verschiedenen Programmen sehr unterschiedliche Konzepte Anwendung.

Ein weiteres Desiderat bezieht sich auf die stärkere Entwicklung und Evaluation von Förderprogrammen für intellektuell hochbegabte Kinder im Vor- und Grundschulalter und für hochbegabte Kinder aus kulturell oder ökonomisch benachteiligten Gruppen. Für diese Gruppen liegen bisher nur sehr wenige evaluierte Angebote vor.

Es fällt in der Zusammenschau der Evaluationsstudien auf, dass Begabtenfördermaßnahmen, die am Gesamtsystem Schule ansetzen, systematisch geplant, organisiert und längerfristig angelegt sind, in Deutschland noch sehr selten sind. Die überwiegende Zahl der Fördermaßnahmen ist personell an einzelne Lehrkräfte gebunden und legt zu wenig Augenmerk auf den sozialen und organisationalen Kontext, in dem die Förderung stattfindet. Ansätze, die das Gesamtsystem Schule in den Blick nehmen, sollten zukünftig stärker verfolgt werden, um eine umfassende schulische Förderung noch besser zu gewährleisten.

Mit diesem Buch möchten wir einen Beitrag dazu zu leisten, die Begabtenförderung und insbesondere die begleitende Evaluation von Maßnahmen auf diesem Gebiet weiter zu unterstützen. Nur durch eine systematische Dokumentation von Effekten von Maßnahmen kann langfristig gewährleistet werden, dass die Begabtenförderung fortlaufend optimiert werden kann und dass Erkenntnisse über Wirkfaktoren weitergegeben werden können.

Literaturverzeichnis

Abel, T. & Karnes, F. A. (1994). Teacher preferences among the lower socioeconomic rural and suburban advantaged gifted students. *Roeper Review, 17*, 52-57.

Achter, J. A., Lubinski, D. & Benbow, C. P. (1996). Multipotentiality among the intellectually gifted: „It was never there and already it's vanishing." *Journal of Counseling Psychology, 43*, 65-76.

Achter, J. A., Lubinski, D., Benbow, C. P. & Eftekhari-Sanjani, H. (1999). Assessing vocational preferences among intellectually gifted adolescents adds incremental validity to abilities: A discriminant analysis of educational outcomes over a 10-year interval. *Journal of Educational Psychology, 91,* 777-786.

Ackerman, P. L. (1996). A theory of adult intellectual development: Process, personality, interests, and knowledge. *Intelligence, 22,* 227-257.

Aitkin, M. A. & Longford, N. T. (1986). Statistical modeling issues in school effectiveness studies. *Journal of the Royal Statistical Society A, 149*, 1-43.

Allan, S. D. (1991). Ability-grouping research review: What do they say about grouping and the gifted? *Educational Leadership, 48*, 60-65.

Arbeitskreis Wissenschaftliche Begleitung „Schulanfang auf neuen Wegen" (2002). *Schulanfang auf neuen Wegen. Vorläufiger Abschlussbericht zur Eingangsstufe in der Grundschule.* Stuttgart: Landesinstitut für Erziehung und Unterricht.

Archambault, F. X. Jr., Westberg, K. L., Brown, S. W., Hallmark, B. W., Emmons, C. L. & Zhang, W. (1993). *Regular classroom practices with gifted students: Results of a national survey of classroom teachers.* Storrs, CT: National Research Center on the Gifted and Talented, University of Connecticut.

Assouline, S., Colangelo, N., Lupkowski-Shoplik, A., Lipscomb, J. & Forstadt, L. (1998). *Iowa Acceleration Scale, 2nd Edition. A guide to whole-grade acceleration K-8.* Scottsdale: Great Potential Press.

Banbury, M. M. & Wellington, B. (1989). Designing and using peer nominations forms. *Gifted Child Quarterly, 33,* 161-64.

Bardo, A. (1987). *Probleme der Hochbegabtenförderung: Einstellungen und Einschätzungen der betroffenen Schüler, Eltern und Lehrer bezüglich der Maßnahme „Überspringen von Schulklassen".* Unveröffentlichte Magisterarbeit, Universität Saarbrücken.

Baumert, J., Artelt, C., Klieme, E., Neubrand, M., Prenzel, M., Schiefele, U., Schneider, W., Tillmann, K.-J. & Weiß, M. (Hrsg.). (2003). *Pisa 2000 - Ein differenzierter Blick auf die Länder der Bundesrepublik Deutschland.* Opladen: Leske + Budrich.

Baving, L. (2002, April). *Intelligenzdiagnostik.* Vortrag auf dem XXVII. Kongress der Deutschen Gesellschaft für Kinder- und Jugendpsychiatrie und Psychotherapie, 03.-06. April 2002, Berlin.

Beloff, H. (1992). Mother, father, and me: Our intelligence. *The Psychologist, 5,* 309-311.

Benbow, C. P. (1992). Progress in gifted education – Everywhere but here. *Gifted Child Today, 15,* 2-8.

Benbow, C. P. & Minor, L. L. (1990). Cognitive profiles of verbally and mathematically precocious students: Implication for identification of the gifted. *Gifted Child Quarterly, 34,* 21-26.

Bennet, M. (1996). Men's and woman's self-estimates of intelligence. *Journal of Social Psychology, 136,* 411-412.

Bennett, M. (2000). Correlations between self-estimated and psychometrically measured IQ. *Journal of Social Psychology, 139,* 405-410.

Bernal, E. M. (2003). To no longer educate the gifted: Programming for gifted students beyond the era of inclusionism. *Gifted Child Quarterly, 47,* 183-191.

Bishop, W. (1980). Successful teachers of the gifted. In J. S. Renzullin & E. P. Stoddard (Eds.), *Under one cover: Gifted and talented education in perspective* (pp. 152-160). Reston, VA: Council for Exceptional Children.

Bleske-Rechek, A., Lubinski, D. & Benbow, C. P. (2004). Meeting the educational needs of special populations. Advanced Placement's role in developing exceptional human capital. *Psychological Science, 15,* 217-224.

Boedecker, M. & Fritz, A. (2002). Begabter Harry – strebsame Hermine? Subjektive Theorien von Lehrern zur Hochbegabung und Maßnahmen der Begabungsförderung in NRW. In M. Kampshoff & B. Lumer (Hrsg.), *Chancengleichheit im Bildungswesen* (S. 133-152). Opladen: Leske & Budrich.

Borland, J. H. (1989). *Planning and implementing programs for the gifted.* New York: Teachers College, Columbia University.

Braunschmid, I. & Stary, J. (1984). Schullaufbahn und Schulerfolg früheingeschulter Kinder. Ergebnisse einer Längsschnittstudie über neun Jahre. *Bericht über den 34. Kongress der Deutschen Gesellschaft für Psychologie in Wien 1984* (Bd. 2, S. 736-738). Göttingen: Hogrefe.

Brody, L. E. & Benbow, C. P. (1987). Accelerative strategies: How effective are they for the gifted? *Gifted Child Quarterly, 31,* 105-110.

Bungard, W., Holling, H. & Schultz-Gambard, J. (1996). *Methoden der Arbeits- und Organisationspsychologie.* Weinheim: Beltz.

Callahan, C. M. (1993). Evaluation programs and procedures for gifted education: International problems and solutions. In K. A. Heller, F. J. Mönks & A. H. Passow (Eds.), *International handbook of research and development of giftedness and talent* (pp. 605-618). Oxford: Pergamon.

Callahan, C. M. (2000). Intelligence and giftedness. In R. J. Sternberg (Ed.), *Handbook of intelligence* (pp. 159-175). Cambridge: Cambridge University Press.

Callahan, C. M., Tomlinson, C. A., Hunsaker, S. L., Bland, L. C. & Moon, T. (1995). *Instruments and evaluation designs used in gifted programs.* (Research Monograph 95132). Charlottesville, VA: The National Research Center on the Gifted and Talented, University of Virginia.

Carle, U. & Berthold, B. (2004). *Schuleingangsphase entwickeln. Leistung fördern.* Baltmannsweiler: Schneider Verlag Hohengehren.

Carroll, J. B. (1993). *Human cognitive abilities: A survey of factor-analytic studies.* Cambridge, MA: Cambridge University Press.

Christiani, R. (2002). *Auch die leistungsstarken Kinder fördern.* Berlin: Cornelsen.

Cohen, C. S. (1997). *The effectiveness of peer-coaching on classroom teachers' use of differentiation for middle school students.* Unpublished doctoral dissertation, University of Connecticut.

Cohen, J. (1977). *Statistical power analysis for the behavioral siences.* New York: Academic Press.

Cohen, R., Duncan, M. & Cohen, S. L. (1994). Classroom peer relations of children participating in a pull-out enrichment program. *Gifted Child Quarterly, 38,* 33-37.

Colangelo, N., Assouline, S. G. & Gross, M. U. M. (2004). *A nation deceived: How schools hold back America's brightest students. The Templeton National Report on Acceleration.* Iowa City, IA: University of Iowa.

Coleman, J. & Fults, B. (1982). Self-concept and the gifted classroom: The role of social comparisons. *Gifted Child Quarterly, 26,* 116-120.

Coleman, J. & Fults, B. (1985). Special-class placement, level of intelligence, and the self concepts of gifted children: A social comparison perspective. *Remedial and Special Education, 6,* 7-12.

Compton, M. F. (1982). The gifted underachiever in middle school. *Roeper Review, 4,* 23-25.

Copley, F. O. (1961). *The American high school and the talented student.* Ann Arbor, MI: University of Michigan Press.

Cornell, D. G., Callahan, C. M., Bassin, L. E. & Ramsay, S. G. (1991). Affective development in accelerated students. In W. Th. Southern & E. D. Jones (Eds.), *The academic acceleration of gifted children* (pp. 74-101). New York: Teachers College Press.

Cornell, D. G., Callahan, C. M. & Loyd, B. H. (1991). Personality growth of female early college entrants. A controlled prospective study. *Gifted Child Quarterly, 35,* 135-153.

Craven, R. G., Marsh, H. W. & Print, M. (2000). Gifted, streamed, and mixed-ability programs for gifted students: Impact on self-concept, motivation, and achievement. *Australian Journal of Education, 44,* 51-75.

Cronbach, L. J. & Webb, N. (1975). Between class and within class effects in a reported aptitude × treatment interaction: A reanalysis of a study by G. L. Anderson. *Journal of Educational Psychology, 67,* 717-724.

Cropley, A. J. (2000). Defining and measuring creativity: Are creativity tests worth using? *Roeper Review, 23,* 72-79.

Cropley, A. J. & McLeod, J. (1986). Preparing teachers of the gifted. *International Review of Education, 32,* 125-136.

Dai, D. Y. (2004). How universal is the Big-Fish-Little-Pond Effect? *American Psychologist, 59,* 267-268.

Dar, Y. & Resh, N. (1986). *Classroom composition and pupil achievement: A study of the effects of ability-based classes.* London: Gordon and Breach.

Davis, G. A. (2003). Identifying creative students, teaching for creative growth. In N. Colangelo & G. A. Davis (Eds.), *Handbook of gifted education* (pp. 311-324). Boston, MA: Allyn & Bacon.

Davis, G. A. & Rimm, S. B. (1985). *Education of the gifted and talented*. Englewood Cliffs, NJ: Prentice-Hall.

Davis, G. A. & Rimm, S. B. (1998). *Education of the gifted and talented* (4th ed.). Needham Heights: Allyn & Bacon.

Delp, J. L. & Martinson, R. A. (1977). *A handbook for parents of gifted and talented (also helpful for educators)*. Ventura, CA: Ventura County Superintendent of Schools Office.

Denton, N. & Postlethwaite, K. (1985). *Able children: Identifying them in the classroom*. Windsor: NFER-Nelson.

Dickhäuser, O., Schöne, C., Spinath, B. & Stiensmeier-Pelster, J. (2002). Die Skalen zum akademischen Selbstkonzept (SASK): Konstruktion und Überprüfung eines neuen Instrumentes. *Zeitschrift für Differentielle und Diagnostische Psychologie, 23*, 393-405.

DiPasqual, G. W., Moule, A. D. & Flewelling, R. W. (1980). The birthdate effect. *Journal of Learning Disabilities, 13*, 234-238.

Dorhout, A. (1983). Student and teacher perceptions of preferred teacher behaviours among the academically gifted. *Gifted Child Quarterly, 27*, 122-125.

Drabman, R. S., Tarnowski, K. J. & Kelly, P. A. (1987). Are younger classroom children disproportionately referred for childhood academic and behavior problems? *Journal of Consulting and Clinical Psychology, 55*, 907-909.

Dresel, M. & Ziegler, A. (2006). Langfristige Förderung von Fähigkeitsselbstkonzept und impliziter Fähigkeitstheorie durch computerbasiertes attributionales Feedback. *Zeitschrift für Pädagogische Psychologie, 20*, 49-63.

Dugan, M. (1996). Participatory and empowerment evaluation: Lessons learned in training and technical assistance. In D. M. Fetterman, S. Kaftarian & A. Wandersman (Eds.), *Empowerment evaluation: Knowledge and tools for self-assessment and accountability (pp. 277-303)*. Thousand Oaks, CA: SAGE.

Durduen, W. G. & Tangherlini, A. E. (1993*). Smart kids: How academic talents are developed and nurtured in America*. Seattle, WA: Hogrefe & Huber.

Dweck, C. S. & Leggett, E. L. (1988). A social-cognitive approach to motivation and personality. *Psychological Review, 95*, 256-273.

Eccles, J. (1983). Expectancies, values, and academic behaviors. In J. T. Spence (Ed.), *Achievement and achievement motives* (pp. 75-146). San Francisco, CA: W. H. Freeman.

Einsiedler, W. (2005). Unterricht in der Grundschule. In K. S. Cortina, J. Baumert, A. Leschinsky, K. U. Mayer & L. Trommer (Hrsg.), *Das Bildungswesen in der Bundesrepublik Deutschland. Strukturen und Entwicklungen im Überblick* (S. 285-341). Hamburg: Rowohlt.

Elbing, E. (2000). *Hochbegabte Kinder – Strategien für die Elternberatung*. München: Ernst Reinhardt.

Engemann, Ch. (1998). Vorzeitige Einschulung – Eine Chance. In Ministerium für Kultus, Jugend und Sport Baden Württemberg (Hrsg.), *Begabungen fördern.*

Hochbegabte Kinder in der Grundschule (S. 54-62) [Broschüre]. Stuttgart: Ministerium für Kultus, Jugend und Sport Baden Württemberg.

Engemann, Ch. (2000). *Schulanfang auf neuen Wegen. Dokumentation eines Projekts der Schuleingangsstufe.* Stuttgart: Ministerium für Kultus, Jugend und Sport Baden Württemberg.

Ericson, K. A. & Charness, N. (1995). Expert performance: Its structure and acquisition. *American Psychologist, 49*, 725-747.

Feger, B. (1980). Identifikation von Hochbegabten. In K. J. Klauer & H. J. Kornadt (Hrsg.), *Jahrbuch für Empirische Erziehungswissenschaften* (S. 87-112). Düsseldorf: Schwann.

Feger, B. (1988). *Hochbegabung: Chancen und Probleme.* Bern: Huber.

Feger, B. & Prado, T. M. (1998). *Hochbegabung – Die normalste Sache der Welt.* Darmstadt: Primus.

Feldhusen, J. F. (1989). Synthesis of research on gifted youth. *Educational Leadership, 46*, 6-11.

Feldhusen, J. F. (1991). Effects of programs for the gifted: A search for evidence. In W. Th. Southern & E. D. Jones (Eds.), *The academic acceleration of gifted youth* (pp. 133-147). New York: Teachers College Press.

Feldhusen, J. F. & Jarwan, F. A. (2000). Identification of gifted and talented youth for educational programs. In K. A. Heller, F. J. Mönks, R. S. Sternberg & R. F. Subotnik (Eds.), *International handbook of giftedness and talent* (pp. 271-282). Oxford: Elsevier Science.

Feldhusen, J. F., Proctor, T. B. & Black, K. N. (1986). Guidelines for grade advancement of precocious children. *Roeper Review, 9*, 25-27.

Fels, Ch. (1999). *Identifizierung und Förderung Hochbegabter in den Schulen der Bundesrepublik Deutschland.* Bern: Paul Haupt.

Flynn, J. R. (1987). Massive IQ gains in 14 nations: What IQ tests really measure. *Psychological Bulletin, 101*, 171-191.

Freeman, J. (1983). Emotional problems of the gifted child. *Journal of Child Psychology and Psychiatry and Allied Disciplines, 24*, 481-485.

Freeman, J. (1991). *Gifted children growing up.* London: Cassell.

Freeman, J. (1998). *Educating the very able. Current international research.* London: Office for Standards in Education.

Furnham, A., Fong, G. & Martin, N. (1999). Sex and cross-cultural differences in the estimated multi-faced intelligence quotient score for self, parents, and siblings. *Personality and Individual Differences, 26*, 1025-1034.

Gagné, F. (1989). Peer nominations as a psychometric instrument: Many questions asked but few answered. *Gifted Child Quarterly, 33*, 53-58.

Gagné, F. (1993). Constructs and models pertaining to exceptional human abilities. In K. A. Heller, F. J. Mönks & A. H. Passow (Eds.), *International handbook of research and development of giftedness and talent* (pp. 69-87). Oxford: Pergamon.

Gagné, F. (1995). Learning about the nature of gifts and talents through peer and teacher nominations. In M. W. Katzko & F. J. Mönks (Eds.), *Nurturing talent: Individual needs and social ability* (pp. 20-30). Assen, NL: Van Gorcum.

Gallagher, J. J. (1985). *Teaching the gifted child* (3rd ed.). Boston, MA: Allyn and Bacon.

Gallagher, J. J. (2004). Public policy and acceleration of gifted students. In N. Colangelo, S. G. Assouline & M. U. M. Gross (Eds.), *A nation deceived: How schools hold back America's brightest students* (pp. 39-46). The Templeton National Report on Acceleration. Iowa City, IA: University of Iowa.

Gear, G. H. (1976). Accuracy of teacher judgment in identifying intellectually gifted children: A review of the literature. *Gifted Child Quarterly, 20*, 478-489.

Gentry, M. L. (1999). *Promoting student achievement and exemplary classroom practices through cluster grouping: A research-based alternative to heterogeneous elementary classrooms.* Storrs, CT: The National Research Center on the Gifted and Talented.

Gohm, C. L., Humphreys, L. G. & Yao, G. (1998). Underachievement among spatially gifted students. *American Educational Research Journal, 35*, 515-531.

Goldring, E. B. (1990). Assessing the status of information on classroom organisational frameworks for gifted students. *Journal of Educational Research, 83*, 313-326.

Goldstein, D. & Wagner, H. (1993). After school programs, competitions, school olympics, and summer programs. In K. A. Heller, F. J. Mönks & A. H. Passow (Eds.), *International handbook of research and development of gifted and talent* (pp. 593-604). Oxford: Pergamon.

Goldstein, H. (2003). *Multilevel statistical models,* 3rd Edition. London: Hodder Arnold.

Gross, M. U. M. (1993). *Exceptionally gifted children.* London: Routledge.

Gross, M. U. M. (1997). Changing teachers' attitude toward gifted children: An early and essential step. In J. Chann, R. Lie & J. Spinks (Eds.), *Maximizing potential: Lengthening and strengthening our stride. Proceedings of the 11th World Conference in Gifted and Talented Children* (pp. 3-22). Hong Kong: University of Hong Kong Social Siences Center.

Gross, M. U. M. (2000). Issues in the cognitive development of exceptionally and profoundly gifted individuals. In K. A. Heller, F. J. Mönks, R. J. Sternberg & R. F. Subotnik (Eds.), *International handbook of giftedness and talent* (pp. 179-192). Oxford: Pergamon.

Guilford, J. P. & Fruchter, B. (1973). *Fundamental statistics in psychology and education.* Tokyo: McGraw-Hill Kogakusha.

Hagen, E. (1989). *Die Identifizierung Hochbegabter.* Heidelberg: Asanger.

Hammer, S., Kramer, S. & Petters, D. (1983). *Überspringen von Schulklassen. Empirisches Praktikum WS 82/83; SS 83.* Unveröffentlichtes Manuskript. Universität Hamburg, Psychologisches Institut II.

Hansen, J. B. & Feldhusen, J. F. (1994). Comparison of trained and untrained teachers of gifted students. *Gifted Child Quarterly, 38*, 115-121.

Hansen, J. B. & Linden, K. W. (1990). Selecting instruments for identifying gifted and talented students. *Roeper Review, 13*, 10-16.

Hany, E. A. (1987). Psychometrische Probleme bei der Identifikation Hochbegabter. *Zeitschrift für Differentielle und Diagnostische Psychologie, 8*, 173-191.

Hany, E. A. (1988), Programmevaluation in der Hochbegabtenförderung. *Psychologie in Erziehung und Unterricht, 35,* 241-255.

Hany, E. A. (1995). Teachers' cognitive processes of identifying gifted students. In W. M. Katzko & F. J. Mönks (Eds.), *Nurturing talent. Individual needs and social ability. The fourth conference of the European Council for High Ability* (pp. 184-197). Assen: Van Gorcum.

Hany, E. A. (1997). Modeling teachers' judgment of giftedness: A methodological inquiry of biased judgment. *High Ability Studies, 8,* 159-178.

Hany. E. A. (1998). *Gifted children in the classroom: Which diagnostic skills do teachers need? [online]* Available: from http://www.ehany.de/Lehre/Material/Hochbegabung/Texte/Hb405a.pdf. [08.05.2006]

Hany, E. A. (2000). Muss man unterschiedlich hoch begabte Kinder unterschiedlich fördern? In H. Wagner (Hrsg.), *Begabung und Leistung in der Schule* (S. 71-96). Bad Honnef: Bock.

Hany, E. A. (2001). Identifikation von Hochbegabten im Schulalter. In K. A. Heller (Hrsg.), *Hochbegabung im Kindes- und Jugendalter* (2. Aufl., S. 42-171). Göttingen: Hogrefe.

Hany, E. A. (2002). Mathematisch-naturwissenschaftliche Spezialklassen: Wie findet man geeignete Schüler? In H. Wagner (Hrsg.), *Begabungsförderung und Lehrerausbildung* (S. 261-272). Bad Honnef: Bock.

Hany, E. A. (2004). Prognostische Validität von Aufnahmeverfahren in Spezialschulen. *Psychologie in Erziehung und Unterricht, 51,* 40-51.

Hany, E. A. & Heller, K. A. (1992). *Förderung besonders befähigter Schüler in Baden-Württemberg: Ergebnisse der wissenschaftlichen Begleitforschung.* (Heft 15 der Reihe „Förderung besonders befähigter Schüler"). Stuttgart: Ministerium für Kultus und Sport (MKS) Baden-Württemberg.

Haynes, N. M., Hamilton-Lee, M. & Comer, J. P. (1987). Differences in self-concept among high, average, and low achieving high school sophomores. *Journal of Social Psychology, 128,* 259-264.

Heilmann, K. (1999). *Begabung – Leistung – Karriere. Die Preisträger im Bundeswettbewerb Mathematik 1971 – 1995.* Göttingen: Hogrefe.

Heilmann, K. & Trost, G. (1996). *Evaluation des Bundeswettbewerbs Mathematik: Biographische Untersuchung über die Bundessieger.* Bonn: Institut für Test- und Begabungsforschung.

Heinbokel, A. (1988). *Hochbegabte – Erkennen, Probleme, Lösungswege.* Baden-Baden: Nomos.

Heinbokel, A. (1996). *Überspringen von Klassen.* Münster: Lit-Verlag.

Heinbokel, A. (2000). Gehupft wie gesprungen: Was nützt das Überspringen? In H. Wagner (Hrsg.), *Begabung und Leistung in der Schule* (S. 153-170). Bad Honnef: Bock.

Heinbokel, A. (2004). Überspringen von Klassen 1980-2001. *Labyrinth, 82,* 4-12.

Heller, K. A. (1992). *Hochbegabung im Kindes- und Jugendalter.* Göttingen: Hogrefe.

Heller, K. A. (Hrsg.). (2000). *Begabungsdiagnostik in der Schul- und Erziehungsberatung* (2., vollst. überarb. Aufl.). Bern: Huber.

Heller, K. A., Gaedike, A. K. & Weinläder, H. (1985). *Kognitiver Fähigkeitstest für 4. bis 13. Klassen KFT 4-13+*. Weinheim: Beltz.

Heller, K. A. & Lengfelder, A. (2004). Schülerolympiaden: Ein Beitrag zur Hochbegabtenförderung? *Labyrinth, 80*, 4-10.

Heller, K. A. & Neber, H. (1994). *Evaluationsstudie zu den Schülerakademien 1993. Endbericht*. Institut für Pädagogische Psychologie und Psychologische Diagnostik. München: Universität, Institut für Pädagogische Psychologie und Psychologische Diagnostik.

Heller, K. A. & Neber, H. (2004). Einführung in den Themenschwerpunkt „Hochbegabtenförderung auf dem Prüfstand". *Psychologie in Erziehung und Unterricht, 51*, 1-7.

Heller, K. A. & Perleth, Ch. (2000). *Kognitiver Fähigkeitstest für 4. bis 12. Klassen, Revision (KFT 4-12+R)*. Göttingen: Beltz.

Heller, K. A. & Perleth, Ch. (in Vorb.). *Münchner Hochbegabungstestbatterie (MHBT)*. Göttingen: Hogrefe.

Heller, K. A., Perleth, Ch. & Hany, E. A. (1994). Hochbegabung – ein lange Zeit vernachlässigtes Forschungsthema. *Einsichten – Forschung an der Ludwig-Maximilians-Universität München, 1* (1994), 18-22.

Heller, K. A. & Reimann, R. (2002). Theoretical und methodological problems of a 10-year follow-up program evaluation study. *European Journal of Psychological Assessment, 18*, 221-249.

Heller, K. A., Reimann, R. & Senfter, A. (2005). *Hochbegabung im Grundschulalter: Erkennen und fördern*. Münster: Lit-Verlag.

Heller, K. A. & Rindermann, H. (1997). *Sechster Bericht über die wissenschaftliche Evaluation des baden-württembergischen Schulversuchs „Gymnasium mit achtjährigem Bildungsgang"*. München: Universität, Institut für Pädagogische Psychologie und Psychologische Diagnostik.

Heller, K. A. & Rindermann, H. (1999). Hochbegabung, Motivation und Leistungsexzellenz: Aktuelle Forschungsbefunde zum achtjährigen Gymnasium in Baden-Württemberg. In Th. Fitzner, W. Stark, H. P. Kagelmacher & Th. Müller (Hrsg.), *Erkennen, Anerkennen und Fördern von Hochbegabten* (S. 81-107). Stuttgart: Klett.

Heller, K. A., Senfter, A. & Reimann, R. (2003). *Bayerische Grundschulstudie (2001-2003) Abschlussbericht*. Unveröffentlichte Studie im Auftrag des Bayerischen Kultusministeriums.

Helmke, A. & Schrader, F. W. (1989). Sind Mütter gute Diagnostiker ihrer Kinder? Analysen von Komponenten und Determinanten der Urteilsgenauigkeit. *Zeitschrift für Entwicklungspsychologie und Pädagogische Psychologie, 21*, 223-247.

Henze, G., Sandfuchs, U., Zumhasch, C., Koch, U., Schulz, N. & Bringmann, S. (2005). *Abschlussbericht der wissenschaftlichen Begleitung des „Schulversuchs zur integrativen Förderung von Schülerinnen und Schülern mit besonderen Begabungen an der Grundschule Beuthener Straße in Hannover*. Hildesheim: Universität, Institut für Psychologie.

Hertel, E. (2000). Für jede(n) die passende Herausforderung. Schülerwettbewerbe als Instrumente gezielter und individueller Förderung. In H. Wagner (Hrsg.), *Begabungsförderung und Lehrerausbildung* (S. 171-183). Bad Honnef: Bock.

Hertzog, N. B. (2003). Impact of gifted programs from the students' perspectives. *Gifted Child Quarterly, 47,* 131-143.

Hills, J. R. (1971). Use of measurement in selection and placement. In R. L. Thorndike (Ed.), *Educational measurement* (2nd ed., pp. 680-732). Washington, DC: American Council on Education.

Hinz, R. & Sommerfeld, D. (2004). Jahrgangsübergreifende Klassen. In R. Christiani (Hrsg.), *Schuleingangsphase: neu gestalten* (S. 165-186). Berlin: Cornelsen Scriptor.

Hobson, J. R. (1963). High school performance of underage pupils initially admitted to kindergarten on the basis of physical and psychological examinations. *Educational and Psychological Measurement, 23,* 159-169.

Hoge, R. D. & Coladarci, T. (1989). Teacher-based judgementsof academic achievements: A review of literature. *Review of Educational Psychology, 59,* 297-313.

Holling, H. & Kanning, U. P. (1999). *Hochbegabung: Forschungsergebnisse und Fördermöglichkeiten.* Göttingen: Hogrefe.

Holling, H. & Preckel, F. (2005). Self-estimation of intelligence – methodological approaches and gender differences. *Personality and Individual Differences, 38,* 503-517.

Holling, H., Preckel, F. & Vock, M. (2004). *Intelligenzdiagnostik.* Göttingen: Hogrefe.

Holling, H., Preckel, F., Vock, M. & Schulze Willbrenning, B. (2004). *Schulische Begabtenförderung in den Ländern: Maßnahmen und Tendenzen. Materialien zur Bildungsplanung und Forschungsförderung, Heft 121.* Bonn: BLK.

Holling, H. & Schulze, R. (2004). Statistische Modelle und Auswertungsverfahren in der Organisationspsycholgie. In H. Schuler (Ed.), *Grundlagen und Personalpsychologie* (S. 73-129). Göttingen: Hogrefe.

Holling, H., Vock, M. & Preckel, F. (2001). Schulische Begabtenförderung in den Ländern der Bundesrepublik Deutschland. In Bund-Länder-Kommission für Bildungsplanung und Forschungsförderung (Hrsg.), *Begabtenförderung – ein Beitrag zur Förderung von Chancengleichheit in Schulen – Orientierungsrahmen* (S. 27-270). Materialien zur Bildungsplanung und Forschungsförderung, Heft 91. Bonn: BLK.

Holling, H. & Wittmann, A. (2000). *Die Beratungstätigkeit der DGhK: Bestandsaufnahme und Optimierungsmöglichkeiten: Ergebnisbericht Elternbefragung.* Unveröffentlichtes Manuskript. Universität Münster.

Holtappels, H. G. & Heerdegen, M. (2005). Schülerleistungen in unterschiedlichen Lernumwelten im Vergleich zweier Grundschulmodelle in Bremen. In W. Bos, E. M. Lankes, M. Prenzel, K. Schwippert, R. Valtin & G. Walther (Hrsg.), *IGLU. Vertiefende Analysen zu Leseverständnis, Rahmenbedingungen und Zusatzstudien* (S. 361-397). Waxmann: Münster.

Hoover, S. M. (1993). Cluster grouping of gifted students at the elementary level. *Roeper Review, 16,* 13-16.

Howley, A., Howley, C. B. & Pendarvis, E. D. (1986). *Teaching gifted children.* Boston, MA: Little Brown.

Hultgren, H. W. & Seeley, K. R. (1982). *Training teachers of the gifted: A research monograph on teacher competencies.* Denver: University of Denver, School of Education.

Humphreys, L. G., Lubinski, D. & Yao, G.(1993). Utility of predicting group membership and the role of spatial visualization becoming an engineer, physical scientist, or artist. *Journal of Applied Psychology, 78,* 250-261.

Husen, T. (1967). *International study of achievement in mathematics, Vol. 1.* Stockholm: Almquist & Wiksell.

Ingenkamp, K. (1971). *Die Fragwürdigkeit der Zensurengebung.* Weinheim: Beltz.

Institut zur Qualitätsentwicklung im Bildungswesen (IQB). (2006). *Perspektiven und Viisionen. Die Normierung und Präzisierung der nationalen Bildungsstandards in den Ländern der Bundesrepublik Deutschland. Das IQB stellt sich vor.* Berlin: IQB.

Jäger, A. O. (1982). Mehrmodale Klassifikation von Intelligenzleistungen. Experimentell kontrollierte Weiterentwicklung eines deskriptiven Intelligenzstrukturmodells. *Diagnostica, 28,* 195-226.

Jäger, A. O. (1984). Intelligenzstrukturforschung: Konkurrierende Modelle, neue Entwicklungen, Perspektiven. *Psychologische Rundschau, 35,* 21-35.

Jäger, A. O., Holling, H., Preckel, F., Schulze, R., Vock, M., Süß, H.-M. & Beauducel, A. (2006). *Berliner Intelligenzstruktur-Test für Jugendliche: Begabungs- und Hochbegabungsdiagnostik (BIS-HB).* Göttingen: Hogrefe.

Jarosewich, T., Pfeiffer, S. I. & Morris, J. (2002). Identifying gifted students using teacher rating scales: A review of existing instruments. *Journal of Psychoeducational Assessment, 20,* 322-336.

Johnsen, S. K. (1992). *Classroom instructional practices scale.* Unpublished manuscript, Baylor University, Waco, TX.

Johnsen, S. K. & Corn, A. L. (2001). *Screening Assessment for Gifted Elementary and Middle School Students – Second Edition (SAGES-2).* Austin, TX: pro-ed.

Johnsen, S. K., Haensley, P. A., Ryser, G. R. & Ford, R. F. (2002). Changing general education classroom practices to adapt for gifted students. *Gifted Child Quarterly, 46,* 45-63.

Johnsen, S. K. & Kendrick, J. (Eds.). (2005). *Teaching strategies in gifted education.* Waco, TX: Prufrock Press.

Johnson, L. J. & Lewman, B. S. (1990). Parent perceptions of the talents of young gifted boys and girls. *Journal for the Education of the Gifted, 13,* 176-288.

Jost, M. (1999). *Extra-Klasse? Hochbegabte in der Schule erkennen und begleiten.* Wiesbaden: Universum.

Jüling, I. & Lehmann, W. (1997). Zur Auswahl von Schülern für ein Gymnasium mit mathematisch-naturwissenschaftlich-technischem Profil. *Psychologie in Erziehung und Unterricht, 44,* 44-56.

Kaiser, A. (1997). *Entwicklung und Erprobung von Modellen der Begabtenförderung am Gymnasium mit Verkürzung der Schulzeit. Abschlussbericht.* Mainz: v. Hase & Koehler.

Kanning, U. P. (2004). *Standards der Personaldiagnostik.* Göttingen: Hogrefe.

Kaplan, C. (1992). Ceiling effects in assessing high-IQ children with the WPPSI-R. *Journal of Clinical Child Psychology, 21,* 403-406.

Kaufmann, A. S. & Harrison, P. L. (1986). Intelligence tests and gifted assessment: What are the positives? *Roeper Review, 8,* 154-159.

Klausmeier, H. J. & Ripple, R. E. (1963). Effects of accelerating bright older pupils from second to fourth grade. *Journal of Educational Psychology, 53,* 93-100.

Köller, O. (2004). *Konsequenzen von Leistungsgruppierungen.* Münster: Waxmann.

Köller, O. (2005). Formative assessment in classrooms: A review of the empirical German literature. In OECD (Ed.), *Formative Assessment: Improving learning in secondary classrooms* (pp. 265-279). Paris: OECD.

Köller, O. & Baumert, J. (2001). Leistungsgruppierungen in der Sekundarstufe I: Ihre Konsequenzen für die Mathematikleistung und das mathematische Selbstkonzept der Begabung. *Zeitschrift für Pädagogische Psychologie, 15,* 99-110.

Kolloff, P. B. (1997). Special residential high schools. In N. Colangelo & G. A. Davis (Eds.), *Handbook of gifted education* (pp. 198-206). Boston, MA: Allyn and Bacon.

Kolloff, P. B. & Moore, A. D. (1989). Effects of summer programs on the self-concepts of gifted children. *Journal for the Education of the Gifted, 12,* 268-276.

König, J. (2000). *Einführung in die Selbstevaluation: Ein Leitfaden zur Bewertung der Praxis Sozialer Arbeit.* Freiburg im Breisgau: Lambertus.

Kötter, L. (1985, 5.-9. August). *Ist Überspringen von Schulklassen eine zweckmäßige Maßnahme zur Förderung von Hochbegabten?* Vortrag auf der 6. Weltkonferenz über hochbegabte und talentierte Kinder in Hamburg.

Krampen, G. (1993). Diagnostik der Kreativität. In G. Trost, K. Ingenkamp & R. S. Jäger (Hrsg.), *Tests und Trends 10* (S. 11-39). Weinheim: Beltz.

Kulik, C.-L. (1985). *Effects of inter-class ability grouping an achievement and self-esteem.* Paper presented at the annual convention of the American Psychological Association (93rd), Los Angeles, CA.

Kulik, J. A. (1992). *An analysis on the research of ability grouping: Historical and contemporary perspectives.* (Monograph of the National Research Center on the Gifted and Talented. No. 9204). Storrs, CT: University of Connecticut.

Kulik, J. A. (2004). Meta-analytic studies of acceleration. In N. Colangelo, S. G. Assouline & M. U. M. Gross (Eds.), *A nation deceived: How schools hold back America's brightest students* (pp. 13-22). The Templeton National Report on Acceleration. Iowa City, IA: University of Iowa.

Kulik, J. A. & Kulik, C.-L. (1982). Effects of ability grouping on secondary school students: A meta-analysis of evaluation findings. *American Educational Research Journal, 19,* 415-428.

Kulik, J. A. & Kulik, C.-L. (1989). Effects of ability grouping on students achievement. *Equity and Excellence, 23,* 1-2.

Kulik, J. A. & Kulik, C.-L. (1991). Ability grouping and gifted students. In N. Colangelo & G. A. Davis (Eds.), *Handbook of gifted education* (pp. 178-196). Boston, MA: Allyn and Bacon.

Kulik, J. A. & Kulik, C.-L. (1997). Ability grouping. In N. Colangelo & G. A. Davis (Eds.), *Handbook of gifted education* (pp. 230-242). Boston, MA: Allyn and Bacon.

Kultusministerkonferenz (KMK). (2003). *Bildungsstandards im Fach Mathematik für den mittleren Schulabschluss* (Beschluss von 04. Dezember 2003). München: Wolters Kluwer Deutschland.

Kultusministerkonferenz (KMK). (2004). *Bildungsstandards im Fach Mathematik für den Primarbereich* (Beschluss von 15.10.2004). München: Wolters Kluwer Deutschland.

Lambrich, H.-J. (1997). Den Schulanfang neu gestalten. Die kindgerechte, flexible Schuleingangsphase (FLEX) in Brandenburg. *Die Grundschulzeitschrift, 104*, 51-53.

Lewis, J. F. (1982). Bulldozers or chairs? Gifted students describe their ideal teacher. *The Gifted Child Today (May/June),* 16-19.

Lichten, W. (2000). Whither Advanced Placement? *Education Policy Analysis Archives, 8*, 1-19.

Lipsey, M. W. & Wilson, D. B. (1993). The efficacy of psychological, educational, and behavioral treatment. *American Psychologist, 48*, 1181-1209.

Lohman, D. F. (2005). The role of nonverbal ability tests in identifying academically gifted students: An aptitude perspective. *Gifted Child Quarterly, 49*, 111-136.

Lowenstein, L. F. (1982). Teachers' effectiveness in identifying gifted children. *Gifted Education International, 1*, 33-35.

Lubinski, D. & Benbow, C. P. (1994). The Study of Mathematically Precocious Youth: The first three decades of a planned 50-year study of intellectual talent. In R. F. Subotnik & K. D. Arnold (Eds.), *Beyond Terman: Contemporary longitudinal studies of giftedness and talent* (pp. 255-281). Norwood, NJ: Ablex.

Lubinski, D. & Benbow, C. P. (2000). States of excellence. *American Psychologist, 55*, 137-150.

Lubinski, D., Webb, R. M., Morelock, M. J. & Benbow, C. P. (2001). Top 1 in 10,000: A 10-year follow-up of the profoundly gifted. *Journal of Applied Psychology, 84*, 718-729.

Lucas, S.R. (1999). *Tracking inquality. Stratification and mobility in American highschools.* New York: Teachers College Press

Luftig, R. L. & Nichols, M. L. (1990). Assessing the social status of gifted students by their age peers. *Gifted Child Quarterly, 34*, 111-115.

Ma, X. (2003). Effects of early acceleration of students in mathematics on attitudes toward mathematics and mathematics anxiety. *Teachers College Record, 105*, 438-464.

Mabe, P. & West, S. (1982). Validity of self-evaluation of ability: A review and meta-analysis. *Journal of Applied Psychology, 67*, 280-296.

Maddux, C. D. (1983). Early school entry for the gifted: New evidence and concerns. *Roeper Review, 5*, 15-17.

Maddux, C. D., Samples-Lachmann, I. & Cummings, R. E. (1985). Preferences of gifted students for selected teacher characteristics. *Gifted Child Quarterly, 29*, 160-163.

Maddux, C. D., Scheiber, L. M. & Bass, J. E. (1982). Self-concept and social distance in gifted children. *Gifted Child Quarterly, 26*, 77-81.

Mann, H. (1957). How real are friendships of gifted and typical children in a program of partial segregation? *Exceptional Children, 23*, 199-206.

Marsh, H. W. (1986). Verbal and math self-concepts: an internal/external frame of reference model. *American Educational Research Journal, 23*, 129-149.

Marsh, H. W. (2005). Big-fish-little-pond effect on academic self-concept. *Zeitschrift für Pädagogische Psychologie, 19*, 119-127.

Marsh, H. W., Chessor, D., Craven, R. & Roche, L. (1995). The effect of gifted and talented programs on academic self-concept: The big fish strikes again. *American Educational Research Journal, 32*, 285-319.

Marsh, H. W. & Craven R. (1997). Academic self concept : Beyond the dustbowl. In G. D. Phye (Ed.), *Handbook of classroom assessment* (pp. 131-198). San Diego, CA: Academic Press.

Marsh, H. W., Hau, K. T. & Craven, R. (2004). The big-fish-little-pond effect stands up to scrutiny. *American Psychologist, 59*, 269-271.

Marsh, H. W. & Parker, N. (1985). Self-concepts: Their relationship to age, sex, and academic measures. *American Educational Research Journal, 22* (3), 422-444.

Marsh, H. W. & Shavelson, R. J. (1985). Self-concept: Its multifaceted, hierarchical structure. *Educational Psychologist, 20*, 107-125.

Marsh, H. W., Trautwein, U., Lüdtke, O., Köller, O. & Baumert, J. (2005). Academic self-concept, interest, grades, and standardized test scores: Reciprocal effects models of causal ordering. *Child Development, 76*, 397-416.

Matlin, J. P. (1965). *Some effects of a planned program of acceleration upon elementary school children.* Unpublished doctoral dissertation, University of California, Berkeley.

McCoach, D. B. & Siegle, D. (2003). The structure and function of academic self-concept in gifted and general education students. *Roeper Review, 25*, 61-65.

McLeod, J. & Cropley, A. (1989). *Fostering academic excellence.* New York: Pergamon Press.

Meier, M. (1987). *Probleme der Hochbegabtenförderung: Bedingungen, Begleitumstände und Folgen des Überspringens bzw. Nichtüberspringens von Schulklassen.* Unveröffentlichte Magisterarbeit, Universität Saarbrücken.

Milgram, R. M. (1979). Perception of teacher behaviour in gifted and nongifted children. *Journal of Educational Psychology, 71*, 125-128.

Mills, C. J. (2003). Characteristics of effective teachers of gifted students: Teacher background and personality styles of students. *Gifted Child Quarterly, 47*, 272-281.

Mills, C. J. & Tissot, S. L. (1995). Identifying academic potential in students from under-represented populations: Is using the Ravens Progressive Matrices a good idea? *Gifted Child Quarterly, 39*, 209-217.

Mirman, N. (1962). Are accelerated students socially maladjusted? *Elementary School Journal, 62*, 273-276.

Mönks, F. J., Peters, W. A. M. & Pflüger, R. (2003a). *Schulische Begabtenförderung in Europa: Bestandsaufnahme und Ausblick. Deel I: Länderdarstellung.* Nijmegen: CBO.

Mönks, F. J., Peters, W. A. M. & Pflüger, R. (2003b). *Schulische Begabtenförderung in Europa: Bestandsaufnahme und Ausblick. Deel II: Thematische Darstellung.* Nijmegen: CBO.

Mönks, F. J. & Ypenburg, I. H. (1993). *Unser Kind ist hochbegabt. Ein Leitfaden für Eltern und Lehrer*. München: Ernst Reinhardt.

Mueller, K. J. (1955). Success of elementary students admitted to public schools under the requirements of the Nebraska program of early entrance. *Dissertation Abstracts, 15*, 2103.

Murphy, N. A., Hall, J. A. & Colvin, C. R. (2003). Accurate intelligence assessments in social interactions: Mediators and gender effects. *Journal of Personality, 71*, 465-493.

National Research Council. (2002). *Learning and understanding: Improving advanced study of mathematics and science in U.S. high schools*. Washington, DC: National Academy Press.

Neber, H. (2004). Lehrernominierungen für ein Enrichment-Programm als Beispiel für die Talentsuche in der gymnasialen Oberstufe. *Psychologie in Erziehung und Unterricht, 51*, 24-39.

Neber, H. & Heller, K. A. (1995). *Untersuchungen zur Nomination von Teilnehmern für die Deutsche SchülerAkademie* (Forschungsbericht), Institut für Psychologische Diagnostik und Evaluation. München: Universität.

Neber, H. & Heller, K. A. (1996). *Auswirkungen der Deutschen SchülerAkademie auf Schule und Studium*. (Dritter Bericht an das Bundesministerium für Bildung, Wissenschaft, Forschung und Technologie). Institut für Psychologische Diagnostik und Evaluation. München: Universität.

Neber, H. & Heller, K. A. (1997). *Deutsche SchülerAkademie. Ergebnisse der wissenschaftlichen Begleitforschung* (Endbericht an das Bundesministerium für Bildung, Wissenschaft, Forschung und Technologie). Institut für Psychologische Diagnostik und Evaluation. München: Universität.

Neber, H. & Heller, K. A. (2002). Evaluation of a summer-school program for highly gifted secondary-school students: The German Pupils Academy. *European Journal of Psychological Assessment, 18*, 214-228.

Neiderer, K., Irwin, R. J., Irwin, K. C. & Reilly, I. R. (2003). Identification of mathematically gifted children in New Zealand. *High Ability Studies, 14*, 71-84.

Neihart, M. & Olenchak, F. R. (2002). Creatively gifted children. In M. Neihart, S. M. Reis, N. M. Robinson & S. M. Moon (Eds.), *The social and emotional development of gifted children: What do we know?* (pp. 165-175). Waco, TX: Prufrock Press.

Nelson, K. C. & Prindle, N. (1992). Gifted teacher competencies: Ratings by rural principals and teachers compared. *Journal for the Education of the Gifted, 15*, 357-369.

Newland, T. E. (1976). *The gifted in socioeconomic perspective*. Englewood Cliffs, NJ: Prentice-Hall.

Oakes, J. (1985). *Keeping track: How schools structure inequality*. New Haven, CT: Yale University Press.

Obrzut, A., Nelson, R. B. & Obrzut, J. E. (1984). Early school entrance for intellectually superior children: An analysis. *Psychology in the Schools, 21*, 71-77.

Olszewski-Kubilius, P. (1997). Special summer and Saturday programs for gifted students. In N. Colangelo & G. Davis (Eds.), *Handbook of gifted education* (pp. 180-188). Boston, MA: Allyn and Bacon.

Passow, A. H. (1986). Educational programs for minority/disadvantaged students. In L. Kanevsky (Ed.), *Issues in gifted education: A collection of readings* (pp. 148-172). San Diego, CA: San Diego City Schools.

Passow, A. H., Mönks, F. J. & Heller, K. A. (1993). Research and education of the gifted in the year 2000 and beyond. In K. A. Heller, F. J. Mönks & A. H. Passow (Eds.), *International handbook of research and development of giftedness and talent* (pp. 883-903). Oxford: Pergamon

Paulus, P. (1984). Acceleration: More than grade skipping. *Roeper Review, 7*, 98-100.

Pegnato, C. W. & Birch, J. W. (1959). Locating gifted children in junior high schools. A comparison of methods. *Exceptional Children, 25*, 300-304.

Pennau, J. E. E. (1981). *The relationship between early entrance and subsequent educational progress in the elementary school.* Unpublished doctoral dissertation, University of Minnesota.

Perleth, Ch. & Ziegler, A. (1996). Pfüa di Godt Integration – Sonderschulen für Hochbegabte? In L. Dunkel, C. Enders & C. Hanckel (Hrsg.), *Berichte aus der Schulpsychologie. Kongressbericht der 12. Bundeskonferenz 1996 in Münster* (S. 143-155). Bonn: Deutscher Verlag GmbH.

Pevecs, A. E. (1965). Some problems of academically accelerated senior boys in selected high schools of the catholic diocese of Cleveland. *Dissertation Abstract, 25,* 6350.

Pintrich, P. R. & DeGroot, E. V. (1990). Motivational and self-regulated learning components of classroom academic performance. *Journal of Educational Psychology, 82,* 33-40.

Piper, S. & Creps, K. (1991). Practical concerns in assessment and placement in academic acceleration. In W. Th. Southern & E. D. Jones (Eds.), *The academic acceleration of gifted children* (pp. 162-180). New York: Teachers College Press.

PISA-Konsortium Deutschland. (Hrsg.). (2004). *PISA 2003. Der Bildungsstand der Jugendlichen in Deutschland - Ergebnisse des zweiten internationalen Vergleichs.* Münster: Waxmann.

Plowman, P. & Rice, J. (1967). *California Project Talent. Final report.* Sacramento, CA: California State Department of Education.

Plucker, J. A., Robinson, N. M., Greenspon, T. S., Feldhusen, J. F. McCoach, D. B. & Subotnik, R. F. (2004). It´s not how the pond makes you feel, but rather how high you can jump. *American Psychologist, 59,* 268-269.

Posch, P. & Altrichter, H. (1997). *Möglichkeiten und Grenzen der Qualitätsevaluation und -entwicklung im Schulwesen.* Innsbruck: StudienVerlag.

Prado, T. M. & Schiebel, W. (1996). *Entwicklung und Erprobung eines Modells zur Förderung besonders begabter Schülerinnen und Schüler durch Fördermaßnahmen zur Verkürzung der individuellen Schulzeit. Schlußbericht.* Hamburg: Behörde für Schule, Jugend, Berufsbildung, Amt für Schule.

Preckel, F. (2003). *Diagnostik intellektueller Hochbegabung. Testentwicklung zur Erfassung der fluiden Intelligenz.* Göttingen: Hogrefe.

Preckel, F. (in Druck). Erkennen und Fördern hochbegabter Schülerinnen und Schüler. In W. Schneider & F. Petermann (Hrsg.), *Angewandte Entwicklungspsychologie.* Göttingen: Hogrefe.

Preckel, F. & Holling, H. (2006). Berufliche Hochbegabung: Die Rolle von Intelligenz und Begabung für Handlungskompetenz. Schwerpunktheft Handlungskompetenz. *Bildung und Erziehung, 59,* 167-178.

Preckel, F., Zeidner, M., Goetz, T. & Schleyer, E. J. (in press). Female 'big fish' swimming against the tide: The 'big-fish-little-pond effect' and gender-ratio in special gifted classes. *Contemporary Educational Psychology.*

Proctor, T. B., Black K. N. & Feldhusen J. F. (1986). Early admission of selected children to elementary school. A review of the research literature. *Journal of Educational Research, 80,* 70-76.

Proctor, T. B., Feldhusen, J. F. & Black, K. N. (1988). Guidelines for early admission to elementary school. *Psychology in the Schools, 25,* 41-43.

Pruisken, Ch. (2004). Interessen und Freizeitbeschäftigungen hochbegabter (Grundschul-)Kinder. *Zeitschrift für Pädagogische Psychologie, 18,* 1-14.

Pugac, L. (2003). *Außerunterrichtliche Förderung von begabten Schülern am Beispiel von PROBEX.* Unveröffentlichte Hausarbeit. Universität Hamburg.

Rammstedt, B. & Rammsayer, T. H. (2000). Sex differences in self-estimates of different aspects of intelligence. *Personality and Individual Differences, 29,* 869-880.

Rammstedt, B. & Rammsayer, T. H. (2001). Geschlechtsunterschiede bei der Einschätzung der eigenen Intelligenz im Kindes- und Jugendalter. *Zeitschrift für Pädagogische Psychologie, 15,* 207-217.

Rammstedt, B. & Rammsayer, T. H. (2002). Self-estimated intelligence: Gender differences, relationship to psychometric intelligence and moderating effects of level of education. *European Psychologist, 7,* 275-284.

Raven, J. C. (1962). *Advanced Progressive Matrices Set II.* London: Lewis.

Reimann, R. & Heller, K. A. (2004). Das achtjährige Gymnasium mit besonderen Anforderungen (G8) als Paradigma für schulische Akzelerationsprogramme zur (Hoch-)Begabtenförderung – Methoden und Ergebnisse einer zehnjährigen Längsschnitt-Evaluationsstudie. *Psychologie in Erziehung und Unterricht, 51,* 8-23.

Reis, S. M., Westberg, K. L., Kulikowich, J., Caillard, F., Hebert, T., Plucker, J., Purcell, J. H., Rogers, J. B. & Smist, J. M. (1993). *Why not let high ability students start school in January? The curriculum compacting study.* Storrs, CT: The National Research Center on the Gifted and Talented, University of Connecticut.

Reitmajer, V. (1988). *Überspringen einer Jahrgangsstufe am Gymnasium als Fördermaßnahme für besonders begabte Schülerinnen und Schüler: Ergebnisse einer Umfrage an den Gymnasien in Bayern* (Informationen zur Schulpädagogik, 2/88). München: Staatsinstitut für Schulpädagogik und Bildungsforschung.

Reitmajer, V. (1989). *Überspringen einer Jahrgangsstufe in der Grundschule als Fördermaßnahme für besonders begabte Schülerinnen und Schüler: Ergebnisse einer Umfrage an den Staatlichen Schulämtern in Bayern* (Informationen zur Schulpädagogik, 4/89). München: Staatsinstitut für Schulpädagogik und Bildungsforschung.

Reitmajer, V. & Santl, M. (1991). *Überspringen einer Jahrgangsstufe als Fördermaßnahme für besonders begabte Schülerinnen und Schüler – Interviews mit ehemaligen Überspringern* (Arbeitsbericht Nr. 224). München: Staatsinstitut für Schulpädagogik und Bildungsforschung.

Renoth, P. (1997). Pluskurse und Facharbeit. In H. Wambach (Hrsg.), *Förderung von Jugendlichen in Chemie* (S. 98-107). Münster: Lit-Verlag.

Renzulli, J. S. (1978). What makes giftedness – Reexamining a definition. *Phi Delta Kappa, 60,* 180-184.

Renzulli, J. S. (1986). The three-ring conception of giftedness: A developmental model for creative productivity. In R. Sternberg & J. Davidson (Eds.), *Conceptions of giftedness* (pp. 332-357). New York: Cambridge University Press.

Renzulli, J. S. (2003). *Parent and peer ratings in the identification process [Online]* Available: http://www.sp.uconn.edu/~nrcgt/sem/peeridpr.html [2006-09-02].

Renzulli, J. S. & Reis, S. M. (2004). Curriculum compacting: A research-based differentiation strategy for culturally diverse talented students. In D. Boothe & J. C. Stanley (Eds.), *In the eyes of the beholder: Critical issues for diversity in gifted education* (pp. 87-100). Waco, TX: Prufrock Press.

Reynolds, M. C., Birch J. W. & Tuseth, A. A. (1962). Research in early admissions. In M.C. Reynolds (Ed.), *Early school admission for mentally advanced children* (pp. 7-17). Reston, VA: Council for Exceptional Children.

Richert, E. S. (2003). Excellence with justice in identification and programming. In N. Colangelo & G. A. Davis (Eds.), *Handbook of gifted education* (3rd ed., pp. 146-158). Boston, MA: Allyn & Bacon.

Richert, E. S., Alvion, J. & McDonnel, R. (1982). *The national report on identification of gifted and talented youth. Assessment and recommendations for comprehensive identification of gifted and talented youth.* Sewell, NJ: Educational Improvement Center South.

Riles, W. (1979). *Principles, objectives and curricula for programs in the education of gifted and talented pupils. Kindergarten through grade twelve.* Sacramento, CA: California State Department of Education.

Riley, T., Bevan-Brown, J., Bicknell, B., Carroll-Lind, J. & Kearney, A. (2004). *The extent, nature and effectiveness of planned approaches in New Zealand schools for providing for gifted and talented students. Report to the Ministry of Education.* New Zealand: Ministry of Education.

Rindermann, H. (2000). *Evaluation eines Programms zur Förderung geometrischer Fähigkeiten bei überdurchschnittlich begabten und interessierten Grundschulkindern* (Magdeburger Arbeiten zur Psychologie). Institut für Psychologie. Magdeburg: Universität.

Rindermann, H. & Heller, K. A. (2005). The benefit of gifted classes and talent schools for developing students' competences and enhancing academic self-concept. *German Journal of Educational Psychology, 19,* 133-136.

Robeck, M. C. (1968). *California Project talent: Acceleration programs for intellectually gifted pupils.* Sacramento, CA: California State Department of Education.

Robinson, N. M. & Janos, P. M. (1986). Psychological adjustment in a college-level program of marked academic acceleration. *Journal of Youth and Adolescence, 15* (1), 51-60.

Robinson, N. M. & Weimer, L. J. (1991). Selection of candidates for early admission to kindergarten and first grade. In W. Th. Southern & E. D. Jones (Eds.), *The academic acceleration of gifted children* (pp. 29-50). New York: Teachers College Press.

Roeder, P. M. (1997). Binnendifferenzierung im Urteil von Gesamtschullehrern. *Zeitschrift für Pädagogik, 43,* 241-259.

Rogers, K. B. (1991). *A best-evidence synthesis of the research on types of accelerative programs for gifted students.* Doctoral dissertation, University of Minnesota, Minneapolis.

Rogers, K. B. (1992). A best evidence synthesis of the research on acceleration options for gifted learners. In N. Colangelo, S. G. Assouline & D. L. Ambroson (Eds.), *Talent development: Proceedings from the 1991 Henry B. and Jocelyn Wallace national research symposium on talent development* (pp. 406-409). Unionvill, NY: Trillium.

Rogers, K. B. (1993). Grouping the gifted and talented: Questions and answers. *Roeper Review, 16,* 8-12.

Rogers, K. B. (2004). The academic effects of acceleration. In N. Colangelo, S. G. Assouline & M. U. M. Gross (Eds.), *A nation deceived: How schools hold back America's brightest students* (pp. 47-58). The Templeton National Report on Acceleration. Iowa City, IA: University of Iowa.

Rogers, K. B. & Kimpston, R. D. (1992). What we do vs. what we know. *Educational Leadership, 50,* 58-61.

Rosemarin, S. (2001). The evaluation of a pullout program for gifted children in Israel. *Gifted Education International, 15,* 316-324.

Rossbach, H. G. (1999). Empirische Vergleichsuntersuchungen zu den Auswirkungen von jahrgangsheterogenen und jahrgangshomogenen Klassen. In R. Laging (Hrsg.), *Altersgemischtes Lernen in der Schule* (S. 80-91). Baltmannsweiler: Schneider Verlag Hohengehren.

Rossi, P. H., Freeman, H. E. & Hofmann, G. (1988). *Programm-Evaluation.* Stuttgart: Enke.

Ross-Reynolds, J. & Reschly, D. J. (1983). An investigation of item bias on the WISC-R with four sociocultural groups. *Journal of Consulting & Clinical Psychology, 51,* 144-146.

Rost, D. H. (1993a). *Lebensumweltanalyse hochbegabter Kinder. Das Marburger Hochbegabtenprojekt.* Göttingen: Hogrefe.

Rost, D. H. (1993b). Attraktive Grundschulkinder. In M. Hassebrauck & R. Niketta (Hrsg.), *Physische Attraktivität* (S. 271–306). Göttingen: Hogrefe.

Rost, D. H. (2000). *Hochbegabte und hochleistende Jugendliche: Neue Ergebnisse aus dem Marburger Hochbegabtenprojekt.* Münster: Waxmann.

Rost, D. H. & Hanses, P. (1994). Besonders begabt: besonders glücklich, besonders zufrieden? Zum Selbstkonzept hoch- und durchschnittlich begabter Kinder. *Zeitschrift für Psychologie, 105,* 379-403.

Rost, D. H. & Hanses, P. (1995). *Hochbegabte Jugendliche.* (Forschungsbericht Nr. 3). Marburg: Universität, Fachbereich Psychologie.

Rost, D. H. & Hanses, P. (1997). Wer nichts leistet, ist nicht begabt? Zur Identifikation hochbegabter Underachiever durch Lehrkräfte. *Zeitschrift für Entwicklungspsychologie und Pädagogische Psychologie, 29,* 167-177.

Rüdiger, D., Kormann, A. & Peez, H. (1976). *Schuleintritt und Schulfähigkeit.* München: Reinhardt.

Rupp, A. A. & Vock, M. (im Druck). *National Educational Standards in Germany: Methodological challenges for developing and calibrating standards-based tests* (Proceedings from the 3rd International Science Education Symposium). Kiel: Leibniz Institut für die Pädagogik der Naturwissenschaften, Universität Kiel.

Ryser, G. R. & Johnsen, S. K. (1998). *Test of Mathematical Abilities for Gifted Students (TOMAGS).* Austin, TX: pro-ed.

Sanders, J. R. (Hrsg.). (2006). *Handbuch der Evaluationsstandards* (3. erw. u. akt. Aufl.). Opladen: Leske & Budrich.

Schiever, S. W. & Maker, C. J. (1997). Enrichment and acceleration: An overview and new directions. In N. Colangelo & G. A. Davis (Eds.), *Handbook of gifted education* (pp. 113-125). Boston, MA: Allyn and Bacon.

Schmidt, D. B., Lubinski, D. & Benbow, C. P. (1998). Validity of assessing educational-vocational preference dimensions among intellectually talented 13-years olds. *Journal of Counseling Psychology, 45,* 436-453.

Schneider, B. H. (1987). *The gifted child in peer group perspective.* New York: Springer.

Schneider, B. H., Clegg, M. R., Byrne, B. M., Ledingham, J. E. & Crombie, G. (1989). Social relations of gifted children as a function of ageand school program. *Journal of Educational Psychology, 81,* 48-56.

Schöne, C., Dickhäuser, O., Spinath, B. & Stiensmeier-Pelster, J. (2003). Das Fähigkeitsselbstkonzept und seine Erfassung. In J. Stiensmeier-Pelster & F. Rheinberg (Hrsg.), *Diagnostik von Motivation und Selbstkonzept: Tests und Trends, Jahrbuch der pädagogisch-psychologischen Diagnostik* (Band 2, S. 3-14). Göttingen: Hogrefe.

Schrader, F. W. (2006). Diagnostische Kompetenz von Eltern und Lehrern. In D. Rost (Hrsg.), *Handwörterbuch Pädagogische Psychologie* (S. 95-100). Weinheim: Beltz.

Schrader, F. W. & Helmke, A. (2001). Alltägliche Leistungsbeurteilung durch Lehrer. In F. E. Weinert (Hrsg.), *Leistungsmessungen in Schulen* (S. 45-58). Weinheim: Beltz.

Schulpsychologischer Dienst der Stadt Köln. (1993). *Entwicklung und Erprobung von Konzepten der Lehrer-, Eltern- und Schulumfeldberatung zur integrierten und individualisierten Förderung besonderer Begabungen im Grundschulbereich. Abschlußbericht über einen Modellversuch.* Stadt Köln, Dezernat für Schule, Weiterbildung und Sport.

Schulze, R. & Holling, H. (2004). Strategien und Methoden der Versuchsplanung und Datenerhebung in der Organisationspsychologie. In H. Schuler (Ed.), *Grundlagen und Personalpsychologie* (S. 131-179). Göttingen: Hogrefe.

Schunk, D. H. (1987). Peer models and children's behavioral change. *Review of Educational Research, 57,* 149-174.

Scriven, M. (1967). The methodology of evaluation. In R. W. Tyler, R. M. Gagné & M. Scriven (Eds.), *Perspectives of curriculum evaluation* (pp. 39-83). Chicago, IL: Rand McNally.

Shadish, W. R., Cook, T. D. & Campbell, D. T. (2002). *Experimental and quasi-experimental designs for generalized causal inference*. Boston, MA: Houghton Mifflin.

Shahal, N. (1995, August). *Nurturing gifted children*. Paper presented at the World Council for Gifted and Talented Children meeting in Hong Kong.

Shea, D. L., Lubinski, D. & Benbow, C. P. (2001). Importance of assessing spatial ability in intellectually talented young adolescents: A 20-year longitudinal study. *Journal of Educational Psychology, 93* (3), 604-614.

Shepard, L. A. & Smith, M. L. (1986). Synthesis of research on school readiness and kindergarten retention. *Educational Leadership, 44*, 78-86.

Shields, C. M. (2002). A comparison study of student attitudes and perceptions in homogeneous and heterogeneous classrooms. *Roeper Review, 24*, 115-119.

Skipper, C. (1970). *Personal attributes of intellectually gifted teacher candidates and their implication for student identification* (ERIC Document Reproduction Service no. ED 079-245).

Slavin, R. E. (1986). *Ability grouping and student achievement in elementary schools: A best-evidence synthesis*. (Rep. 1). Baltimore, MD: Johns Hopkins University, Center for Research on Elementary and Middle Schools.

Slavin, R. E. (1987). Ability grouping and student achievement in elementary schools: A best-evidence synthesis. *Review of Educational Research, 57*, 292-336.

Slavin, R. E. (1990). Achievement effects of ability-grouping in secondary schools: A best-evidence synthesis. *Review of Educational Research, 60*, 471-499.

Snyderman, M. & Rothman, S. (1988). *The IQ controversy, the media, and public policy*. New Brunswick, NJ: Transaction Books.

Southern, W. Th. & Jones, E. D. (1991). *The academic acceleration of gifted children*. New York: Teachers College Press.

Sparfeldt, J. R., Schilling, S. R. & Rost, D. H. (2004). Segregation oder Integration? Einstellungen potenziell Betroffener zu Fördermaßnahmen für hochbegabte Jugendliche. *Report Psychologie, 29*, 170-176.

Spinath, B. (2005). Akkuratheit der Einschätzung von Schülermerkmalen durch Lehrer und das Konstrukt der diagnostischen Kompetenz. *Zeitschrift für Pädagogische Psychologie, 19*, 85-95.

Stamm, M. (1992). *Hochbegabtenförderung in Deutschschweizer Volksschulen: Historische Entwicklung, Zustandsanalyse, Entwicklungsplan*. Dissertation an der Universität Zürich.

Stanley, J. C. (1991). An academic model for educating the mathematically talented. *Gifted Child Quarterly, 35,* 36-42.

Sternberg, R. J. (Ed.). (1999). *Handbook of creativity*. New York: Cambridge University Press.

Story, C. (1985). Facilitator of learning: A micro-ethnographic study of teachers of the gifted. *Gifted Child Quarterly, 9*, 155-159.

Stufflebeam, D. L. (2003). The CIPP model for evaluation. In T. Kellaghan & D. L. Stufflebeam (Eds.), *International Handbook of Educational Evaluation* (pp. 31-62). Dordrecht: Kluwer.

Swiatek, M. A. & Benbow, C. P. (1991). Ten-year longitudinal follow-up of ability-matched accelerated and unaccelerated gifted students. *Journal of Educational Psychology, 83*, 528-538.

Terwilliger, J. S. & Titus, J. C. (1995). Gender differences in attitudes and attitude changes among mathematically talented youth. *Gifted Child Quarterly, 39*, 29-35.

Tewes, U., Rossmann, P. & Schallberger, U. (2000). *Hamburg-Wechsler-Intelligenztest für Kinder* (HAWIK-III). Göttingen: Hogrefe.

Trautwein, U., Lüdtke, O., Marsh, H., Köller, O. & Baumert, J. (2006, in press). Tracking, grading, and student motivation: Using group composition and status to predict self-concept and interest in niuth grade mathematics. *Journal of Educational Psychology*.

Trost, G. & Sieglen, J. (1992). Biographische Indikatoren herausragender beruflicher Leistungen. In E. A. Hany & H. Nickel (Hrsg.), *Begabung und Hochbegabung* (S. 95-104). Bern: Huber.

Turner, D. & Olszewski-Kubilius, P. (2003). *Parent nomination as a viable means to qualify for Talent Search. [Online]* Available: http://www.ctd.northwestern.edu/resources/identification/parentnom.html [2006-09-02].

Urban, K. K. (1996a). Besondere Begabungen in der Schule. *Beispiele, 14*, 21-27.

Urban, K. K. (1996b). *Förderung besonderer Begabungen: Demokratischer Anspruch – pädagogische Herausforderung.* Rodenberg: klausur-verlag.

Urban, K. K. (2000). Kreativität: Vom Störfaktor zum Unterrichtsziel. In H. Wagner (Hrsg.), *Begabung und Leistung in der Schule* (S. 117-138). Bad Honnef: Bock.

Van Melis-Wright, M. & Stone, W. (1986). Materials Review: A comparison of the K-ABC global scales and the Stanford-Binet with young gifted children. *Topics in Early Childhood Special Education, 6*, 88-91.

Van Tassel-Baska, J. (1989). Appropriate curriculum for gifted learners. *Educational Leadership, 46*, 13-15.

Van Tassel-Baska, J. (1992). Educational decision making on acceleration and grouping. *Gifted Child Quarterly, 36*, 68-72

Van Tassel-Baska, J. (2000). Theory and research on curriculum development for the gifted. In K. A. Heller, F. J. Mönks, R. J. Sternberg & R. F. Subotnik (Eds.), *International handbook of giftedness and talent* (2nd ed., pp. 345-365). Kidlington, OX: Elsevier.

Van Tassel-Baska, J. (2003). What matters in curriculum for gifted learners: Reflections on theory, research, and practice. In N. Colangelo & G. A. Davis (Eds.), *Handbook of gifted education* (pp. 174-183). Boston, MA: Allyn & Bacon.

Van Tassel-Baska, J. & Kulieke, M. J. (1987). The role of community-based scientific resources in developing scientific talent: A case study. *Gifted Child Quarterly, 31*, 111-115.

Vaughn, V. L., Feldhusen, J. F., & Asher, J. W. (1991). Meta-analyses and review of research on pull-out programs in gifted education. *Gifted Child Quarterly, 35*, 92-98.

Vialle, W. & Quigley, S. (2002). *Selective students' views of essential characteristics of effective teachers. [Online]* Available: http://www.aare.edu.au/02pap/via02437.htm [2006-06-29].

Vock, M. & Holling, H. (2007). Begabung und Berufserfolg. In K. A. Heller & A. Ziegler (Hrsg.), *Begabt sein in Deutschland* (S. 233-263). Münster: Lit-Verlag.

Vollmer, U. (1998). Überspringen von Klassen – Erfahrungsbericht aus einer Grundschule. In Ministerium für Kultus, Jugend und Sport Baden-Württemberg (Hrsg.), *Begabungen fördern. Hochbegabte Kinder in der Grundschule* (S. 67-72). Stuttgart: Ministerium für Kultus, Jugend und Sport Baden-Württemberg.

Walberg, H. J. (1995). Nurturing children for adult success. In M. W. Katzko & F. J. Mönks (Eds.), *Nurturing talent. Individual needs and social ability* (pp. 168-178). Assen, NL: Van Gorcum.

Walberg, H. J. & Paik, S. J. (2005). Making giftedness productive. In R. J. Sternberg & J. E. Davidson (Eds.), *Conceptions of giftedness.* Cambridge: University Press.

Wallis, L. R. (1984). Selective early school entrance: Predicting school success. *Journal for the Education of the Gifted, 7*, 89-97.

Weiß, R. H. (1998). *Grundintelligenztest-Skala 2* (CFT 20; 4. überarb. Aufl.). Göttingen: Hogrefe.

Weiß, R. H. (2006). *Grundintelligenztest Skala 2 - Revision (CFT 20-R).* Göttingen: Hogrefe.

Weiß, R. H. & Osterland, J. (1997). *Grundintelligenztest Skala 1* (CFT 1). Göttingen: Hogrefe.

Westberg, K. L. & Archambault, F. X. (1995). *Profiles of successful practices for high ability students in elementary classrooms* (Research Monograph 95122). Storrs, CT: The National Research Center on Gifted and Talented.

Westberg, K. L., Archambault, F. X., Dobyns, S. M. & Salvin, T. J. (1993). The classrooms practices observation studies. *Journal for the Education of the Gifted, 16*, 120-146.

Whitlock, M. & DuCette, J. (1989). Outstanding and average teachers of the gifted: A comparative study. *Gifted Child Quarterly, 33*, 15-21.

Wieczerkowski, W. & Prado, T. M. (1994). Hochbegabung und Hochbegabte. Überlegungen zur Identifikation, Beratung und Förderung. In W. Wieczerkowski (Hrsg.), *Hochbegabung und Hochbegabte. Arbeiten und Aufsätze 1991-1994.* Hamburg: William-Stern-Gesellschaft.

Wild, K.-P. (1991). *Identifikation hochbegabter Schüler. Lehrer und Schüler als Datenquellen.* Heidelberg: Asanger.

Winner, E. (1997). Exceptionally high intelligence and schooling. *American Psychologist, 52*, 1070-1081.

Winner, E. & Martino, G. (2003). Artistic giftedness. In N. Colangelo & G. A. Davis (Eds.), *Handbook of gifted education* (pp. 335-349). Boston, MA: Allyn & Bacon.

Wottawa, H. & Thierau, H. (2003). *Lehrbuch Evaluation.* Bern: Hans Huber.

Zang, Y. & Gong, Y. (2001). Self-estimated intelligence and its related factor. *Chinese Journal of Clinical Psychology, 9*, 193-195.

Zeidner, M. & Schleyer, E. J. (1999a). The Big-Fish-Little-Pond effect for academic self-concept, test anxiety, and school grades in gifted children. *Contemporary Educational Psychology, 24*, 305-329.

Zeidner, M. & Schleyer, E. J. (1999b). Evaluating the effects of full-time vs. part-time educational programs for the gifted: affective outcomes and policy considerations. *Evaluation and Program Planning, 22*, 413-427.

Ziegler, A. & Heller, K. A. (2000). Conceptions of giftedness from a meta-theoretical perspective. In K. A. Heller, F. J. Mönks, R. J. Sternberg & R. F. Subotnik (Eds.), *International handbook of giftedness and talent* (pp. 2-21). Oxford: Elsevier Science.

Ziegler, A. & Raul, T. (2000). Empirical studies on giftedness: Myth and reality. *High Ability Studies, 11,* 113-136.

Zydatiß, W. (1999). Förderung über Akzeleration: Gymnasiale Express- und Regelklassen im Vergleich. *Schulverwaltung MO, 7*, 255-260.

Anna Julia Wittmann
Heinz Holling

Hochbegabten-
beratung in der Praxis

*Ein Leitfaden für ehrenamtliche
Berater, Erzieher, Lehrer, Ärzte
und Psychologen*

2., erweiterte Auflage 2004,
XVII/308 Seiten,
€ 29,95 / sFr. 52,50
ISBN 978-3-8017-1807-7

Anna Julia Wittmann

Hochbegabten-
beratung

*Theoretische Grundlagen
und empirische Analysen*

(Reihe: »Hochbegabung«, Band 2)
2003, 221 Seiten,
€ 29,95 / sFr. 49,80
ISBN 978-3-8017-1750-6

Der Leitfaden ist ein übersichtlicher und praxisori-
entierter Wegweiser zur Hochbegabtenberatung.
Er wurde insbesondere für ehrenamtlich in der
Beratung tätige Personen entwickelt, aber auch
Lehrkräfte, Erzieher, Ärzte sowie Psychologen finden
darin eine effektive Unterstützung für ihre Tätigkeit
bei der Beratung von Eltern und anderen Bezugsper-
sonen hochbegabter bzw. vermutungsweise hoch-
gabter Kinder.

Die Nachfrage auf dem Sektor der Hochbegabtenberatung ist in letzter Zeit stark gewachsen. Viele
Personen, die sich in diesem Bereich engagieren,
sind auf ihre Aufgabe jedoch nur unzureichend
vorbereitet und benötigen dringend ein Beratungs-
programm, an dem sie sich orientieren können.
Der Band stellt die Entwicklung eines Konzepts zur
Hochbegabtenberatung dar.

Heinz Holling
Uwe Peter Kanning

Hochbegabung

*Forschungsergebnisse und
Fördermöglichkeiten*

1999, X/171 Seiten,
€ 26,95 / sFr. 44,80
ISBN 978-3-8017-1294-5

Franzis Preckel

Diagnostik
intellektueller
Hochbegabung

*Testentwicklung zur Erfassung
der fluiden Intelligenz*

(Reihe: »Hochbegabung«, Band 1)
2003, 217 Seiten,
€ 29,95 / sFr. 49,80
ISBN 978-3-8017-1747-6

Das Buch stellt zunächst grundlegende Theorien und
Forschungsergebnisse zur Hochbegabung dar und
erörtert anschließend Probleme der Diagnose intellektueller Hochbegabung. Weiterhin werden unterschiedliche Möglichkeiten zur Förderung betroffener
Kinder und Jugendlicher diskutiert. Auch dem
vielfach vernachlässigten Thema der beruflichen
Hochbegabung wird besondere Aufmerksamkeit
geschenkt.

Ziel des Buches ist es, einen Test zur Erfassung der
fluiden Intelligenz im hohen Begabungsbereich
bereitzustellen. Das Buch beschreibt die Hintergrün-
de der Testkonstruktion sowie die Gütekriterien des
Tests nach der klassischen sowie der probabilisti-
schen Testtheorie.

www.hogrefe.de

HOGREFE

Hogrefe Verlag GmbH & Co. KG
Rohnsweg 25 · 37085 Göttingen · Tel: (0551) 49609-0 · Fax: -88
E-Mail: verlag@hogrefe.de · Internet: www.hogrefe.de

Mario Gollwitzer · Jan Pfetsch
Vera Schneider · André Schulz
Tabea Steffke · Christiane Ulrich
(Hrsg.)

Gewaltprävention bei Kindern und Jugendlichen

Aktuelle Erkenntnisse aus Forschung und Praxis

2007, 281 Seiten,
€ 26,95 / sFr. 43,50
ISBN 978-3-8017-2049-0

Der Band behandelt zunächst ausgewählte Themen, Theorien und empirische Erkenntnisse zur Frage, wie Aggression und Gewalt unter Kindern und Jugendlichen zu erklären sind. Weitere Beiträge diskutieren Möglichkeiten zur Eindämmung von Aggression und Gewalt unter Kindern und Jugendlichen, wobei insbesondere auf die Frage nach empirischen Erkenntnissen zu ihrer Wirksamkeit Wert gelegt wird. Abschließend informieren mehrere Beiträge über konkrete Erfahrungen mit der Umsetzung sowie der Wirksamkeit spezifischer Interventions- und Präventionsprogramme.

Kai J. Jonas · Margarete Boos
Veronika Brandstätter (Hrsg.)

Zivilcourage trainieren!

Theorie und Praxis

2007, 366 Seiten,
€ 29,95 / sFr. 48,90
ISBN 978-3-8017-1826-8

Das Buch stellt vier Trainings für Kinder, Jugendliche und Erwachsene anwenderorientiert vor, sodass eine unmittelbare Umsetzung der Trainings möglich ist. Aktuelle Anwendungsbereiche von Zivilcourage, z.B. Rechtsradikalismus, Mobbing oder Bullying werden aufgezeigt. Abgerundet wird das Buch durch einen umfassenden Materialanhang und eine Sammlung von Institutionen und Organisationen, die im Bereich von Zivilcourage tätig sind. Insgesamt erhalten Praktiker und Forscher einen detailreichen Überblick über Trainings, deren Durchführung und Anwendungsbereiche.

Franz Petermann
Ulrike Petermann

Training mit Jugendlichen

Aufbau von Arbeits- und Sozialverhalten

8., überarbeitete Auflage 2007,
231 Seiten, inkl. CD-ROM,
€ 34,95 / sFr. 56,–
ISBN 978-3-8017-2069-8

Jugendliche zwischen 13 und 20 Jahren können mit diesem Training kompetente Sozial- und Arbeitsverhaltensweisen in Ausbildung und Beruf alltagsnah einüben. Ziel ist es, aggressiv-dissoziales, initiativloses sowie sozial unsicheres Verhalten abzubauen. Das Programm ist für den Einsatz in Haupt-, Real- und Förderschulen geeignet ebenso wie für das therapeutische Setting oder als pädagogische Maßnahme in der Jugendhilfe, in Berufsbildungszentren oder im Jugendstrafvollzug. Für den Einsatz stehen verschiedene Materialien auf der beiliegenden CD-ROM zur Verfügung.

Heinz Mandl
Helmut F. Friedrich (Hrsg.)

Handbuch Lernstrategien

2006, IX/414 Seiten,
€ 34,95 / sFr. 59,90
ISBN 978-3-8017-1813-8

Der Band informiert über den aktuellen Stand der Forschung zu verschiedenen Arten von Lernstrategien: kognitive und metakognitive Strategien, Strategien der Wissensnutzung, Strategien zur Beeinflussung von lernbezogener Motivation und Emotion, sozial-interaktive Lernstrategien sowie schließlich Strategien der Ressourcennutzung. Darüber hinaus werden übergreifende Aspekte wie z.B. Lernstrategien in Schule und Studium, die Frage nach habituellen Lerntypen bzw. Lernstilen oder die Frage nach geschlechtsspezifischen Unterschieden in der Nutzung von Lernstrategien behandelt.

Hogrefe Verlag GmbH & Co. KG
Rohnsweg 25 · 37085 Göttingen · Tel: (0551) 49609-0 · Fax: -88
E-Mail: verlag@hogrefe.de · Internet: www.hogrefe.de